Alertas Rojas de ESTAFA AMOROSA

Alertas Rojas
de ESTAFA AMOROSA

10 SEÑALES DE QUE ESTÁS SALIENDO CON UN SOCIÓPATA

DONNA ANDERSEN
Autora de Estafa Amorosa y Lovefraud.com

Traducido por MARIA IGLESIA RAMOS

Anderly Publishing
Egg Harbor Township, New Jersey

Imagen de contraportada de Bill Horin

Anderly Publishing
3121-D Fire Road, # 304
Egg Harbor Township, NJ 08234 EE.UU.
www.anderlypublishing.com

Library of Congress Control Number: 2015920267
ISBN: 978-0-9827057-7-3

Primera edición de tapa blanda en Español diciembre 2015
Impreso por CreateSpace

Índice

Con gratitud a todos los lectores de Lovefraud.com, que compartie-
ron generosamente sus experiencias para que otros puedan aprender
a evitar a los depredadores sociales que viven entre nosotros.

Introducción

«**E**ra mágico para mí», dice una mujer a quien vamos a llamar "Charlotte" sobre el comienzo de ensueño de su relación con "Anthony". «Sucedió muy rápido ... y yo dejé que así fuera. Él satisfacía todas mis necesidades; era como un cuento de hadas».

Charlotte y Anthony se conocieron en el gimnasio en un club de campo exclusivo. Anthony le dijo a Charlotte que tenía varios títulos universitarios, y que también había trabajado como técnico soldador submarino. A Charlotte le impresionó como hombre fuerte y protector.

Charlotte, madre soltera, se sustentaba por sí misma, pero todo lo que ella quería era tener una familia completa. Anthony parecía ser el hombre que podría hacerlo realidad. Era encantador. Compartían los mismos valores. A juzgar por todas las llamadas, mensajes de texto y correos electrónicos que recibía, Anthony la adoraba, y el sexo era extraordinario. Charlotte cayó rendida a sus pies.

Se casaron, pero después de un año, la burbuja estalló. Todo lo que Anthony había dicho a Charlotte era mentira. Él no tenía todos esos títulos universitarios, ni tan siquiera tenía el título de Bachiller. Nunca fue ingeniero de soldadura, y ciertamente no estuvo a punto de morir en un trabajo de soldadura, como había afirmado. «Contaba historias exageradas para salirse con la suya; maltrató y mató a animales; era un ladrón», dijo Charlotte. Anthony la engañó y la amenazó de muerte.

1

Charlotte acabó echándole. El matrimonio le costó más de $50.000, y un sinfín de dolores de cabeza.

"Allen" y "Jocelyn"

"Allen" y "Jocelyn" se conocieron en un sitio de citas de Internet conocido. «Todo fue rápido, emocionante y ella me hizo sentir como si yo fuera lo más importante en su vida», recordó Allen. Le gustaba la espontaneidad de Jocelyn, su encanto, inteligencia, atractivo sexual y naturaleza cariñosa. Allen atravesaba momentos difíciles, una separación y un divorcio, mientras cuidaba de su padre enfermo. Jocelyn le apoyó para afrontar sus problemas, y le aseguró un nuevo comienzo con ella.

Jocelyn le preguntó a Allen acerca de sus esperanzas y sueños, y se comprometió a hacerlos realidad. Ella estaba en constante comunicación a través de teléfono, mensajes de texto y correo electrónico a pesar de que se mostraba evasiva cuando le preguntaba acerca de su pasado. Allen tuvo la corazonada de que algo no iba bien, pero lo ignoró, achacando sus aprensiones a la tensión causada por todas sus demás preocupaciones. También ignoró las reservas de su familia y amigos, y ni siquiera escuchó a la familia y amigos de Jocelyn, que pensaban que era falsa e indiferente.

Allen y Jocelyn estuvieron juntos durante unos años, pero el período de luna de miel terminó después de cuatro meses. Cuando Allen puso fin a la relación, había perdido su trabajo y su casa, había sufrido abusos físicos y el estrés le había hecho caer enfermo. Estimó que la relación con Jocelyn le había costado más de $100.000, de hecho, le robó dinero directamente de su cuenta bancaria.

"Barbara" y "Luis"

Después del fallecimiento de su esposo de 23 años, "Bárbara" conoció a "Luis". «Fue maravilloso», dijo. «Yo pensaba que era para siempre. Era respetable, atento y cariñoso y; nadie me había mostrado nunca tanto amor. Me dijo que la fe nos había reunido, y que estábamos destinados a estar juntos para siempre».

Al igual que con Charlotte y Allen, el romance de Barbara era tempestuoso. Luis compartía sus creencias e intereses, y le prodigaba mucha atención. Sin embargo, ella también sentía que algo no iba del todo bien. «Lo dejé pasar», dijo. «Pensé que era sólo porque estaba paranoica». Incluso cuando Luis confesó tener problemas legales, decía que era por culpa de los demás y que a él siempre le tocaba la peor parte. Barbara aceptó sus explicaciones. Barbara y Luis se casaron, pero no duró mucho tiempo. Luis armaba broncas y se iba los fines de semana, o incluso semanas seguidas. Después llamaba a Barbara para suplicarla que volviera con él. Al principio, le hacía caso. Sin embargo, más tarde, ella descubrió que Luis empezaba las disputas a propósito para poder irse. Se iba a fiestas y pasaba la noche con otras mujeres, u hombres. Barbara contrajo una enfermedad de transmisión sexual de su marido. Cayó en depresión y sufría de ansiedad, y pensó en suicidarse. Luis también amenazó con suicidarse, aunque él también – dijo Barbara – «se ofreció a matar a la chica con la que le pillé si yo volvía con él».

Mi matrimonio con un sociópata

Los tres casos que acabas de leer son verdaderos. He aprendido que son típicos de lo que yo llamo estafa amorosa.

Estafa amorosa es la explotación intencionada de un individuo a través de la manipulación de las emociones en una relación personal. La relación de explotación es a menudo romántica, pero también puede ser entre familiares, amigos y socios. La relación puede tener lugar en la vida real, o existir sólo a través de los medios de comunicación, llamadas telefónicas, correo electrónico, mensajes de texto, incluso por correo. Las personas que cometen estafa amorosa son sociópatas.

Al igual que Charlotte y Barbara, me casé con un sociópata. Su nombre era James Alwyn Montgomery, y aunque le conocí no lejos de mi casa en los Estados Unidos, él era originario de Sydney, Australia.

Lo que más recuerdo del comienzo de mi relación con Montgomery es la forma en que me perseguía.

Había puesto un anuncio en la sección romance de los anuncios clasificados del sitio web America Online — esto fue en 1996, cuando AOL lideraba en Internet. Parecía mucho más interesante que la mayoría de los hombres, un ex-Boina Verde; con experiencia en publicidad, televisión y cine; en ese momento estaba negociando con personajes influyentes locales para su próxima gran aventura empresarial. ¿El motivo de poner un anuncio? Su esposa había muerto, y estaba "completamente afligido".

Al leer las pretensiones de Montgomery ahora, uno podría preguntarse por qué iba alguien a creerle, yo en concreto. Pero esto fue antes de que todos supiéramos que los perfiles de Internet pueden estar llenos de mentiras. Fue antes de que yo supiera que los sociópatas no necesariamente se parecen a Charles Manson, con el pelo largo y desgreñado y el símbolo nazi grabado en la frente. Y fue antes de saber que alguien que proclamaba estar perdidamente enamorado podía estar mintiendo.

Cuando conocí a Montgomery, tenía 40 años, nunca me había casado. De soltera había salido con muchos hombres, pero jamás había experimentado nada parecido a la atención que este hombre especial me prodigaba. Me llamaba varias veces al día. Me propuso matrimonio a la semana de conocerme en persona.

¿Por qué no fue esta una gran señal de alerta? Desde mi infancia, había oído todos esos cuentos de hadas sobre el amor a primera vista. De hecho, sabía de personas que se habían enamorado de inmediato y que, varias décadas más tarde, seguían casadas. Llevaba muchos años esperando mi oportunidad de encontrar el amor verdadero. Pensé que había llegado mi hora.

Montgomery me decía con frecuencia lo mucho que respetaba mi talento, y que sería muy valiosa para sus planes de negocio. Éramos un equipo formidable, decía, y él quería que me beneficiase del éxito que sus negocios le iban a reportar. Así que, no mucho después de proponerme matrimonio, me recomendó también que invirtiera en sus negocios, quería asegurarse de que me beneficiara personalmente de nuestros esfuerzos. Una inversión de $5.000 me compraría varios puntos porcentuales de la propiedad.

Así comenzó la fuga de dinero.

Montgomery nunca me pidió dinero para él. Siempre que me pedía dinero era en forma de inversiones para nuestro futuro, necesarias para asegurar un acuerdo de negocios. La regla general era que sobrevenía una crisis que había que resolver de inmediato, con mi dinero. Lo que yo no sabía es que era él el que creaba las crisis para que no tuviera tiempo de pensar en sus peticiones. Y tampoco sabía, hasta después de dejar a mi marido, que gran parte de mi dinero lo gastaba divirtiéndose con otras mujeres.

Al año y medio después de casarnos, ya sabía que Montgomery me estaba engañando. Pero para entonces, mi marido había hecho estragos con mis ahorros y me fundió las tarjetas de crédito. Me quedé en una situación financiera desesperada, y uno de sus proyectos de negocios, una exposición del Titanic, parecía que realmente iba a funcionar. Decidí ignorar su infidelidad hasta recuperar mi dinero.

Desafortunadamente, el Titanic se volvió a hundir, y todo mi dinero, $227,000, desapareció. Después descubrí que Montgomery no sólo me estaba engañando, sino que además había tenido un hijo con otra mujer durante nuestro matrimonio. Luego averigüe que había muchas otras mujeres, y Montgomery les quitó dinero a todas ellas. Después me enteré de que Montgomery se había casado con la madre del niño diez días después de dejarle yo, y ésta era la segunda vez que cometía bigamia.

La cabeza me daba vueltas. «¿Qué clase de persona hace eso?» Le pregunté a mi terapeuta.

«Parece que podría ser un sociópata», dijo.

¿Qué es un sociópata?

En este libro, la palabra "sociópata" se utiliza no como un diagnóstico formal, sino como una descripción genérica del depredador social, alguien que vive su vida mediante la explotación de los demás. De hecho, el término "sociópata" ya no se utiliza como un diagnóstico oficial. Algunos de los términos clínicos relacionados son psicópata, narcisista, trastorno antisocial de la personalidad, trastorno disocial de la personalidad y trastorno de personalidad limítrofe. Las personas con estos trastornos de personalidad tienen una característica en común importante: ignoran habitualmente los derechos y necesidades de las personas que les rodean.

Los sociópatas son perjudiciales para nuestra salud física, financiera, emocional, psicológica y espiritual. La mejor manera de lidiar con los sociópatas es mantenerlos fuera de nuestras vidas.

Pero esto es difícil, porque millones de sociópatas viven libremente entre nosotros. La mayoría de ellos no están encerrados en la cárcel ni en instituciones mentales. No son locos. Al contrario, a menudo son aparentemente encantadores y carismáticos, interesantes y seguros.

Con el fin de protegernos de los sociópatas, debemos destruir tres mitos culturales comunes que con frecuencia influyen en cómo vemos a los demás.

Mito # 1 - Todos los sociópatas (psicópatas) son asesinos en serie trastornados

Hollywood ha comprobado que los sociópatas son grandes villanos, por lo que las películas de terror, thrillers y las series policiales a menudo presentan, con mayor o menor precisión, personajes que tienen este trastorno de personalidad.

El clásico es *Psycho* de Alfred Hitchcock. En esta película de 1960, el antagonista, llamado Norman Bates, mata brutalmente a dos personas, y había matado previamente a otras cuatro. Con esta película se asoció para siempre el término "psycho" ("psicópata") al comportamiento de los psicóticos que cometen asesinatos múltiples. El público tiende a pensar que el título de "*Psycho*" es la abreviatura de "psicópata", pero Bates era en realidad psicótico, lo que significa que había perdido contacto con la realidad. La psicopatía es un trastorno completamente diferente. Los psicópatas no han perdido contacto con la realidad; saben perfectamente lo que hacen.

Esto se retrata en la película de 1991, *El silencio de los corderos*. El villano, el Dr. Hannibal Lecter, es un psiquiatra brillante y asesino en serie caníbal. Al principio de la película, el médico de la prisión le describe: «Oh, es un monstruo. Un psicópata puro. Es tan raro capturar a uno con vida».[1] Hannibal Lecter es muy inteligente, sofisticado y encantador cuando quiere serlo, tranquilo, calculador y completamente despiadado. Estos rasgos han llegado a asociarse con los asesinos diabólicos de las películas, y los rasgos a menudo sí que describen la personalidad psicopática. En el mundo real, la mayoría de los asesinos en serie son probablemente psicópatas de sangre fría, y en ocasiones, delirantes.

6

El problema es que debido a esta imagen fuertemente consolidada en la cultura pop, la gente piensa que *todos* los psicópatas/sociópatas son asesinos en serie. En los medios de comunicación, los términos "psicópata" y "sociópata", cuando se utilizan, se aplican sobre todo a las personas que cometen asesinatos. La verdad es que la mayoría de los psicópatas nunca matan a nadie,2 e incluso entre los que matan, el número de asesinos en serie es insignificante.

Pero es casi imposible vencer la influencia omnipresente de Hollywood. Hoy en día, muchos de nosotros tenemos la idea preconcebida de que "psicópata" y "sociópata" significan "asesino en serie". Así que cuando vemos el comportamiento de explotación de nuestros socios, es difícil para nosotros reconocer que pueden ser sociópatas. Después de todo, no han asesinado a nadie. La imagen de Hollywood nos impide darnos cuenta de que nuestros maridos, esposas o parejas pueden tener trastornos de personalidad graves.

Mito # 2 - Hay bondad en todas las personas

En los Estados Unidos, desde nuestra niñez, nos bombardean con mensajes sobre la equidad, la igualdad de oportunidades, darles a las personas una oportunidad y la tolerancia. En la escuela, aprendemos la Declaración de Independencia y su frase más famosa: «Sostenemos que estas verdades son evidentes por sí mismas: que todos los hombres son creados iguales» (entendiéndose que "hombres" ahora incluye "mujeres"). En la iglesia, se nos dice que "todos somos hijos de Dios".

A la mayoría de nosotros nos han enseñado a creer que hay bondad en todas las personas, y abundan los consejos sobre cómo encontrarla: Cuando las personas hacen cosas que nos hieren, no debemos reaccionar de inmediato, sino intentar comprender las razones de sus actos. Recuerda que todo el mundo puede tener un mal día. A veces la gente no se equivoca, simplemente son diferentes.

Todo esto es verdad, correcto y apropiado, excepto cuando que estamos frente a sociópatas.

Es difícil para la mayoría de nosotros comprender lo diferentes que son estos explotadores en serie del resto de la humanidad. De hecho, los sociópatas carecen literalmente de las cualidades y habilidades que nos hacen verdaderamente humanos. No sienten empatía por los demás, ni por sus conciudadanos, ni por sus familiares, y ni siquiera por sus propios hijos. Los sociópatas no tienen conciencia. Parecen saber, a nivel intelectual, la diferencia entre el bien y el mal, pero no se involucran emocionalmente para hacer lo correcto, y tienen inhibiciones débiles o inexistentes que les impidan hacer lo que está mal.

Cuando vemos el mal comportamiento de alguien, sobre todo de un compañero o cónyuge, buscamos razones que podemos comprender — tal vez la persona tuvo una infancia difícil o un primer matrimonio abusivo. Esto es así porque queremos defender nuestros propios valores de equidad y de caridad, estamos ciegos a la verdad: Los sociópatas nos explotan porque quieren.

Si buscas el lado bueno de un sociópata, no lo encontrarás. Tras su apariencia encantadora, cariñosa y atenta, estas personas son completamente corruptas.

Mito # 3 - Todos quieren ser amados

Desde que los seres humanos inventaron la poesía, la narración, la música y el arte, el tema favorito de nuestra creatividad ha sido el amor: La alegría de encontrar el amor. La frustración de amar de lejos. El insoportable dolor de perder el amor.

Las personas anhelan el amor. El amor nos completa; el amor hace que la vida merezca ser vivida. Sabemos esto instintivamente, pero los investigadores tienen evidencia de que, como seres sociales, el amor es de vital importancia para nosotros. Por ejemplo, cuando el psicólogo Abraham Maslow desarrolló su famosa jerarquía de necesidades, incluyó la necesidad de pertenencia, amor y afecto.

La *Teoría de la motivación humana* de Maslow sugiere que las personas pasan por etapas de crecimiento, y cuando se satisfacen las necesidades básicas, avanzamos a las necesidades más intangibles. El concepto se explica a menudo con el uso de la ayuda visual de una pirámide. En la base de la pirámide están las necesidades fisiológicas, como son el aire, el agua, los alimentos y el cobijo. El siguiente paso es la necesidad de seguridad y protección. El tercer nivel es la necesidad de amor y pertenencia, incluyendo la amistad, la intimidad y la familia. En la parte superior de la pirámide están la estima y autorrealización. Según Maslow, el amor está justo en el medio de la motivación humana.3

Muchas otras investigaciones científicas han documentado la importancia del amor para la salud humana. El amor nos ayuda a lidiar con el estrés. Las personas felizmente casadas tienen la presión arterial más baja y se recuperan más rápido de las lesiones.4 Estar enamorado nos ayuda incluso a resistir el resfriado común.5

Dado que el amor es tan bueno para nosotros, todos deberíamos desearlo, ¿verdad?

Mentira. A los sociópatas no les preocupa el amor, que Maslow comenta en su obra. «La llamada "personalidad psicopática" es otro ejemplo de la pérdida permanente de las necesidades de amor», escribió.6 De hecho, la base de este trastorno de personalidad es la incapacidad de amar.

Esto es lógico, por supuesto. Los sociópatas no sienten empatía y no establecen lazos afectivos con otras personas. ¿Cómo van a sentir amor?

No lo sienten, aunque son excelentes actores y pueden fingir que aman, si conviene a sus propósitos. Entienden la relación de causa y efecto; si los sociópatas dicen: «Te amo», las personas que oyen estas palabras les dan lo que quieren. Puede ser sexo, dinero, un lugar para vivir, oportunidades de negocios, diversión o cualquier otra cosa. Para los sociópatas, la expresión del amor no es más que una herramienta, un medio para un fin.

Como ves, los sociópatas tienen su propia jerarquía de necesidades. Quieren poder, control y sexo, y harán lo que sea para conseguir lo que quieren.7

Lovefraud.com: enseñar a las personas a reconocer y recuperarse de los sociópatas

Mi ex marido me dijo que me amaba poco después de conocernos, y a lo largo de nuestra relación. Era convincente, y consiguió lo que quería, acceder a mi dinero, crédito y contactos de negocios.

No tardé en averiguar que los grandes planes de James Montgomery no estaban funcionando, y mi situación financiera se deterioraba a pasos agigantados. Cuando me quejé y le exigí cambios, Montgomery prometió que los problemas eran temporales. Me rogó que confiara en él. Lloró ante la idea de perderme. Fue todo manipulación para poder seguir chupándome la sangre.

Cuando le dejé y me enteré de que tenía un trastorno de personalidad diagnosticable, me quedé desconcertada. Yo era licenciada en periodismo y psicología, sin embargo, ino me dí cuenta de nada! Si no sabía lo que era un sociópata, razoné, otras personas tampoco. Pensé que era necesario que la gente supiera que los depredadores humanos viven entre nosotros, así que creé un sitio web, Lovefraud.com, para enseñar a las personas a reconocer y recuperarse de los sociópatas.

Lovefraud se puso en marcha en julio de 2005. Diez años más tarde, captamos la atención de más de 50,000 visitantes únicos al mes y más de 5,000 personas se pusieron en contacto conmigo para contarme sus propias historias de traición por sociópatas. En sus historias angustiantes, escuchaba una y otra vez los mismos patrones de comportamiento. Parecía que los sociópatas, tanto hombres como mujeres, seguían las mismas tácticas de juego.

Me di cuenta de que la gente necesitaba saber las señales de advertencia de la conducta sociopática.

Aunque tenía un montón de información anecdótica sobre cómo los sociópatas escogen a sus parejas, también quería datos formales estandarizados. Para reunirlos, Lovefraud llevó a cabo dos encuestas por Internet de nuestros visitantes.

La primera tuvo lugar del 12 de febrero al 3 de Marzo de 2010. Se inspiró en la solicitud de la Asociación Americana de Psiquiatría de comentarios públicos sobre su nuevo *Manual diagnóstico y estadístico de los trastornos mentales,* la Biblia que los profesionales de salud mental utilizan para el diagnóstico y tratamiento de los pacientes. En el proyecto de la quinta edición publicado en Internet, la descripción del trastorno de personalidad antisocial había cambiado significativamente en comparación con las anteriores ediciones del manual.8 Algunos de los cambios coincidían con las experiencias de los lectores de

Lovefraud, y otros no.

Mientras trabajaba con mi colega de Lovefraud, la Dra. Liane Leedom, una psiquiatra a quien también embaucó un sociópata para que se casara, desarrollé una encuesta, llamada la Encuesta DSM-5 de Lovefraud, para preguntar a nuestros lectores sobre los sociópatas en sus vidas. Recibimos un total de 1,378 respuestas de personas de todas partes del mundo, de las que 1,188 rellenaron todo el cuestionario. El ochenta por ciento del cuestionario fue respondido por gente que había estado casada o emparejada con personas de las que llegaron a creer que eran sociópatas. El resto de las encuestas fueron respondidas por padres, hijos y otros familiares o colegas de sociópatas.

La segunda encuesta, llamada Lovefraud Romantic Partner Survey (Encuesta sobre la pareja sentimental de Lovefraud), fue diseñada específicamente para reunir más información sobre cómo se comportaban los sociópatas en situaciones románticas. Estuvo disponible en Internet del 15 de febrero al 18 de abril de 2011. Respondieron un total de 1,352 personas de todo el mundo, de las que 1,053 rellenaron todo el cuestionario. Los datos citados en este libro proceden de todas las encuestas, tanto completas como incompletas.

La Dra. Leedom también recopiló datos en 2007 de sus aportaciones a un libro sobre mujeres en relaciones con psicópatas. Para esta labor, las mujeres describieron sus experiencias y también se comprometieron a participar en evaluaciones de personalidad. La Dra. Leedom puso su investigación a mi disposición para utilizarla en este libro.

Alertas rojas de estafa amorosa es un compendio de toda esta información. Resumo los datos de las encuestas de Lovefraud que muestran los patrones claros de manipulación que exhiben las personas que probablemente son sociópatas. Incluyo citas textuales de los encuestados, cuyos comentarios son escalofriantes. También resumo las experiencias de algunas de las personas que respondieron a la encuesta. En el relato de sus historias les he dado a los encuestados y a sus parejas, nombres ficticios, que aparecen entre comillas. Aunque las historias son reales, no sé quién las proporcionó, ya que todos los datos de la encuesta se recogieron en forma anónima.

En el epílogo, también reproduzco uno de los miles de correos electrónicos que he recibido, en los que los lectores Lovefraud me cuentan sus historias con sus propias palabras. Esta carta presenta una imagen clara y aterradora de cómo los sociópatas atraen a las personas para que se involucren románticamente con ellos para después explotarlas.

Mi objetivo es mostrar cómo se comportan los sociópatas en el mundo real, cuando escogen a víctimas reales. Lee esta información. Piensa en tus relaciones sentimentales. Si alguna vez ves estos patrones de conducta en alguien que dice ser tu "alma gemela", echa a correr lo más rápido que puedas.

Capítulo 1

Las Alertas rojas de estafa amorosa

Era *como si estuviera viviendo un sueño. Disfrutamos de los mejores días de nuestra vida juntos y era maravilloso sentirse tan querido por una persona.*

Era el paraíso. Era un cuento de hadas. Todo lo que había soñado que podía ser el amor.

Conocí al que había estado esperando toda mi vida. La intensidad de su atención fue muy halagadora. Me dijo que un vidente le había dicho que me conocería.

De los cuentos de hadas de Shakespeare a las novelas románticas, todos hemos escuchado historias de estar perdidamente enamorado de alguien. La poesía y las canciones describen esa atracción tan poderosa que nada en este mundo es más importante que la persona amada. Tal vez dudamos de la posibilidad de una emoción tan fuerte, suponiendo que no era más que una ilusión. Entonces, de repente, por arte de magia y de manera increíble, el amor dramático nos encuentra.

El comienzo de una relación con un impostor puede ser absolutamente emocionante. Al igual que las tres mujeres citadas anteriormente, muchas de las personas que respondieron a la encuesta Encuesta sobre la pareja sentimental de Lovefraud, informaron de

13

que al inicio de sus relaciones con las personas que resultaron ser sociópatas, se sintieron amadas, admiradas y perseguidas como nunca. Otros encuestados no estaban interesados al principio en la persona o tenían dudas acerca de la relación, pero gracias a su encanto y persistencia, los sociópatas consiguieron atraerlos.

Así que ¿cómo puedes saber si es amor o depredación?

Las *Alertas rojas de estafa amorosa* son 10 señales de alerta de la conducta sociopática que se pueden ver al comienzo de una relación. Desafortunadamente, algunas de las señales de alerta son también características de la pareja ideal; ¿Quién no querría salir con un hombre o una mujer que sea encantador(a), atractivo(a) y atento(a)? Por lo tanto, ten presente que si la gente muestra uno o dos de estos rasgos, eso no significa necesariamente que sean sociópatas; buenas noticias si sientes una atracción sexual increíble con tu nueva pareja. Pero si ves la mayoría o todas estas señales de alerta – todo el patrón de comportamiento – ten cuidado.

El problema es que los sociópatas han escuchado también esos cuentos de hadas y los sonetos de Shakespeare, y han leído novelas de amor, o al menos han visto comedias románticas en la televisión. Y son actores increíbles. Han observado cómo se supone que debe de ser el romance, y hacen como que te lo están ofreciendo.

Las tres mujeres presentadas anteriormente aprendieron de la manera más difícil.

La primera mujer se casó con su "príncipe azul", pero después de cuatro meses, la relación empezó a irse a pique. «Comenzó a agredirme verbal y físicamente», dijo ella «Me decía insultos horribles; perdía los estribos y me lanzaba objetos domésticos. Me sujetaba los brazos por detrás de la espalda para que no pudiera hacer nada y los mantenía así durante lo que parecía una eternidad, dejándome moretones».

La segunda mujer también se casó con el hombre que describe, pero llegó un momento en que le dejó. «Me largué con mis dos niños pequeños, pero me privó económicamente y no tuve más remedio que regresar bajo su yugo», dijo ella. Estuvo atrapada en el matrimonio durante más de 10 años.

Tres meses después, a pesar de la intensidad inicial, la relación de la última mujer fracasó. Ella dijo: «Una vez que supo que estaba completamente enamorada de él, terminó conmigo, diciendo que al fin y al cabo yo no era lo que él realmente quería».

En algún momento de sus relaciones, estas mujeres vieron la totalidad o la mayor parte de las señales de alerta que siguen a continuación. Pero, al no saber lo que significaban estas señales, las mujeres siguieron más tiempo en la relación de lo que hubieran hecho de otro modo, muy a su pesar.

A continuación describo las *Alertas rojas de estafa amorosa*. Si ondean en tu cara, presta atención.

Alerta roja #1: Carisma y encanto

Debido a que la palabra "sociópata" se utiliza a menudo para describir a los criminales y asesinos, puedes suponer que estas personas tienen mal genio y carácter irascible, y la mayor parte de las veces son así. Pero eso viene más tarde, después de que te han echado el anzuelo. Cuando les conoces por primera vez, muchos sociópatas atraen por su energía seductora. Demuestran su interés por ti prodigándote atención, halagos y amabilidad.

La Encuesta sobre la pareja sentimental de Lovefraud incluye una lista preliminar de las "10 señales de que estás saliendo con un sociópata". Uno de los objetivos de la encuesta era validar la lista. Uno de los puntos era "carisma y encanto"; y un 91,5 por ciento de las personas que respondieron a la encuesta coincidieron en que sus parejas, que resultaron ser sociópatas, mostraban carisma y encanto.

Po supuesto, estos atributos, no son necesariamente malos. El carisma es a menudo característica de un líder inspirador y fuerte, y encantador tiene como sinónimos fascinante, adorable, agradable, cautivador además de otros 40 adjetivos positivos.

El problema del carisma y el encanto en los sociópatas son las intenciones ocultas. Estas personas utilizan su personalidad magnética para engañar, manipular y explotar. Esto es evidente en la encuesta Lovefraud, a juzgar por cómo las personas describen el atractivo de los sociópatas al comienzo de sus relaciones, y cómo acabaron esas relaciones:

EL ATRACTIVO: Su encanto y lo que parecía ser hon-

estidad total. La química instantánea cuando nos conocimos.

EL FINAL: Era un monstruo manipulador y controlador, que creaba una imagen de sí mismo como de cristiano devoto temeroso de Dios.

EL ATRACTIVO: Su carisma y seguridad. Todo era espléndido; ella era dulce, siempre muy atenta a mis necesidades.

EL FINAL: Ella era tan mala y abusiva conmigo que lo único que podía hacer era irme. Entonces ella volvía y me decía que yo era demasiado sensible, que no tenía sentido del humor, que tenía mal carácter. Me culpaba por todo. Me sentía culpable y volví con ella. Así fue hasta que me di cuenta de su locura.

El carisma describe el magnetismo personal; los sociópatas irradian una mezcla de entusiasmo y confianza en sí mismos que es a menudo irresistible.

Tomemos, por ejemplo, el caso de un encuestado a quien vamos a llamar "Tanya". Cuando era estudiante, Tanya tomaba el autobús para ir a la escuela. "Larry" era el conductor del autobús. Larry le dijo sin ningún rodeo a Tanya que estaba interesado en ella.

«A pesar de que Larry no era el tipo de hombre que me suele atraer físicamente, ya que era mucho mayor que yo y no era realmente mi tipo, era muy divertido, carismático e inteligente», dijo Tanya. «Era el tipo de persona que cuando entraba en algún lugar, todo el mundo se daba cuenta de su presencia, porque era un bromista tal que siempre acababa haciendo reír a todos y cambiando la energía del ambiente. Mostraba una vitalidad radiante que me pareció interesante, ya que tengo una personalidad completamente diferente; soy bastante tranquila y no muy extrovertida. Me pareció que era fascinante».

«Supongo que me conquistó simplemente con su encanto, personalidad e intelecto», continuó Tanya. «Me hizo ver como que realmente se preocupaba por mí, ya que siempre quería que estuviéramos juntos. También me hacía sentir bella y sexy».

Larry resultó ser muy controlador. Estaba muy pendiente de Tanya, no le permitía hablar a hombres, y trató de alejarla de su familia. Los dos estuvieron juntos durante un par de años, a pesar de que se peleaban, se separaban y se reconciliaban con frecuencia. Al final, Tanya cayó en depresión y fue víctima de malos tratos físicos.

Los sociópatas como Larry son seductores, y no sólo sexualmente. Con su instinto, astucia y labia, los sociópatas convencen a sus víctimas – o sea a ti – para que aceptes sus ideas y planes. Puedes encontrarte haciendo lo que el sociópata quiere, haciendo más de lo que estás acostumbrada.

¿Cómo lo hacen? ¿Cómo te convencen los sociópatas para que sigas sus intenciones, incluso en tu propio perjuicio?

Llevan la batuta. Esta es la función de su carisma: puesto que dan órdenes sin pestañear, con una autoconfianza absoluta, obtienen resultados. Ahora bien, esto no significa que los sociópatas estén siempre dando órdenes. A menudo, las órdenes aparecen disfrazadas con palabras dulces, o camufladas como súplicas de compasión. Pero en su opinión, tienen totalmente derecho a tener lo que quieren. Por lo tanto, cuando expresan sus deseos, no demuestran la menor duda, sólo certeza. Exigen sumisión a sus víctimas y éstas responden.

El carisma del sociópata forma parte de un ego superlativo. De hecho, "egocéntrico y grandioso"[1] es un síntoma clave de este trastorno identificado por el Dr. Robert Hare, investigador en psicología canadiense, que es un experto preeminente en la materia. En la encuesta Lovefraud, el 68 por ciento de los encuestados dijeron que sus parejas sentimentales manifestaban un excesivo egocentrismo.

Los sociópatas consideran que son superiores al resto de nosotros. Ellos se ven a sí mismos como más inteligentes, más atractivos, más sexy y con más probabilidades de éxito que nadie. Y no les avergüenza decir lo maravillosos que son.

Un gran ego no significa necesariamente que alguien sea sociópata, hay muchas personas en el mundo que son muy competentes y su egocentrismo está justificado. La diferencia clave con los sociópatas es que tienen una opinión exagerada de sí mismos aunque se lo merezcan o no. Si sus logros reales en la vida son mínimos, los sociópatas simplemente hinchan su currículum vitae con mentiras.

Pero mienten con muchísimo encanto. Los sociópatas se valen del encanto para persuadirte, allanando el camino para usarte. Los sociópatas trabajan su encanto a través de sus extraordinarias habilidades verbales. Por lo general, son aduladores, siempre tienen una respuesta; nunca se les escapa nada. Son ingeniosos, astutos y articulados; pueden convencerte para que les des lo que quieren, y ellos lo saben.

«Tenía una labia impresionante», escribió uno de los encuestados. «Sabía qué decir y cómo decirlo. Me hizo enloquecer de amor».

Cuando estas personas entran en un lugar "se ponen las pilas", especialmente si está lleno de posibles víctimas. Los sociópatas entienden perfectamente que si aparentan ser simpáticos, atentos, interesados y amables consiguen congraciarse con los demás. Si están buscando utilizar algo o a alguien, derrochan simpatía e interés, por lo menos al principio.

Por ejemplo, "Lauren" era una profesional de unos 40 años cuando conoció a "Tom". «Me pareció adorable, muy capaz, con un estilo de vida distinto, todo esto envuelto en inteligencia y encanto», dijo Lauren. «Su vida era tan diferente de mi mundo empresarial. Me engatusó para entrar en mi vida, con sus palabras. Sabía instintivamente lo que necesitaba oír. Me hacía llamadas nocturnas constantes, quería saber de mí, parecía importarle. Había estado sola desde hacía tiempo, y al estar siempre dispuesto a complacerme, colmó el vacío en mi vida a la perfección».

Lauren y Tom se casaron. A pesar de que estuvieron juntos durante más de cinco años, la luna de miel no duró mucho tiempo. Tom mentía todo el tiempo, culpaba a los demás continuamente, tuvo muchas relaciones extramatrimoniales y se volvió agresivo.

«Intentó destruir mi yate, sin importarle las personas que iban a bordo», escribió Lauren. «Luego, cuando llegamos al puerto deportivo, subió a bordo a sus ex parejas. No nos reconciliamos hasta después de siete meses, pero fue sólo porque caí enferma, y me declaró su amor eterno. Dieciocho meses más tarde trató de asesinarme ... intentó gasearme en un espacio cerrado del yate».

En el caso de Lauren, lo que comenzó con inteligencia y el encanto terminó con intento de asesinato.

Alerta roja #2: Flechazo de almas gemelas

Cuando los sociópatas te eligen para explotarte románticamente, parece que su expresión de cariño favorita es "alma gemela". Hablan con entusiasmo de encontrar el hombre o la mujer de sus sueños, la persona que han estado buscando toda su vida. Hablan profusamente del destino, de cómo la relación estaba predestinada. Si tú, la víctima, eres creyente, los sociópatas proclaman sin problemas que Dios os ha unido.

Cuando se les pidió que describieran a los sociópatas en sus vidas, el 64 por ciento de los participantes en la encuesta Lovefraud estuvieron de acuerdo con la afirmación: «Me dijo que éramos "almas gemelas", que yo era la persona había estado esperando». Pero sólo eran palabras para seducir, y las víctimas al final aprendieron la dura realidad.

"Diane" tenía unos 30 años, con cuatro hijos, y pasaba por un divorcio difícil, cuando conoció a "Steve" en Internet. Había mantenido su trabajo desde hacía 25 años y tenía la custodia de sus dos hijos. Por ello, Diane sentía que era fiable y responsable.

Steve jugó la baza de la devoción. «Se enfocó en nuestras "semejanzas", insistiendo en que éramos "almas gemelas" y que estábamos destinados a estar juntos», dijo Diane. «Actuaba como si fuera un tipo muy legal y que "nuestro" amor lo vencería todo, como si nunca tendría nada de qué preocuparme».

Se casaron, pero con el tiempo Diane se enteró de que Steve estaba secretamente metido en la pornografía y la estaba engañando. «La relación empeoró cuando di un paso atrás y me di cuenta de lo que era ese hombre», dijo. «Se dio cuenta de que había dejado de creer en él y en nuestra relación. Al enterarse de que le había descubierto, y que le había calado, todo terminó. Se reveló su verdadera identidad y se había propuesto destruirme por completo».

Diane descubrió que Steve estaba cometiendo un fraude masivo y entregó la información a las autoridades. Ella misma perdió más de $50.000, contrajo deudas y tuvo una demanda presentada en su contra.

Entonces, ¿por qué los sociópatas como Steve al principio parecen ser tu alma gemela? Porque son camaleones. Cuando te ponen el ojo para seducirte, se dan cuenta de lo que buscas y luego se convierten en esa persona. A menudo les funciona. En la encuesta Lovefraud, el 79 por ciento de los encuestados estuvo de acuerdo con la afirmación: «Al principio, parecía tener tanto en común conmigo». Además, el 83 por ciento estuvo de acuerdo en que «al principio, parecía compartir mis valores».

«Llegó a ser tal y como yo quería», dijo "Shelly", describiendo su relación con "Mark". «Él y yo disfrutábamos de las mismas actividades. Compartíamos historias y sentimientos similares. Parecía que teníamos los mismos puntos de vista sobre la vida y el amor».

Se casaron, pero el sentimiento de unión despareció después del primer año. «Mintió en todo para que las situaciones parecieran lo que él quería», dijo Shelly. "Era un maltratador verbal, físico y emocional. Hizo hoyos en las paredes a puñetazos y rompió todo lo que era importante para mí."

Shelly soportó el abuso y las amenazas contra su vida. Después de muchas peleas fuertes a gritos con el hombre que antes parecía ser su pareja perfecta, Shelly rompió definitivamente con él, perdiendo su casa y más de $100.000.

¿Cómo supo Mark lo que Shelly quería? ¿Cómo adivina un sociópata lo que queremos? Es muy sencillo. Nos preguntan y escuchan con atención nuestras respuestas. La mayoría de nosotros interpretamos esta atención especial en el sentido de que nuestras nuevas parejas sentimentales están totalmente fascinadas con nosotros. Como creemos que estamos construyendo una conexión permanente, estamos dispuestos a compartir nuestros deseos más profundos.

En la Encuesta sobre la pareja sentimental de Lovefraud, el 56 por ciento de los encuestados coincidió en que «el individuo preguntó por mis esperanzas y sueños, y entonces se comprometió a hacerlos realidad». Lo que los sociópatas están haciendo en realidad es interrogarnos para descubrir nuestras vulnerabilidades, y usar la información como arma para derribar nuestras defensas.

A veces, los sociópatas realmente recurren al subterfugio para averiguar lo que quieren que sus víctimas. Esto es lo que le pasó a

"Larissa", cuando conoció a "Jesse" en su clase de aikido. «Era un oyente increíble, y parecía importarle lo que yo le decía», Larissa contó. «Obviamente, su capacidad de escuchar era parte de esa intención de averiguar mis debilidades y aprender la mejores formas de manipularme. Más tarde me enteré de que se había fijado en mí, y que le dijo a su amigo "que me haría suya". Leyó mi diario cuando no estaba en casa, y creó una personalidad de príncipe azul basándose en lo que yo había escrito en mi diario. Encarnaba encarna todos los requisitos que había escrito en mi diario, desde ser vegetariano hasta amar el mar y los delfines. Todas y cada una de las cosas que dijo, se las había inventado».

Seis meses después de conocerse, Larissa y Jesse se casaron. Jesse convenció a Larissa para trasladarse inmediatamente a otro estado, a una caravana de 9 acres de terreno. Pero la vida no era como Larissa esperaba.

«Alrededor de tres semanas después del comienzo de nuestra vida en común, el FBI se presentó en la puerta trasera de nuestra casa con pistolas en la mano (cinco o seis agentes) y lo llevaron a la cárcel», relató Larissa. «Jesse me dijo que había sido incriminado por un delito (robo de vehículos a mano armada), y estuve a su lado durante un año. Me quedé embarazada justo antes de su condena de siete años. Cuando tenía ocho meses de embarazo, me envió una carta de confesión, diciéndome que todo lo que me había dicho era mentira, desde las descabelladas historias de las Fuerzas Especiales, hasta las muertes traumáticas de sus amigos (imaginarios). Me divorcié de él mientras estaba en la cárcel».

Jesse era tan buen manipulador que, antes de su carta de confesión, hizo creer a Larissa que simplemente había cometido un error. Finalmente ella se dio cuenta de la verdad sobre su marido. «La complejidad de sus mentiras es asombrosa, y el número de mentiras que puede catalogar en su cabeza — a quién le dijo tal o cuál cosa — es alucinante», dijo Larissa. «Todos sus comportamientos son antisociales. Está constantemente, siempre, cada minuto de cada día, maquinando maneras de controlar a las personas en su vida, hacer daño a las personas que le cabrean. Jamás deja de jugar para ganar. El significado de ganar varía según cada circunstancia en particular».

A veces se lo ponemos más fácil a los sociópatas para que se disfracen como nuestras almas gemelas creando relaciones de fantasía en nuestras propias mentes. Esto es lo que le ocurrió a "Robert" cuando conoció, o mejor dicho, se reencontró con, "Sophie". Los dos estaban locos el uno por el otro en el instituto, pero en esa época nunca salieron juntos. Dieciocho años más tarde, se volvieron a encontrar a través de Internet.

Sophie dijo a Robert que iba a dejar a su novio maltratador con el que vivía. «Su historia era tan terrible que tenía que ayudarla; era una de mis mejores amigas de la escuela», dijo Robert. «En realidad, ella era una mala embustera, pero hay algo en ella que hace que mires para otro lado ... Ahora creo que eso tiene mucho que ver con mi propia imaginación de la historia romántica de reencuentro con "la que se fue"».

Sophie dijo a Robert que ella quería que su próxima relación – con él – durara para siempre. «Quería que la rescataran y yo quería rescatarla», dijo Robert. «Ella quería otro hijo, y yo quería un hijo propio ... Acabó utilizando mi propio deseo de romance fantasioso y de alguna forma se moldeó a sí misma para ser esa persona».

Se casaron, y Sophie se quedó embarazada enseguida, y ahí terminó la relación de sus sueños. De hecho, ella se mudó de la casa de Robert, pero quería que él siguiera pagando sus facturas, aunque se negó a decirle cuáles eran, prefería que él simplemente le enviara dinero. Entonces Robert se enteró de que el hombre con el que ella había vivido anteriormente no era su novio, sino su marido, y al casarse con Robert, Sophie había cometido bigamia. Al parecer, su plan era cazarle teniendo un hijo para que tuviera que mantenerla financieramente durante los próximos 20 años.

Alerta roja # 3: Magnetismo sexual

Sexo inolvidable. Muchas personas que se han acostado con un sociópata dicen que su relación sexual fue la mejor que han tenido nunca. Los comentarios en la Encuesta sobre la pareja sentimental de Lovefraud describen el sexo como intenso, maravilloso, apasionante, increíble y abundante.

Sexo salvaje y desinhibido.

Sexo sexo sexo y más sexo.

Tuve relaciones sexuales intensas 3 veces al día. No es broma. A nuestros cuarenta años.

En la encuesta, el 78 por ciento de los encuestados dijo que el "magnetismo sexual" era característico de la relación. ¿Por qué? En primer lugar, los sociópatas están programados para el sexo. En segundo lugar, los sociópatas son con frecuencia buenos amantes. Hay mucho más que decir sobre los sociópatas y el sexo, por lo que el capítulo 6 está dedicado al tema.

Alerta roja #4: Bombardeo de amor

Apareció como el amante romántico ideal. Era muy atento, cariñoso, afectuoso, atractivo, emocionante, interesante, y dispuesto a hacer cualquier cosa con tal de estar conmigo.

Me llamó desde una de las islas del sur del Caribe, lo que le costó 20 dólares por hacer la llamada, respiró muy hondo y dijo que se sentía como si se estuviera ahogando y yo era su aire. Me decía constantemente cosas por el estilo, siempre obsesionado CONMIGO. Nadie me había prestado nunca tanta atención.

No había tenido ninguna relación sentimental con nadie desde hacía mucho tiempo y nunca había conocido a nadie que estuviera tan embelesada conmigo, con quien soy o incluso con lo que tenía que decir. Supongo que la atención que ella me prodigaba fue suficiente para conseguir que yo fuera su próxima víctima.

Si un sociópata te pone el ojo para tener una nueva relación amorosa, es muy posible que te colme de más atenciones, manifestaciones de adoración y hasta regalos que nunca en tu vida. Es posible que tengas una sensación de euforia por la emoción, y sientas que te han puesto en un pedestal tan alto que te deja sin aliento.

Cuando están en modo de seducción total, los sociópatas quieren estar contigo todo el tiempo, y si no están físicamente a tu lado, quieren estar en constante comunicación contigo. Proclaman su amor con rapidez, frecuencia y persistencia. La mayoría de nosotros interpretamos esta devoción incesante como una indicación de que nuestra nueva pareja está verdaderamente enamorada. Pero no es amor; es bombardeo de amor.

A diferencia del verdadero amor, el bombardeo de amor es falso. No es una expresión de los sentimientos más profundos de tu nueva pareja; se trata de una estrategia para lograr un objetivo. El objetivo es conquistarte para que le des al sociópata lo que él o ella quiere.

Los casos citados anteriormente son ejemplos de bombardeo de amor sociopático. Entonces, ¿cómo acabaron estas relaciones?

El "amante romántico ideal" duró menos de un año. Cuando la mujer conoció a sus hijos, le dijeron que su padre "no era siempre tan encantador". Su hijo de seis años de edad anunció: «Mi papá es un tramposo». Entonces se enteró de que el hombre también frecuentaba prostitutas. «Después de cortar con él definitivamente, me acosaba», dijo ella. «Tuve que poner una denuncia. Estuve mental y psicológicamente angustiada por la relación dos años más».

El que tanto suspiraba estaba casado, aunque dijo que no por mucho tiempo. Pero la relación fue oficialmente un romance que duró tres años. Con el tiempo, se divorció y se casó con la mujer que respondió la encuesta Lovefraud. Después, ella se enteró de que su marido era un explotador. Perdió dinero, perdió su casa, contrajo deudas y pensó en suicidarse.

En el tercer caso, la mujer sociópata había estado efectivamente buscando una víctima. Esto es lo que el hombre escribió sobre su experiencia:

Era muy encantadora y atenta. Se me quedaba mirando con lo que me pareció asombro. Ella no tardó en llevar la relación a la alcoba. Me dijo que creía que no podría quedar embarazada y yo cometí la torpeza de tener relaciones sexuales con ella sin protección. Pronto quedó embarazada de gemelos y nos casamos poco más de dos meses después de conocernos.

Se cree que el término "bombardeo de amor" se originó con la Iglesia Unificada. Su fundador, Sun Myung Moon, utilizó el término en un discurso en 1978, en el que aludió a cómo los miembros de la iglesia siempre estaban sonrientes porque estaban tan llenos de amor.2

Los críticos de las sectas, sin embargo, dicen que el bombardeo de amor es una técnica de reclutamiento, un uso deliberado de atención y afecto intensos con afán de atraer nuevos miembros a la organización. La Dra. Margaret Thaler Singer, experta en lavado de cerebro y la persuasión coercitiva, dijo que el bombardeo de amor fue más eficaz que las técnicas de lavado de cerebro utilizadas por los norcoreanos en prisioneros de guerra.3 He aquí cómo lo describió ella en su libro, *Las sectas entre nosotros:*

> "El bombardeo de amor es un esfuerzo coordinado, por lo general bajo la dirección de los líderes, que requiere que los miembros veteranos inunden de elogios, seducción verbal, muestras de afecto, generalmente de naturaleza no sexual, a los reclutas y nuevos miembros, y presten muchísima atención a cada uno de sus comentarios. El bombardeo amor – o la oferta de compañerismo instantáneo – es una estratagema engañosa que explica las numerosas campañas de reclutamiento exitosas".4

Muchos líderes de sectas son sociópatas. Son carismáticos, encantadores, egocéntricos, manipuladores, y responden a otros criterios que serán analizados en el Capítulo 2. Dudo que la mayoría de los sociópatas comunes y corrientes hayan pasado tiempo como miembros de una secta, sin embargo, todos parecen conocer la técnica de bombardeo de amor. Por lo tanto, creo que fingir amor y afecto con el fin de lograr un objetivo es una conducta sociopática instintiva. Los líderes de sectas simplemente echan mano de lo que hacen de forma natural y lo aplican a cientos o miles de reclutas, desplegando su encanto, u ordenando a sus subordinados que desplieguen su encanto, hasta que los reclutas se conviertan en seguidores.

El bombardeo de amor es muy condicional. Los miembros de la secta reciben abundantes muestras de afecto mientras están hipnotizados y tienen fe ciega. Pero las personas que abandonaron las sectas se encontraron con que el afecto que previamente recibieron había desaparecido, y en vez de eso, fueron rechazados e incluso vilipendiados. Esto también sucede cuando un compañero sentimental se da cuenta de que está siendo utilizado, y que ya no está dispuesto a ser miembro del culto personal del sociópata. Muy a menudo, los sociópatas se vuelven contra ellos con una ferocidad despampanante.

Pero eso ocurre a medida que avanza la relación. En la Encuesta sobre la pareja sentimental de Lovefraud, el 75 por ciento de los encuestados describió a los sociópatas en sus vidas como "demasiado atentos". Al principio de la relación, la atención se percibió generalmente como halagadora, pero en algunos casos se volvió sofocante, incluso desagradable. Así es como dos encuestados describieron sus experiencias:

Básicamente, empezó a monopolizar todo mi tiempo. Cuando protestaba de que nos llevábamos muchos años de diferencia, y que nuestros estilos de vida, gustos y preferencias eran distintos, parecía aferrarse aún más.

Demasiado atento, lo que era halagador al principio, pero se volvió espeluznante pasados dos meses.

Los sociópatas prodigan su atención no sólo a una persona, sino a través de los medios de comunicación también. En la encuesta Lovefraud, el 75 por ciento de los encuestados respondieron que el sociópata les llamaba con frecuencia, el 41 por ciento dijo que el sociópata les enviaba una gran cantidad de mensajes de texto, y el 38 por ciento dijo que el sociópata les enviaba correos electrónicos frecuentes.

Esto es lo que necesitas entender acerca del exceso de comunicación del sociópata: El propósito de esta multitud de llamadas telefónicas, mensajes de texto y correos electrónicos no es mantenerse en contacto, sino mantener el control.

Muchos lectores de Lovefraud informaron de decenas de contactos todos los días, y esto no es una exageración. Al principio, los sociópatas pueden decir cosas como, «Sólo quiero oír tu voz». Más tarde, a medida que ganan control, exigen saber dónde estás y con quién. En caso de no responder a una llamada o a un mensaje de texto, puede que te expongas a sufrir el castigo, que va desde un arranque de ira hasta el frío y cruel tratamiento de silencio; un cambio radical con respecto al desmesurado bombardeo de amor.

Alerta roja #5: Culpa a otros de todo

Nada es culpa del sociópata nunca. Cuando los sociópatas tienen algún problema o cualquier tipo de incidencia, siempre es porque otro mintió, metió la pata, incumplió el trato, quiere fastididarles, o les envidia. Sea cual sea el drama que está pasando en su vida, los sociópatas adoptan el papel de víctimas.

Entonces, ¿cómo es el tipo de excusas que dan los sociópatas? A continuación se exponen algunos ejemplos de éstas relatados por los entrevistados en la Encuesta sobre la pareja sentimental de Lovefraud:

Condenado por delito federal, pasó 5 años en la cárcel, en libertad condicional 3 años y tenía una deuda con el gobierno de 14 millones de dólares, pero no era su culpa.

Su marido le había robado todo su dinero con un buen abogado y el dinero que ella tenía había desaparecido a causa de sus problemas de cáncer y su tratamiento.

Fue culpa de la otra persona s que tuviera relaciones sexuales con una niña de 14 años de edad. Dijo que después de la forma en que ella se había comportado con él no pudo decir que no.

Culpar a los demás es una alerta roja de importancia crítica que indica que podrías estar en una relación peligrosa.

En primer lugar, es algo que casi todos los sociópatas hacen. En la Encuesta sobre la pareja sentimental de Lovefraud, el 82 por ciento de los encuestados dijo que los sociópatas en sus vidas culpaban a otros de sus problemas.

En segundo lugar, es una señal de alerta que no se enmascara como algo que desearías en tu pareja ideal. A diferencia del "carisma y encanto" y "encontrar a tu alma gemela", escuchar a tu amante acusar a los demás por sus problemas no es romántico. Puede ser que las excusas sean justo la dosis fría de realidad que necesites, en medio de la magia de la atracción, para ver lo que realmente está pasando.

La clave es prestar atención a los hechos innegables, en lugar de las explicaciones. Después de ser puesto en libertad, el sociópata se quejará de las "injusticias legales" con una voz llena de indignación. Sin ingresos después de ser despedido, el sociópata arremeterá contra el "jefe idiota". Con deudas de miles de dólares en pensión alimenticia, el sociópata culpará a su ex por las órdenes judiciales frívolas. Al hacer esto, los sociópatas son muy convincentes. Pero, en lugar de dejarte arrastrar por justificaciones, céntrate en los hechos: Este individuo estaba en la cárcel, no tiene trabajo, y no paga la manutención de los hijos.

Como los sociópatas echan la culpa a los demás, sus víctimas favoritas son sus ex parejas: ex esposas, ex maridos, ex novias y ex novios. Según los comentarios de la Encuesta sobre la pareja sentimental de Lovefraud, esto es especialmente cierto cuando se trata de explicar sus problemas legales y financieros:

Él había pagado la manutención de los hijos, pero su ex era 'psicópata' y no quería admitir que había pagado sus deudas. Luego él dijo que su madre había tirado todos sus recibos de giros postales para "joderlo". Que todos conspiraban contra él.

Su ex novia de personalidad limítrofe y bipolar presentó una denuncia falsa de violación contra él en venganza por dejarla.

No sólo culpan los sociópatas con frecuencia a sus ex parejas de sus problemas, sino que también tienden a decir insultos de los amantes que te precedieron en general. En la encuesta, el 63 por ciento de los encuestados dijo que los sociópatas menospreciaron a sus cónyuges y parejas anteriores. Los sociópatas acusan a sus ex parejas de infidelidad y consumo de drogas. Dicen que sus ex parejas son avaras y cazafortunas. Tal vez las afirmaciones más habituales son que sus ex parejas son psicópatas acosadoras, celosas y mentalmente desequilibradas. Estas descripciones, muchos lectores de Lovefraud descubren más tarde, se aplican por lo general al sociópata en vez de a su ex.

Los sociópatas generalmente no aceptan ninguna responsabilidad respecto al fin de sus relaciones anteriores. Al igual que con todos sus problemas, siempre es la culpa de otra persona.

Alerta Roja #6: Mentiras y omisiones en las historias que cuenta

Los sociópatas mienten. Dicen pequeñas mentiras y mentiras enormes. Mienten cuando decir la verdad serviría mejor a sus propósitos. Mienten por puro placer. Cuando se descubren sus mentiras, mienten para encubrir sus mentiras.

Todos los sociópatas mienten hasta lo extremo. Si alguien no miente, no es un sociópata. En la Encuesta sobre la pareja sentimental de Lovefraud, el 95 por ciento de los encuestados dijo que los sociópatas que conocían eran muy o moderadamente mentirosos.

Los sociópatas son particularmente propensos a distorsionar o tergiversar sus historias personales. Su objetivo, por supuesto, es hacer parecer que son más dotados y más románticamente atractivos. Así que inventan currículos impresionantes; el 65 por ciento de los encuestados dijo que los sociópatas les contaron historias largas y detalladas acerca de su pasado. O bien, para su conveniencia, olvidan mencionar sus verdaderas "hazañas", como matrimonios, niños y penas de prisión. El cincuenta y seis por ciento de los encuestados dijo que los sociópatas fueron evasivos al preguntarles por su pasado.

La encuesta Lovefraud hizo esta pregunta: «Cuando os conocisteis por primera vez, o al principio de tu relación sentimental, ¿dijo el individuo cosas que luego descubriste que eran falsas?» Estas son algunas de las respuestas descriptivas:

1. Piloto e instructor con habilitación de vuelo por instrumentos y Licencia de Navegación. 2 Abogado 3 Cinturón Negro en Karate 4 Propietario de cinco inmuebles; Inversiones inmobiliarias; ¡casas con valor lucrativo y alquiladas! Me mostró todas las direcciones y equidad en ellos. Se sabía las direcciones de memoria, por lo que podía referirse a ellas a su antojo sin la lista cuando estaba conmigo. 5 Licenciado en Derecho, con Licenciatura en finanzas por una universidad en Florida; todo lo anterior eran mentiras. También dijo que estuvo casado una vez, después me enteré de que había estado casado hasta 6 veces a la edad de 40 años, que es la que tiene ahora.

La conocí en Internet. Dijo que era propietaria de un negocio dedicado a obtener la certificación paralegal con el fin de ahorrar costes legales para el negocio; ex modelo (incluyó fotografías de una modelo holandesa desconocida) que usó el dinero que ganó desfilando como modelo para ir a Harvard. Afirmó ser divorciada. Insegura de su estado civil actual, orientación sexual u ocupación, pero fingió una caída en Walmart con el fin de poner una demanda.

Dijo que trabajaba de incógnito para una empresa informática para descubrir un robo interno, pero en realidad trabajaba como inspector de postes. Afirmó que tenía un negocio inmobiliario, pero la licencia había expirado y no realizaba ventas activas de propiedades. Dijo que trabajaba en una empresa durante los 2 años que duró nuestra relación. Me daba los nombres del personal, describía el trabajo y las funciones diarias, hablaba de las promociones y presentaciones especiales que le pedían que hiciera por su experiencia. ¡Pues me enteré de que jamás había trabajado allí!

Corredor de bolsa de Goldman Sachs; utilizó eso para hacer timos para conseguir dinero para invertir. Llamé para verificar su empleo, entonces dijo que sólo les había vendido su lista de clientes y que mantenía 12 de sus clientes más personales. Afirmó que su padre era agente especial de la CIA en Irán, donde fue capturado y decapitado. Afirmó que también estaba vinculado a la CIA y que utilizaba sus conocimientos para hacer fracasar a las economías de los países mediante el comercio de dinero. Podría hablar sin parar de cosas que dijo que hizo y sabía, pero sería sólo eso: "Cosas que dijo".

Hay dos categorías de mentiras que dicen los sociópatas que merecen una atención especial. Muchos sociópatas se atribuyen antecedentes militares heroicos. Y, otros muchos sociópatas declaran falsamente ser creyentes, conversos, espirituales o incluso sacerdotes ordenados.

El diez por ciento de los participantes en la encuesta Lovefraud dijo que los sociópatas que conocían mintieron acerca de su dedicación a servir en las Fuerzas militares o especiales, y un 4 por ciento adicional proclamaron falsamente ser agentes de las fuerzas de orden público, la CIA o espías.

Las declaraciones falsas de heroísmo militar son una epidemia en los Estados Unidos. A los 'impostores' les gusta particularmente decir que prestaron servicio como comandos de élite, como los Navy SEALs (Comando de fuerzas especiales de tierra, mar y aire de la Armada de los EE.UU.) En 2010, un veterano auténtico de SEAL que trabajó para desenmascarar a los farsantes estimó que había 300 impostores por cada SEAL real.5 Después de Osama bin Laden fue asesinado por comandos estadounidenses el 1 de mayo de 2011, las organizaciones de control informaron de que el número de demandas de impostores se había disparado.6

No quiero decir que toda persona que falsea sus antecedentes de servicio militar sea un sociópata, a veces las demandas son sólo palabras, o historias que empiezan y son difíciles de frenar. Pero cuando la gente usa demandas militares falsas para manipular a los demás, o para adquirir beneficios que no merecen, me atrevería a apostar que estos individuos tienen muchos rasgos sociopáticos.

Cuando los sociópatas hacen este tipo de afirmaciones, llamadas "heroísmo usurpado" por los perseguidores de fraudes, tienen intenciones ocultas. Están tratando de convencer a su víctima para que les den lo que quieren: dinero, sexo y un lugar para vivir. Tienen que ser creíbles. Se escudan deliberadamente en el honor y el respeto ganado por los hombres y mujeres que verdaderamente prestan servicio en las fuerzas armadas para salirse con la suya en las estafas.

Pretender ser un veterano puede funcionar, pero hacerse pasar por un Navy SEAL o un soldado de las Fuerzas Especiales es aún mejor. Entonces, cuando se les pide pruebas, los sociópatas pueden decir que su trabajo es clandestino, su servicio está clasificado, o los registros han sido destruidos. La víctima promedio, al no estar familiarizada con los militares, no tiene ni la menor idea de cómo investigar tales declaraciones.

Pretender ser integrante de la Agencia Central de Inteligencia, la Agencia Federal Antinarcóticos, o la Oficina Federal de Investigación también funciona. Los sociópatas logran transmitir una impresión de "chicos buenos". Pueden desaparecer durante largos periodos de tiempo sin explicar a dónde van. Tienen explicaciones plausibles para el exceso de efectivo, armas y llamadas telefónicas secretas. A los sociópatas les gusta la historia del agente del gobierno; es la coartada perfecta para llevar una doble vida.

Por ejemplo, cuando "Samantha" se encontraba de vacaciones en España, conoció a "Gary," otro estadounidense, en un bar. «Era sexy y encantador y demostraba interés en lo que yo tenía que decir», dijo Samantha. «Estuvimos toda la noche caminando por las calles de España; era como una película. Me había enamorado, como quien dice. No me besó hasta las seis de la mañana y me fui a casa. Fue la noche más romántica de mi vida. Después de esto, y cuando nos vimos al día siguiente para almorzar, pensé que había encontrado a la persona con la que quería casarme».

En algún momento, Gary explicó por qué estaba en España:

Era agente de la CIA.

Gary llamaba a Samantha continuamente y le enviaba mensajes de texto y correos electrónicos sin parar. La convenció para que cambiara sus planes de viaje y se quedara con él. Samantha estaba enamorada. «Era misterioso», dijo ella. «Sexy, experimentado e inteligente; eso me pareció. Estaba colado por mí y parecía entenderme. Se preocupaba por las cosas que me importaban – la familia, la carrera, el amor – aunque me di cuenta más tarde de que a él no, pero tenía una habilidad genial para observarme e imitarme. Yo era el centro de toda su atención sin importarle nada más; me sentía como una princesa».

Samantha volvió a los Estados Unidos, pero su relación continuó durante casi dos años. Gary tuvo que irse a vivir con ella dos veces y, en el último momento, canceló sus planes por segunda vez. La tercera vez se presentó. Pero a las dos semanas Samantha descubrió la verdad, Gary no estaba en la CIA, sino que estaba casado, engañaba a su esposa con ella y con otra mujer, también. Samantha echó a Gary de su apartamento.

Mirando atrás, Samantha dijo que probablemente tuvo la corazonada de que toda la historia de Gary fue inventada. «Pero me lo callé porque quería tan desesperadamente que esta increíble historia romántica fuese verdad», dijo. «¡Un hombre sexy de la CIA que conocí en España ME quiere! ¿Cómo podrías no querer que eso sea cierto, supongo que con el tiempo, mi presentimiento se intensificaba, y respondí HACIÉNDOLE preguntas una y otra vez, pero él las eludía, o contestaba con lo que más tarde descubrí que eran mentiras, o me hacía sentir como una "zorra" por preguntar».

Otro de los inventos favoritos de los sociópatas es la mentira religiosa. El 19 por ciento de los encuestados en la Encuesta sobre la pareja sentimental de Lovefraud afirmaron que los sociópatas con los que salieron o se casaron proclamaron falsamente ser religiosos o conversos. Un 1 por ciento adicional afirmó ser sacerdote. Diecinueve encuestados dijeron que habían conocido al sociópata en la iglesia.

Las iglesias y los sitios de citas religiosas suelen ser fértiles territorios de caza para los sociópatas que buscan víctimas. Una función importante de la religión es proporcionar una guía para la vida moral. Por el simple hecho de identificarse con una religión, los sociópatas insinúan que tienen los mismos principios morales que otros miembros de la iglesia, cuando la verdad es que ellos no tienen ningún valor moral de ninguna clase.

«Yo creía que cuando alguien dice que es cristiano, son dignos de confianza», escribió una mujer a la que vamos a llamar "Andrea". Se enteró de que las personas que hacen estas afirmaciones pueden ser en cambio estafadores e impostores.

Andrea conoció a "Tom" en un sitio de citas religiosas y se casó con él. «Creía que era un verdadero hombre de Dios», escribió. «Me enteré de que era un psicópata. Todavía está siendo activamente investigado por casos antiguos sin resolver».

El matrimonio duró menos de un año, pero fue tiempo suficiente para que Andrea perdiera su trabajo, perdiera más de $10.000, contrajera deudas y fuera maltratada físicamente. «Tom era extremadamente violento», escribió. «Me amenazaba y me enviaba amenazas de muerte. Animales heridos ... uno murió sospechosamente. Se le ha visto en compañía de algunos de los criminales más recalcitrantes».

En otro caso, "Sharon" conoció a "Brad" cuando vivía en un centro de reinserción social después de pasar dos años en prisión por malversación de fondos.

«Brad se había convertido en cristiano en la cárcel, por lo que apeló a mi fe», escribió Sharon. «Íbamos a la iglesia todos los domingos. El hecho es que me pidió una segunda oportunidad ... Siempre he tenido debilidad por los marginados. Él quería devolver el dinero que malversó para poder tener una vida normal conmigo».

La relación causó controversia en la familia de Sharon. Un hermano le alertó sobre Brad, y su ex marido tenía un expediente sobre él de dos pulgadas de espesor. Pero Sharon tenía otro hermano que era un misionero, y padres devotos. «Brad explotó sus valores cristianos», dijo. «Ellos apoyaron la relación».

Sharon salió con Brad menos de cuatro años. Durante ese tiempo, ella descubrió que Brad la engañaba y que estaba metido secretamente en la pornografía. Perdió más de $50.000, perdió su casa y contrajo deudas.

Este sociópata, Brad, se aprovechó de la creencia que es la

base del cristianismo: la redención. Si las personas se arrepienten, creen los cristianos, sus pecados serán perdonados. Así que los sociópatas se arrepienten. Afirman que han encontrado la religión, y Dios les ayudará a cambiar sus vidas. Las personas que son verdaderamente religiosas les creen y les perdonan. Esto es exactamente lo que los sociópatas quieren: ser perdonados para poder continuar con sus estafas.

Los sociópatas no se limitan a explotar el cristianismo, todo tipo de creencias religiosas o espirituales son blanco legítimo para el abuso. Los encuestados de Lovefraud describieron a estafadores que decían ser budistas, yoguis, chamanes y pastores de iglesias sin denominación.

Por desgracia, los sociópatas tienen talentos naturales para presentarse como líderes espirituales, lo que les permite convertirse en gurús y líderes de sectas. Son carismáticos. Siempre saben lo que hay que decir. A través del bombardeo de amor, establecen relaciones intensas con sus seguidores o seguidores potenciales.

La sociedad en general tiene en gran estima a los líderes espirituales y considera que son dignos de confianza. Cuando los sociópatas convencen a la gente de que están conectados a un poder superior, consiguen tener vía libre para hacer lo que quieren. Esta es, quizás, la peor clase de mentira.

Los sociópatas usan mentiras para enganchar a sus objetivos, y luego siguen mintiendo a lo largo de sus relaciones amorosas. Las personas que realizaron la Encuesta sobre la pareja sentimental de Lovefraud indicaron continuas mentiras, mentiras patológicas, y mentiras sobre cuestiones que van desde lo esencial a puras trivialidades.

Si abría la boca, era para mentir.

Era un mentiroso muy convincente, y mentía incluso cuando decir la verdad le habría sido más útil.

Mentía incluso cuando no tenía que hacerlo sólo para mantenerse entrenado.

Los sociópatas utilizan todas las técnicas imaginables de engaño. Dicen falsedades. Mienten por omisión, omitiendo oportunamente divulgar algo que deberías saber, como una enfermedad de transmisión sexual. Mezclan las mentiras con la verdad, para que la historia parezca plausible. Y dicen mentiras totalmente indignantes, ficciones que a una persona normal, incluso una propensa a exagerar, nunca se le ocurriría decir.

Te puedes preguntar, «¿Creen sus propias mentiras? ¿Son delirantes?»

En general, la respuesta es no. En algunos casos, los sociópatas son también psicóticos, lo que significa que han perdido contacto con la realidad, y de hecho, pueden incluso llegar a creer sus propias historias. Pero esto es poco común. La mayoría de los sociópatas saben que no están diciendo la verdad; simplemente les trae sin cuidado.

Los sociópatas mienten para conseguir lo que quieren. También mienten por pura diversión; los sociópatas han admitido que sienten una subida de adrenalina al engañar a la gente. El Dr. Paul Eckman, que estudia la mentira y enseña a la gente cómo detectarla, califica esto como "el placer de mentir". Lo explica como "la alegría, el placer, regocijo o satisfacción que una persona puede experimentar durante el proceso de engaño".7 Como señaló uno de los encuestados acerca de su ex marido, «Le gustaba mentir y salirse con la suya».

Alerta Roja #7: Contacto visual ininterrumpido

Una encuestada de Lovefraud conoció al sociópata con el que se casó, que era el médico de su madre, cuando acompañó a su madre a una visita médica. Así es como describió el encuentro: «Entró cuando mi madre estaba en la sala de pruebas. Fue el contacto visual más ininterrumpido que había experimentado jamás. Tanto es así, que fue lo único que podía describir años después, cuando recordé "cómo nos conocimos"... Su mirada candente penetraba mi alma, a pesar de que tenía ojos castaños, y de que a mí nunca me habían gustado los ojos castaños».

Los sociópatas son hombres, mujeres, viejos, jóvenes, de aspecto cuidado, o desaliñado. Los hay de todos los tipos. No hay nada que distinga físicamente a los sociópatas de las personas sin trastornos mentales, excepto, posiblemente, los ojos.

Los sociópatas suelen establecer un contacto visual ininterrumpido. De hecho, se conoce con el nombre de mirada depredadora; una mirada impávida directa, como la de un león acechando a su presa. Si tienes la sensación de que alguien te está estudiando para su próxima comida (en sentido metafórico), puedes estar en lo cierto.

Algunas personas retroceden instintivamente ante la mirada. Otros, sin embargo, ignoran cualquier sentimiento de aprensión e interpretan el contacto visual ininterrumpido como una señal de atracción. «Recuerdo su contacto visual ininterrumpido desde el primer momento que lo vi, que hizo que me sintiera un poco incómoda, pero me hizo creer que estaba muy interesado en mí», escribió una de las encuestadas.

El sociópata está interesado en ti, pero no por las razones que piensas. Sin embargo, él o ella no revelarán sus verdaderas intenciones, por lo menos, no inmediatamente. Si le preguntas, «¿Por qué me miras?» Te responderá algo así como, «Eres tan hermosa» o «No puedo creer lo afortunado que soy de tenerte en mi vida».

A veces, sin embargo, los ojos del sociópata cuentan una historia totalmente diferente, parecen muertos y sin vida, al igual que los ojos negros de un tiburón. Si "los ojos son la ventana del alma", cuando uno mira a los ojos de un sociópata, se podría dudar de que haya un alma. Los lectores de Lovefraud han observado que los sociópatas sonríen con la boca, pero no con los ojos. No verás ninguna empatía, ninguna compasión, ni ninguna sensación de contacto humano.

Pero a los sociópatas se les da bien distraernos de su vacío, así es como al principio de la relación, es posible que veas los ojos sin vida sólo fugazmente. De hecho, es a menudo más fácil percatarse de esta característica en una fotografía de la persona, más que en persona.

Ni el contacto visual ininterrumpido, ni los ojos sin vida son rasgos universales entre los sociópatas. En la Encuesta sobre la pareja sentimental de Lovefraud, el 59 por ciento de los encuestados dijeron haber experimentado un contacto visual ininterrumpido, y el 60 por ciento coincidió en que «a veces, los ojos del individuo parecían estar sin vida». Sin embargo, estos son indicios importantes, los únicos síntomas físicos potenciales del trastorno.

Si notas algo extraño en los ojos de tu nuevo amor, además de otras *Alertas rojas de estafa amorosa,* ten cuidado.

«No me di cuenta hasta años más tarde, pero tenía una mirada extraña en sus ojos cuando nos conocimos», escribió uno de los encuestados. «Ahora sé cómo se siente la gacela cuando la leona está a punto de atacar y devorarla. Había en su mirada astuta y falta de vivacidad algo que su amable sonrisa disfrazaba. Debería haber prestado atención al mensaje que transmitían sus ojos».

Alerta Roja # 8: actúa con rapidez para echar el anzuelo

"Jean" y "Greg" trabajaban juntos en el campo de la medicina. Ella debía tener unos 30 años, él unos 40 años, y ambos estaban divorciados. «Greg me pidió que me fuera a vivir con él después de una cita», dijo Jean. «Ocupaba mis pensamientos por completo y absorbía todo mi tiempo».

Greg aparentemente había estado buscando una oportunidad para ligar con Jean. «Se invitó a sí mismo al cine al enterarse de que iba a ir yo», contó Jean. «Greg iba a encontrarse allí conmigo, y luego me preguntó si podía llevarme hasta allí, puesto que, de todos modos, tenía que pasar por mi casa, entonces me llamó para preguntarme si podía llevarme primero a cenar, ya que era casi la hora de cenar. Entonces me di cuenta de que lo nuestro se había convertido en una cita. Al salir del cine, me preguntó si podíamos ir a su casa a ver un partido de baloncesto antes de llevarme a casa. Es médico y tenía una casa impresionante. Me quedé para pasar la noche».

Fue un idilio arrollador. «Greg era espontáneo, apasionante, sexual, hacía cosas descabelladas e inesperadas, como llevarme a Las Vegas a pasar el fin de semana sin previo aviso», dijo Jean. «Yo había sido madre soltera desde hace varios años, no tenía mucho dinero extra para cosas caras, viajes, etc. Ya no quería estar sóla y quería que alguien que cuidara de mí».

El romance fue apasionado e intenso, durante un mes. Después, Greg rompió con Jean y se comprometió con su ex-novia. Un mes después de eso, Greg le dijo a Jean que había cometido un error y que quería volver con ella. Tres meses después se casaron. Jean estuvo con Greg durante más de 10 años. Con el tiempo, se dio cuenta de su conducta antisocial: «Abusaba de medicamentos de venta con receta, quería hacer intercambio de parejas, se acostaba con la gente en el trabajo, lo que le hizo perder más de un empleo como médico. Le despidieron de varios hospitales, pero siempre era la culpa de otra persona. Era un mentiroso patológico, robaba cosas, a pesar de que podía perfectamente permitirse comprarlas».

Debido a la infidelidad de su marido, Jean contrajo una enfermedad de transmisión sexual. Perdió más de $50.000 en el matrimonio. Se presentaron demandas y cargos penales en su contra. Cayó en depresión, y sufría ansiedad y trastorno de estrés posttraumático. Su vida se vio amenazada, y pensó en suicidarse; todo por un hombre que quería que fuese a vivir con él después de su primera cita.

Los sociópatas normalmente se apresuran en las relaciones. En la Encuesta sobre la pareja sentimental de Lovefraud, el 77 por ciento de los encuestados dijo que el individuo «iba muy rápido; me proclamó su amor rápidamente, quiso rápidamente tener una relación exclusiva».

Esto se explica por dos razones. En primer lugar, los sociópatas tienden a hiperfocalizar. Esto significa que fijan su atención más de lo normal en lo que les interesa en este momento, a menudo haciendo caso omiso de todo lo demás. (Esta tendencia está asociada con el TDAH: Trastorno por déficit de atención con hiperactividad. De hecho, la sociopatía y el TDAH están genéticamente relacionados). Si eres su nueva pareja, el sociópata fija su atención en ti más de lo normal, con un deseo de estar contigo todo el tiempo, inundándote de atenciones y presionándote para que forméis pareja.

En segundo lugar, los sociópatas quieren echarte el anzuelo antes de que te escapes. Saben muy bien que manipulan y utilizan a las personas. Si tienes algo que quieren – dinero, sexo, un lugar para vivir – harán todo lo posible para que se lo des rápidamente. Así que se deshacen en elogios sobre lo maravillosa que eres. Proclaman que Dios o el universo es quien os unió. Te presionan para que te comprometas, suplicándote: «Estamos enamorados. ¿Por qué tenemos que esperar?» Todo parece tan sincero.

No lo es. Para los sociópatas, declarar su amor a primera vista es sólo un medio para un fin.

"Paul" aprendió de la manera más dura. Paul, profesional de 40 años, conoció a "Cindy" en el pasado. Cindy, también de unos 40 años, era hermosa e inteligente. De hecho, era abogada.

«Iba demasiado rápido y era muy atenta y me declaró su amor en tres días», dijo Paul. «Me presionó para tener relaciones sexuales muy rápido y era muy sexual. Teníamos una química sexual tremenda. Se apresuró a presentarme a los niños y la familia».

Paul quería casarse y tener hijos. Además, una tía favorita acababa de morir. Paul se sentía emocionalmente agotado, y Cindy parecía como una bocanada de aire fresco. Forzaba la relación y Paul no se resistió.

Finalmente Paul descubrió la razón de la prisa: Cindy tenía un mar de problemas financieros y legales. Para su boda, la abuela de Cindy les dio una tarjeta que decía: «Mi regalo para vosotros en el día de vuestra boda es perdonaros todo el dinero que he prestado a Cindy, para que podáis comprar una casa en vez de pagarme».

Resultó que Cindy se había declarado en bancarrota tres veces a la edad de 42 años. Había sido despedida por un bufete de abogados por fraude, y había cometido fraude en su propia práctica jurídica. Pablo rompió con ella.

Así describió lo que sucedió después: «Me presionó para que me reconciliase con ella muchas veces y finalmente accedí. Luego descubrí que había pasado mucho tiempo con su ex marido antes de mí, su actual marido. Le dije que iba a ser imposible reconciliarnos. Entonces, se metió en mi casa y simuló un suicidio. Los socorristas me dijeron que era falso. Le dije que no volviera a contactar conmigo nunca pero aún así lo hizo y me dijo que el fin de semana después de su intento de suicidio, se fue a las montañas con su ex-novio, por el que dejó a su primer marido».

Alerta Roja #9: Estrategia de hacerse la víctima

Los sociópatas no tienen empatía. Sin embargo, entienden perfectamente que las personas sin trastornos – sus "blancos" – tienen empatía, y ellos alegremente manipulan esos sentimientos para conseguir lo que quieren.

Se llama la estrategia de hacerse la víctima. Los sociópatas hacen que sientas lástima por ellos, y luego se aprovechan de tu compasión.

La Dra. Martha Stout identificó este fenómeno en su libro, *The Sociopath Next Door (El sociópata de al lado)*. Escribió: «El signo más fiable, el comportamiento más universal de las personas sin escrúpulos no se dirige, como uno podría imaginar, a nuestro temor. Es una táctica perversa para lograr nuestra compasión».8

En la Encuesta sobre la pareja sentimental de Lovefraud, la estrategia de hacerse la víctima no fue la característica predominante de la relación sociopática, el honor fue para "carisma y encanto". Sin embargo, cuando se les preguntó si los individuos con los que tenían una relación "trataron de hacerte sentir lástima por ellos", el 75 por ciento de los encuestados dijo que sí.

Los sociópatas pueden distorsionar los eventos de sus vidas hasta transformarlos en historias lacrimógenas, o si los cuentos no son lo suficientemente convincentes, ellos inventan grandes tragedias. Por ejemplo, varios hombres declararon en la encuesta que las mujeres con las que salían afirmaban falsamente que sufrían de cáncer:

Sus hijos se habían quedado huérfanos a causa de su cáncer terminal falso ... utilizó su puesto de policía falso que se estaba muriendo de cáncer para reclamar "préstamos semejantes a los fiduciarios" que estuvieran garantizados con títulos falsos.

En el primer mes, me dijo que acababa de ser diagnosticada con cáncer y me preguntó si me gustaría cuidar de su hija mientras ella iba a tratamientos de quimioterapia una vez a la semana. Más tarde me enteré de que utilizó esta mentira como una manera de ver a otros hombres, mientras yo estaba en casa con su hija.

Problemas financieros, desempleo, infancias infelices; todas estas cosas hábilmente exageradas por los sociópatas, se convierten en llamadas a la compasión. A los sociópatas les gusta especialmente lamentarse por el abuso que sufrieron en sus relaciones anteriores, culpando a sus ex parejas de sus penas. La verdad, si sale a la luz, puede ser impactante.

"Alicia", una mujer de unos 50 años, trabajaba e iba a la escuela cuando conoció a "Frank" a través de los negocios. Alicia dijo a Frank que no tenía tiempo para dedicar a una relación. «Se abrió paso en mi vida con afirmaciones de que estábamos hechos el uno para el otro, que yo era la mujer de su vida, que nos conocimos por una razón», dijo.

Frank también utilizó la estrategia de hacerse la víctima. «Actuaba con timidez, y como si estuviera muy herido por su divorcio», Alicia recordó. «Afirmó entre lágrimas que echaba de menos compartir cada día con sus hijos. El padre de mis hijos nunca se interesó por la vida familiar ni por nuestros hijos. Este hombre parecía amar y cuidar a sus hijos».

Alicia y Frank estuvieron juntos durante más de cinco años, pero acabaron separándose y reconciliándose cada tres meses. Frank juró que no había otras mujeres, pero Alicia investigó y descubrió que estaba involucrado en relaciones esporádicas. Y eso no es todo lo que averiguó:

«Encontré una página web donde solicitaba sexo a niñas menores de edad», dijo. «Una de sus hijas sufría anorexia/bulimia y fue hospitalizada, la otra hija estaba en un programa de aislamiento temporal como víctima de abuso sexual Afirmó que sus amigos adolescentes hacían estas cosas a sus hijas. Ya no me creo eso».

Los hombres sociópatas lloran fácilmente, al igual que lo hizo Frank. Las mujeres sociópatas son particularmente buenas con el número de la "doncella en apuros", y algunos hombres se ven a sí mismos como los príncipes azules cabalgando para rescatar a la bella en peligro. De hecho, algunos hombres están tan comprometidos a arreglar las cosas de estas mujeres necesitadas que iglas advertencias flagrantes de no continuar.

"Stuart" era un hombre soltero profesional de unos 30 años cuando conoció a una mujer más joven, "Rebecca", que parecía como un cachorro perdido. «Me manipuló para que sintiera lástima por ella y la rescatara», dijo Stuart. «El hecho de que ella se encontraba lejos de su casa despertó mi instinto protector. Luego arrojó el anzuelo con el sexo».

Stuart se casó con Rebecca, a pesar de que mucha gente le advirtió que no lo hiciera. «Su mamá, padrastro y hermana me dijeron que hacía muchos años que habían renunciado a ella, por su falta de conciencia y honor», dijo Stuart. «Su propia madre me advirtió que me alejara de ella como alma que lleva el diablo si quería sobrevivir. Traté de explicárselo, creía que podía rescatarla, salvarla, etc., y no les hice caso».

Debería haberlo hecho. Rebecca presentó informes policiales falsos contra Stuart y eso le costó cerca de $1 millón y el mejor trabajo de su vida. Puso a sus amigos, familiares y único hijo en su contra. Rebecca también intentó mandar matar a Stuart.

Alerta Roja #10: Personalidad Jekyll y Hyde

Al comienzo de una relación con un sociópata todo es encanto y romance. Él o ella proclaman que sois dos almas gemelas. Te bombardea con amor. El sociópata quiere que la relación sea exclusiva rápidamente, y puede hablar de matrimonio en la primera cita. Tal vez incluso antes de la primera cita.

Este es el comportamiento que te encuentras cuando el sociópata te está seduciendo. Después, su comportamiento amoroso desaparece, ya sea repentina o gradualmente, y es reemplazado por el desinterés, la crítica o la rabia. En lugar de la pareja atenta que irrumpió en tu vida por primera vez, te enfrentas con alguien tan frío y cruel que no sabes quién es. Y entonces el amante solícito puede regresar, volviéndote a colmar de afecto.

El sociópata puede exhibir un cambio total de personalidad, muy parecido a la clásica historia del Doctor Jekyll y el Señor Hyde. Él o ella son dulces y cariñosos, y luego, al instante, unos monstruos. En la Encuesta sobre la pareja sentimental de Lovefraud, el 64 por ciento de los encuestados dijo que las personas con las que tenían una relación mostraban personalidad Jekyll y Hyde.

¿Qué te parece esto? Así es como uno de los encuestados lo describió en a Encuesta DSM-5 de Lovefraud:

> *Cuando tuvimos una relación íntima, expresó apa-sionadamente sentimientos verbalmente y físicamente, como por ejemplo, "jamás me he sentido así", "tú eres mi sueño de adolescente hecho realidad", "el universo nos ha unido", "te amo desde el momento en que nos conocimos", "somos almas gemelas", era gentil, cariñoso y apasionado, posesivo y obsesivo conmigo. Cambió repentinamente cuando viajábamos a través del país ... llamadas de telé-fono ... le cambiaba la voz, tenía cambios de personalidad, intensa ira, sarcasmo, proyectaba sus problemas como si fueran míos. Se presentó en la puerta de mi casa sin previo aviso, se quedó dos semanas, mostraba un compor-tamiento Jekyll/Hyde extremo, amoroso/odioso, y emo-cionalmente abusivo.*

Los sociópatas pueden "conectar y desconectar" su compor-tamiento afectivo como pulsar un interruptor. En la Encuesta sobre la pareja sentimental de Lovefraud, el 57 por ciento de los encues-tados dijeron que sus parejas activaban y desactivaban su afecto.

Es realmente muy impactante – y confuso – ser víctima de ese trato. Así es como una mujer describió al hombre con el que vivió más de cinco años:

> *Él podía decirme que me amaba y me odiaba en la misma frase. O decirme que me iba a hacer algo horrible (destruirme o acabar conmigo, o algo así), y luego darse la vuelta 5 minutos más tarde para decirme lo mucho que me amaba y que haría cualquier cosa en el mundo por mí, y luego 5 minutos más tarde alguna otra cosa terrible que iba a hacer, o decía algo desagradable impulsiva-mente y se iba a hacer otra cosa, y luego aparecía una hora más tarde con palabras de amor y él no entendía*

por qué yo no creía que me amaba o por qué me enfadaba. ¿Acaso no me acababa de decir que me amaba?

Si eres víctima de una situación como ésta, nunca sabes con qué persona estás tratando: un romántico o un demente total. Te sientes totalmente desconcertada y con miedo a decir o hacer cualquier cosa que pueda enfurecer a tu pareja, un fenómeno descrito como "andar de puntillas".

Así es como comienzan los ciclos de abuso. Te ponen por las nubes con palabras y acciones de amor, y después te maltratan con palabras y actos de desprecio. No entiendes lo que está pasando, y haces todo lo posible para hacer que vuelva tu amado pretendiente, perdiéndote a ti misma poco a poco en el intento.

Al principio de tu relación con un sociópata, puede que sólo vislumbres por un instante su frialdad, una reacción o un arrebato que parece increíblemente fuera de lo normal. Probablemente, el sociópata se disculpará rápidamente o pondrá una excusa: que lo único que tenía era frustración o estrés, nada de qué preocuparse. Después, el sociópata reanudará el bombardeo de amor.

Si ves esto, estás siendo testigo de la caída de la máscara de la normalidad. El sociópata ha estado actuando como un amante cariñoso y abandona temporalmente su personaje. Él o ella trabajan para convencerte de que lo que acabas de ver es una aberración, y que jamás se repetirá.

Algunos sociópatas pueden mantener la farsa del amor durante mucho tiempo, por lo menos hasta que están seguros de que estás enganchada. Así que es posible que no notes ningún cambio evidente en el comportamiento amoroso del sociópata hasta que estás totalmente comprometida con la relación, vivís juntos, estáis casados o estás embarazada. Varios encuestados Lovefraud experimentaron esto:

Inicialmente (me expresaba su amor) con citas, flores, regalos y pequeñas atenciones. Después de que me casé con él, me dijo, en la luna de miel, «Puedo dejar de actuar ahora». Pensé que estaba bromeando. Después me enteré de que no bromeaba.

Pasó de mostrarse muy cariñoso a fría indiferencia ... Empezó justo después de casarnos ... El cambio fue sorprendente ... frío, distante, indiferente, arrogante, mezquino, acusador ... hipócrita e irresponsable.

Al principio de la relación (antes de casarnos) era cariñoso y atento y se preocupaba mucho por mí. Me llamaba su alma gemela, su verdadera compañera en la vida. Esto continuó hasta el día en que me casé con él, después de la ceremonia de la boda, en cuestión de horas, su personalidad cambió. Fue como haber salido con una persona y enamorarme de ella, y luego casarme con otra persona completamente diferente. Me resultaba un desconocido en todos los aspectos.

Si te sientes inquieta, busca las alertas rojas de estafa amorosa

Los sociópatas proclaman su amor eterno de forma convincente. Cuando escuchamos esas palabras, por supuesto, queremos creerlas, especialmente si hemos estado solos por un tiempo, con la esperanza de que el amor nos encontrará.

Sabemos que nadie es perfecto y que el amor verdadero significa aceptar a una persona como es, con todos sus defectos. Así, hipnotizadas por su carisma, encanto y bombardeo de amor, podemos pasar por alto el hecho de que las historias de los sociópatas no tienen sentido, de que culpan a otros por sus problemas, y de que quieren que sintamos lástima por ellos. Les ponemos las cosas más fáciles. Después de todo, ellos nos aman.

Generalmente, sin embargo, si tienes una relación con un depredador, tendrás una sensación de angustia. La Encuesta sobre la pareja sentimental de Lovefraud preguntó, «Al principio de la relación, ¿tuviste el presentimiento de que había algo raro en la persona o la relación?» Un total del 71 por ciento de los encuestados respondió que sí. Desafortunadamente, la mayoría de ellos no prestaron atención a su intuición, y continuaron sus relaciones. Yo creo que vieron las señales de advertencia, pero no sabían lo que querían decir, así que ignoraron sus temores. Te diré más sobre esto en el capítulo 9.

Si tienes una sensación de inquietud, no ignores tus preocupaciones. Con todo, una o dos señales no significan que tu nueva pareja sea un sociópata. Pero si ves la mayoría o todas las Alertas rojas de estafa amorosa, deja esa relación inmediatamente.

Puedes pensar, «Nunca me va a pasar a mí, soy inteligente; soy segura; conozco bien las reglas del juego». Por lo visto, muchas personas pensaban de esa manera y fueron atrapadas; podrás leer sus historias en este libro. Los sociópatas son muy, muy buenos en lo que hacen, y lo que hacen es, básicamente, jugar con tu mente. Por eso es tan importante prestar atención a las señales de alerta iniciales. Cuanto más tiempo estés involucrada con un sociópata, más difícil será escapar.

Resumen

Las Alertas rojas de estafa amorosa
1. Carisma y encanto
2. Flechazo de almas gemelas
3. Magnetismo sexual
4. Bombardeo de amor
5. Culpa a otros de todo
6. Mentiras y omisiones en las historias que cuenta
7. Contacto visual ininterrumpido
8. Actúa con rapidez para echar el anzuelo
9. Estrategia de hacerse la víctima
10. Personalidad Jekyll y Hyde

Capítulo 2

¿Qué es un sociópata?

Un sociópata es un depredador social. Los sociópatas carecen, lamentablemente, de empatía y conciencia. Viven sus vidas mediante la explotación de los demás.

El grado en que los sociópatas son fundamentalmente diferentes del resto de la humanidad es muy difícil de entender. Imagínate a alguien que:

• No siente amor hacia otras personas, ni por su cónyuge, ni por sus amigos, y ni siquiera por sus propios hijos.
• Sabe la diferencia entre el bien y el mal, pero no siente la obligación moral de obrar correctamente.
• No se preocupa realmente por el bienestar de los demás, sino que finge cuando ello favorece sus propios intereses.
• Sólo le interesa ganar, sea cual sea el significado de ganar en ese momento.
• Actúa como si el mundo estuviera lleno de depredadores y presas; él o ella es el depredador, y todos los demás son presas.

Ahora imagínate que cuando conoces a la persona que se ha descrito anteriormente, te parece simpática, extrovertida, encantadora, servicial, divertida y cariñosa. No ves absolutamente ningún indicio de vacío interior. Debido a que los sociópatas son actores maravillosos, y han aprendido a ocultar sus almas huecas,

48

te pueden engañar.

¿Cómo son en realidad? Así es como describieron los encuestados de la Encuesta sobre la pareja sentimental de Lovefraud a los sociópatas en sus vidas:

> *Sin conciencia ni empatía ninguna. Disfrutaba explotando a las personas, no en el aspecto financiero sino sólo emocional, y encontraba sus debilidades divertidas. Pensaba que eran "tontos".*

> *Sus mentiras pusieron a nuestros 5 hijos (4 adultos), mis hermanas, la comunidad, la iglesia, etc., en mi contra. Su expresión favorita, «me encanta el rencor que te tengo, no lo cambiaría por nada. Quiero hacerte la vida lo más miserable posible». ¡Lo hizo!*

> *A menudo me decía lo fácil que era matar a alguien, y fabricaba las bombas. En realidad, parece que nadie le caía bien, sólo se hacía el simpático con la gente para utilizarla.*

Aunque el hombre que se describe en la última cita habló de matar a gente, en realidad no lo hizo. Algunos sociópatas cometen delitos graves o matan, pero por lo general, "sólo" abusan de sus parejas, abandonan a sus hijos, cometen fraude contra las compañías de tarjetas de crédito, se dan a las drogas y el alcohol, estafan a los clientes, roban a los empleadores, intimidan a los compañeros de trabajo y buscan nuevas formas de ignorar y violar los derechos de los demás.

Los sociópatas son las personas más destructivas de la raza humana, sin embargo, pocos de nosotros sabemos que existen.

Resumen de los rasgos sociopáticos

Antes de explicar lo que es un sociópata, quiero que tengas claro lo que NO es un sociópata.

Un sociópata NO es delirante. Los sociópatas saben exactamente lo que hacen. Cuando sus acciones dañan a otros, también lo saben. Simplemente les trae sin cuidado. (La única excepción es si los sociópatas también tienen otro trastorno, como esquizofrenia, en cuyo caso pueden ser delirantes, y especialmente peligrosos).

Un sociópata NO SIEMPRE es un asesino en serie, o, para el caso, cualquier tipo de asesino. Sí, algunos sociópatas matan, y son capaces de hacerlo con una fría indiferencia que conmociona la humanidad del resto de nosotros. Entre los asesinos sociópatas famosos destacan Ted Bundy, que asesinó a nada menos que 40 mujeres jóvenes,1 y John Wayne Gacy, que violó, torturó y asesinó a 33 hombres jóvenes.2 Sin embargo, la inmensa mayoría de los sociópatas nunca mata a nadie.

Un sociópata NO SIEMPRE es un criminal convicto. Muchos sociópatas violan la ley, son atrapados y van a la cárcel. Pero muchos más sociópatas violan la ley y no son atrapados o cometen actos no éticos, pero no ilegales.

Entonces, ¿cuáles son exactamente los rasgos que constituyen este trastorno? En realidad, depende de a quién se le pregunte. Los profesionales de salud mental – desde médicos y terapeutas hasta investigadores de psicología – no están totalmente de acuerdo con las características que definen a los depredadores sociales, o incluso cómo se debería llamar a estas personas. Se utilizan varios criterios de diagnóstico diferentes. Por tanto, a continuación, he recopilado los resúmenes de las principales categorías de los rasgos exhibidos por sociópatas, en base a las definiciones que se utilizan en el campo de la salud mental, junto con los comentarios de miles de lectores y colaboradores de Lovefraud.

Te darás cuenta del solapamiento entre las características que se describen a continuación, y las *Alertas rojas de estafa amorosa*. Eso es, porque lo que los sociópatas son determina lo que hacen.

Mentiras

Todos los sociópatas mienten. Con los sociópatas, la mentira es más que un comportamiento desagradable; te alerta de que la persona debe ser evitada. La mentira es esencial para la personalidad sociopática.

Todos mentimos a veces, tal vez para evitar una discusión o

no herir los sentimientos de alguien. Los sociópatas mienten hasta la saciedad, y les divierte. Falsean su identidad acumulando mentira tras mentira, hasta crear una realidad completamente alternativa. Pero, insisto, no son delirantes, por lo que saben que mienten. Pero actúan como si creyeran lo que dicen, y son tan convincentes que nosotros también les creemos. Después, cuando nos damos cuenta de que todo lo que nos dijeron era, en el mejor de los casos, una exageración, y en el peor, pura invención, nos quedamos conmocionados.

«Si estás asombrada por la capacidad de otra persona para mentir y tergiversar la realidad, puedes estar segura de que te has encontrado con un sociópata», dijo mi colega, la Dra. Liane Leedom, en uno de sus artículos para el Blog de Lovefraud.3 Si tuviera que elegir sólo uno de los criterios para identificar el trastorno de personalidad sociopática, la Dra. Leedom dijo que sería las mentiras.4

Los sociópatas son mentirosos convincentes porque no experimentan ningún malestar cuando mienten. Muchos, si no la mayoría, de los sociópatas son locuaces por naturaleza. Tienen mucha labia y nunca les faltan las palabras. Pero incluso los sociópatas que no son increíblemente zalameros pueden inventar historias, excusas y razones en el acto. Debido a que no vemos ninguna vacilación, suponemos que deben estar respondiendo a nuestras preguntas o transmitiendo información veraz. De hecho, a veces hay algo de verdad en sus declaraciones, lo que hace que sea mucho más difícil discernir las mentiras.

De acuerdo con la sabiduría popular, puedes detectar a los mentirosos a través del lenguaje corporal o de expresiones faciales fugaces. Los mentirosos supuestamente evitan el contacto visual, se tocan la cara o la garganta, están inquietos y elevan el tono de su voz. Las personas normales pueden presentar estos síntomas cuando mienten ya que se sienten incómodas con lo que dicen o quieren ocultar sus verdaderos sentimientos, pero estos consejos no funcionan necesariamente con los sociópatas. Los sociópatas pueden fácilmente mirarte directamente a los ojos, con expresiones totalmente naturales en sus rostros, y decirte absolutas mentiras. No se ponen nerviosos; no sudan, de ahí que puedan pasar las pruebas del detector de mentiras.

Por desgracia, los humanos son detectores de mentiras pésimos. La investigación psicológica ha descubierto que, en general, la gente puede distinguir la verdad de la mentira sólo el 53 por ciento de las veces, no mucho mejor que lanzar una moneda al aire.5 Las probabilidades son aún peores en las relaciones amorosas. Cuando nuestras parejas dicen las palabras correctas, en especial, "te amo", queremos creerlo.

Explotación

Los sociópatas inician una relación amorosa, o cualquier relación, por una sola razón: la explotación.

No son capaces del intercambio recíproco propio de una relación sana. En las relaciones con sociópatas, tú das y ellos reciben. A sus ojos, no eres más que una fuente de suministro, de una manera u otra, tú le proporcionas lo que ellos quieren. Si parece que los sociópatas dan, es sólo una artimaña para tenderte una trampa y poder después recibir mucho más.

Por lo general, la explotación es obvia. Una vez que estás enganchado, los sociópatas empiezan pidiendo o exigiendo dinero, sexo, contactos de negocios, un lugar para vivir, un lugar de fiesta, todo lo que tengas que ellos quieren. En la Encuesta sobre la pareja sentimental de Lovefraud, el 47 por ciento de los encuestados dijo que fueron manipulados para pagar en las citas, el 60 por ciento dijo que contrajeron deudas debido a los sociópatas, y el 76 por ciento dijo que perdieron dinero.

A veces, sin embargo, lo que los sociópatas quieren es una máscara de normalidad. Quieren presentar una cierta imagen ante el mundo. Tú eres parte de esa imagen, por lo que pueden tratarte exactamente como esperabas, fingiendo ser el marido, esposa o pareja adorable. A tus espaldas, sin embargo, el sociópata puede vivir una doble vida, por completo, lo que podría implicar engaño, prostitutas, drogas, crimen y tal vez incluso asesinato.

Otras veces, lo único que quieren es diversión. He oído hablar de muchos casos en que los sociópatas no consiguieron nada más de la relación que el placer de engañar a la víctima. Estos sociópatas querían convencer a sus víctimas para que se enamoraran de ellos, y luego romperlas el corazón, sólo para divertirse.

Entonces, ¿cómo logran los sociópatas su objetivo de explotarte? A través de la manipulación. En la Encuesta sobre la pareja sentimental de Lovefraud, el 97 por ciento de los encuestados dijo que los individuos con los que tenían una relación eran moderada o extremadamente manipuladores. En la Encuesta DSM-5 de Lovefraud, la cifra fue del 98 por ciento.

Los sociópatas utilizan el engaño, la simulación y el subterfugio para influir en ti y controlarte. Emplean las técnicas que mejor les funcionan: adulación, seducción, encanto, bombardeo de amor, generación de confianza, insinuación, mentira, culpar a otros y estrategia de hacerse la víctima. Una táctica favorita es la presión del tiempo — si no actúas AHORA MISMO, se producirá una terrible catástrofe.

Entonces, cuando tú ya no le sirvas, se acabó.

Esto se llama "devaluar y descartar". Tal vez el sociópata te ha cogido todo el dinero; estás endeudada, incluso en quiebra, y ya no se te puede exprimir más. Tal vez el sociópata ha decidido cambiarte por un modelo más joven, o quizás ha encontrado a alguien con más dinero, una casa más grande o mejores contactos de negocios.

Sea cual sea la razón, tú ya no resultas una presa apetecible. Serás arrojada al contenedor de basura, y el sociópata irá por la próxima víctima para explotarla.

Sentido de derecho

Los sociópatas se ven a sí mismos como el centro del universo, y esa es la forma en que esperan ser tratados. Son increíblemente egocéntricos, y tienen un sentido aún más increíble del derecho.

Con una grandiosidad asombrosa, los sociópatas dicen ser las personas más inteligentes y de mayor éxito de todas. Mi ex marido me dijo lisa y llanamente, y muy serio, que sabía de todo. Muchos sociópatas son inteligentes, y muchos de ellos tienen habilidades y logros legítimos. Aun así, su egocentrismo es extraordinario, especialmente cuando te das cuenta de que todo lo que los sociópatas dicen ser, poseen o han logrado es una exageración extrema, o una mentira descarada.

Los sociópatas se sienten con derecho a mentir. De hecho, los sociópatas se sienten con derecho a decir o hacer cualquier cosa ya que persiguen la satisfacción de sus deseos. Parecen creer que el mundo les debe todo lo que quieren, sólo porque lo quieren. Y si no consiguen lo que quieren, alguien pagará las consecuencias. Esta mentalidad lleva a menudo a abusos. Así es como lo explica a continuación el colaborador de Lovefraud, Steve Becker, LCSW (Trabajador social clínico con licencia):

> "Como en todos los trastornos narcisistas o sociopáticos, una desmedida convicción de tener derecho a todo conforma, de hecho induce, la mentalidad abusiva. No sólo se creen los abusadores con derecho a lo que quieren, sino también cómo lo quieren, y cuándo y dónde lo quieren."

> "Simplemente por el mero hecho de quererlo, las personas abusivas se sentirán con derecho automáticamente a tu cooperación, total atención, compasión, tolerancia, respeto, cumplimiento, admiración, lo que sea. Y debido a que se sienten con derecho a estas cosas, creen que no tienen que ganárselas."

> "Esto, por supuesto, es la naturaleza misma del derecho. Los suyos son privilegios inmerecidos, pero su condición de inmerecido de ninguna manera disminuye lo que los abusadores consideran su derecho."6

Los sociópatas sólo se preocupan por conseguir lo que quieren. No importa si, al hacerlo, violan normas sociales o la ética. No tienen principios morales internos, y consideran que las reglas no se aplican a ellos. Viven para su único objetivo: satisfacerse a sí mismos.

Emociones superficiales

Según la Dra. Liane Leedom, el elemento central de la personalidad sociópata es la incapacidad de amar. Las personas que tienen esta clase de trastornos no sienten ninguna emoción que implique preocuparse verdaderamente por el bienestar de otro ser humano.

Los sociópatas no sienten empatía. No pueden ponerse en el lugar de otra persona, y comprender lo que la persona está sintiendo o experimentando. No tienen ninguna preocupación por las necesidades o el sufrimiento de los demás.

Los sociópatas no sienten remordimiento. Cuando hacen daño o maltratan a otra persona, no experimentan ningún sentimiento de culpa o arrepentimiento. A menudo ni siquiera reconocen haber hecho algo malo. En la Encuesta sobre la pareja sentimental de Lovefraud, el 74 por ciento de los encuestados coincidieron en que, después de las palabras o acciones hirientes, los individuos sociópatas actuaron como si los incidentes no hubieran ocurrido nunca.

El tipo de emociones que experimentan los sociópatas es tan limitado que con frecuencia les dejan desconcertados las emociones de los demás. Bueno, entienden la ira, la rabia y el odio. Pero no entienden la ternura, la compasión o incluso el miedo. Así que cuando están con alguien que muestra estas emociones, los sociópatas tienen que encontrar la manera de interpretar lo que ven. En un seminario al que asistí, el Dr. Robert Hare, el conocido experto, sugirió que para estas personas, entender las emociones es como tratar de entender un idioma extranjero. «Es como si tuvieran que traducirlo», dijo.7

Muchos sociópatas se dan cuenta de que a pesar de que no sienten emociones de afecto, tienen que actuar como si lo hicieran con el fin de encajar en la sociedad y hacerse atractivos a sus víctimas. Así que observan a la gente – y tal vez a personajes de películas – para aprender a emular las emociones de los demás. A veces no lo consiguen del todo, y a pesar de que los sociópatas pueden aprender por sí mismos a llorar al instante, uno tiene la impresión de que están representando un papel. O bien, sus reacciones ante situaciones emotivas son tardías, porque primero tienen que mirar alrededor para ver cómo reaccionan las otras personas con el fin de saber qué hacer.

Otras veces, los sociópatas ni siquiera intentan fingir, y sus respuestas a las situaciones emotivas son totalmente inapropiadas. Muchos lectores de Lovefraud han informado con lágrimas en los ojos a sus compañeros sociópatas la muerte de un padre, familiar favorito o mascota, sólo para recibir un comentario como, «Se ha ido. Anímate».

Esa respuesta es espantosamente cruel. También es sumamente indicativa del verdadero estado interior del sociópata: superficial, vacío, frío e impasible.

Dominación

Todos tenemos un instinto de dominación social, que es lo que nos hace querer estar en primera fila, tener un coche moderno, ganar en los deportes, o dirigir nuestras organizaciones. En la mayoría de nosotros, el instinto de dominación se ve atenuado por una motivación de amor; sí, queremos ganar, pero no vamos a romper las reglas ni a hacer daño intencionadamente a los demás para hacerlo.

Los sociópatas son diferentes. Según la Dra. Liane Leedom, sólo quieren tres cosas: poder, control y sexo, es decir, dominación. Debido a que no sienten amor ni afecto por otras personas, no tienen prohibiciones internas para frenar su búsqueda de dominación.

De hecho, la Dra. Leedom cree que una motivación de dominación descontrolada, no mitigada por el amor, es la característica fundamental del trastorno de personalidad sociopática. «Un instinto excesivo de dominación social es la causa de la conducta destructiva de los sociópatas» afirma. «Las personas más sociópatas tienen también los instintos más insaciables de dominación social».8

Muchos sociópatas buscan la dominación social a través de la hostilidad y la agresión. Son groseros, desagradables, irritables, irascibles, crueles y agresivos. Humillan y degradan a los demás. Responden a los insultos y desprecios, ya sean reales o imaginarios, con ira y venganza. A veces, los sociópatas cometen actos de violencia. En la Encuesta sobre la pareja sentimental de Lovefraud, el 36 por ciento de los encuestados informaron de que fueron víctimas de malos tratos físicos y lesiones por parte de sus parejas sociópatas, y el 34 por ciento dijo que sus vidas estaban en peligro.

Los sociópatas que no son físicamente violentos siguen imponiendo su dominación a través de la intimidación, la coacción y el comportamiento controlador. En todos los entornos de trabajo o vecindarios verás un abusador. Si tienes una relación amorosa o familiar, puedes experimentar abuso emocional, psicológico, sexual y/o financiero. La Dra. Leedom explica:

¿Qué es un sociópata?

"Lo único que les importa a los sociópatas es ganar poder interpersonal sobre los que están con ellos por el momento. Los sociópatas no se preocupan de si su condición social es inferior en comparación con el conjunto de la sociedad, siempre que tengan personas a las que puedan controlar."

"Por lo general, las personas a las que controlan son familiares, pero puede ser cualquier grupo, desde una sociedad, y una organización, hasta una banda de delincuentes, y una secta religiosa. Los sociópatas viven el momento y quieren tener el poder aquí y ahora. Por esta razón, se centran en dominar a los más cercanos a ellos: familiares más cercanos, amigos y compañeros de trabajo. A menudo parecen encantadores y cordiales a las personas de fuera, mientras que los más cercanos a ellos comprenden con el tiempo que no es así".9

Irresponsabilidad

A la mayoría de los sociópatas les trae sin cuidado el cumplimiento de sus obligaciones. No pagan sus facturas, y sus terribles historiales de crédito lo demuestran. Aún así, les gustan las tarjetas de crédito, pero no son capaces de conseguir las suyas propias, quieren usar las tuyas. Esto, descubren, es un buen negocio, ellos realizan los cargos y a ti te toca pagar la cuenta.

Los sociópatas son parásitos que carecen de responsabilidad financiera y no discriminan a quién le sacan el dinero; a la mayoría les encanta ignorar cualquier obligación financiera. Son muy informales para pagar la hipoteca, el subsidio de menores, las facturas legales o médicas, las facturas eléctricas o las del teléfono. Sin embargo, parece que tienen dinero para diversión, viajes, ropa de lujo; claro, es tu dinero, o el dinero de alguna otra pobre víctima que ha sido estafada.

El dinero no es el único ámbito de irresponsabilidad de su vida. No se presentan en el trabajo, o no realizan sus tareas. Pueden no presentarse a las visitas con sus hijos o no acudir a una cita contigo, y luego darte una larga y complicada explicación de por qué te dejó esperando en un restaurante.

57

¿Y promesas? Bueno, una promesa no constituye un compromiso. Se trata de una declaración que un sociópata haría si con esto pudiera alcanzar su objetivo. Si cumplir una promesa te preparará para seguir explotándote, entonces el sociópata la cumplirá; pero si no le proporciona ningún beneficio inmediato, entonces negará haberla hecho.

Los sociópatas no asumen responsabilidad por sus obligaciones. En realidad, no asumen la responsabilidad de sus propias vidas. Cuando suceden cosas malas – algo habitual con este trastorno de la personalidad – según el sociópata, la culpa siempre es de otra persona. Con una actitud como esa, está claro que nunca aprenden de sus errores.

Necesidad de emociones fuertes

Los sociópatas ansían estímulo. Quieren emociones fuertes, cambio, variedad y adrenalina. Se aburren con facilidad, y algunos de ellos no duermen mucho. Siempre están buscando la próxima oleada de placer como:

• **Drogas y alcohol.** A muchos sociópatas les gusta drogarse. Beben o toman drogas cuando lo desean, y terminan con problemas de toxicomanía. De hecho, la sociopatía y la adicción están genéticamente relacionadas.

• **Sexo.** Para los sociópatas, no hay nada más estimulante que el sexo, por eso lo quieren. Empiezan jóvenes, se entregan con frecuencia, y no necesariamente son exigentes con el sexo, el estado civil o la orientación sexual de sus parejas.

• **Crimen.** Algunos sociópatas violan la ley para obtener lo que les interesa; otros cometen delitos sólo porque les place. Si son atrapados, asumen que serán capaces de inventar una manera de salir del apuro. Con frecuencia les da resultado.

Muchas personas tienen una "necesidad de velocidad" – al igual que los pilotos de combate y los pilotos de automovilismo – pero no son sociópatas. ¿Qué tienen los velocistas de éxito que les falta a los sociópatas? Por lo general, es el control de impulsos, la capacidad para luchar, y esperar, para conseguir lo que quieren. Esto se llama gratificación aplazada, y la mayoría de nosotros empieza a aprenderlo en la primera infancia.

Los sociópatas, por otro lado, son impulsivos. No hay ningún filtro entre la idea y la acción. Debido a su falta de control de impulsos, actúan en la euforia del momento para lograr la satisfacción o el placer inmediatos, sin tener en cuenta las posibles consecuencias. Este enfoque de la vida puede llegar a convertirse en temeridad. Muchos sociópatas toman riesgos innecesarios, haciendo caso omiso del peligro para ellos mismos y otros.

Así que, ¿qué significa el ansia de emociones fuertes combinado con la falta de control de impulsos para las relaciones amorosas? Los sociópatas engañan. De hecho, con frecuencia engañan con múltiples parejas simultáneamente, asegurando a cada persona que su relación es exclusiva. Algunos sociópatas manipulan descaradamente los acontecimientos para que sus parejas corran el riesgo de cruzarse. ¿Por qué? Añade emoción al juego.

La conducta antisocial

El colofón de estos rasgos de personalidad, los impulsos y las actitudes es un comportamiento antisocial: actos que violan los derechos de los demás, las normas sociales o la ley.

Los sociópatas adoptan todo tipo de comportamientos negativos, desde engañar a su cónyuge hasta cometer asesinatos en serie. Es importante señalar que los sociópatas no son todos iguales, y las acciones de algunos son definitivamente peores que las acciones de otros. Sin embargo, lo sorprendente es que estos individuos muestran su falta de alma y de conciencia en todos los ámbitos de su vida. Los sociópatas no engañan sólo a sus cónyuges con múltiples aventuras. Estos mismos sociópatas también roban a sus empleadores, abusan de las drogas o el alcohol y se niegan a pagar el subsidio de menores.

Así es como algunos de los encuestados de la Encuesta sobre la pareja sentimental de Lovefraud describen el comportamiento antisocial del que fueron testigos:

Me amenazó con quemar la casa conmigo y con los niños dentro. Hizo amenazas de muerte contra otros. Si teníamos visitas de amigos, hacía que sucediera algo terrible para que se marcharan. Disparaba armas y guard-

aba armas. Concedía préstamos (trabajaba en un banco) y modificaba los documentos. Hacía tasaciones de propiedades y modificaba los documentos. También estafó $$, licores y vehículos y una embarcación a personas mayores. Me robó cosas y las vendió o las empeñó. Me robó el dinero de mi pequeño negocio; también provocó incendios.

Crueldad animal. Agresiones/amenazas contra otras personas. Era muy poco fiable en sus negocios inmobiliarios. Por lo que pude averiguar, robó una moto en su lugar de trabajo y conducía continuamente en estado de embriaguez. Ahora se hace pasar por un oficial de policía cuando no lo es. Me asaltó cuando estaba embarazada, dándome patadas y puñetazos en la cara en numerosas ocasiones hasta romperme la nariz. Me ha amenazado con matarme y quemar mi casa. Me rompió muchos objetos.

Ella robó drogas, clasificadas como "sustancias controladas", de su lugar de trabajo, mantuvo una relación secreta con un hombre casado más de 5 meses, antes de conocerme, tuvo relaciones sexuales sin protección con un "extraño", y se quedó embarazada.

Para colmo de males, los sociópatas con frecuencia adoptan un comportamiento antisocial sin razón aparente o provocación. Después, al encontrarse enfrentados o arrestados por actos criminales, inventan excusas plausibles, que suenan muy bien. Pero probablemente la verdadera razón por la que violaron los derechos de los demás era simplemente porque se sentían impulsados a hacerlo y se sentían con derecho a satisfacer lo que les venía en gana.

Mujeres sociópatas

Las mujeres pueden ser sociópatas. Estadística y biológicamente, hay más hombres sociópatas que mujeres sociópatas — los profesionales de salud mental en general, estiman que en los Estados Unidos, es tres veces más probable que los sociópatas sean hombres que mujeres.10 Sin embargo, la Dra. Liane Leedom dice que si se incluyera en el recuento a las mujeres que viven como parásitos y controlan a los demás a través del chantaje emocional, podría haber tantos depredadores sociales de sexo femenino como de sexo masculino. Y como cualquiera que haya tratado con una mujer sociópata diría, las mujeres son tan desagradables como los hombres: deshonestas, controladoras y manipuladoras.

La Encuesta DSM-5 de Lovefraud pidió a los encuestados que describieran cómo expresan sus parejas el amor al principio de la relación, y cómo cambió a lo largo del tiempo. Éstos son algunos de los comentarios acerca de las mujeres:

Era la persona más expresiva en el amor que he conocido. Tenía la sensación de estar viviendo en un mundo de sueños estar con una mujer tan perfecta para mí. Pero al final vi cómo todo era una farsa para conseguir lo que realmente quería, su propia casa. Se sirvió de nuestra relación para ganar dinero. No había ni pizca de amor una vez que me enteré de lo que estaba haciendo, y lo que realmente era nuestra relación.

Alababa mis talentos continuamente, hablaba de la suerte de conocerme y luego se volvió contra mí como un perro rabioso. Me menospreciaba, degradaba y era muy grosero y proyectaba un profundo rechazo hacia mí.

Al principio era halagador y generoso con los regalos y el sexo. Preparaba comidas y hacía cócteles. Se ofrecía a ayudarme siempre que era posible. Todo esto fue suprimido poco a poco y reemplazado por robos, enloquecimiento mediante engaños (luz de gas), manipulación y acoso.

Dos diferencias principales separan a los hombres sociópatas de las mujeres sociópatas: Las mujeres tienen menos probabilidades de ser delincuentes y, en general, no son tan violentas físicamente hacia los demás.

Sin embargo, en las relaciones íntimas, las mujeres son casi tan violentas como los hombres. Múltiples estudios de investigación han demostrado que las mujeres agreden a sus parejas en proporción similar a la de los hombres.11 Estos resultados fueron validados por la Encuesta sobre la pareja sentimental de Lovefraud, el 36 por ciento de los varones y el 29 por ciento de las mujeres fueron descritos por los encuestados como físicamente abusivos.

Las mujeres sociópatas a menudo maltratan a sus hijos, si no físicamente, ciertamente emocional y psicológicamente. A muchas personas les cuesta creerlo, después de todo, para que la raza humana pueda sobrevivir, la Naturaleza ha programado a las hembras para cuidar con empatía. Pero este rasgo es precisamente lo que les falta a las mujeres sociópatas. La Dra. Liane Leedom dice, «Uno de los mejores indicadores de la sociopatía en las mujeres se observa cuando la mujer no cuida de sus propios hijos».12

Tomemos el caso de un encuestado a quien llamaremos "Luke", que estaba casado con "Belinda". Belinda era sumamente cariñosa, satisfacía todos los deseos de Luke, y era amable con su familia y madre viuda — hasta que cuando se casaron, todo cambió.

Luke y Belinda tuvieron una hija, y cuando la niña tenía dos años, el sobrino de Belinda fue acusado de haber abusado sexualmente de la niña y otras tres niñas. Sin embargo, Belinda continuó permitiendo que el sobrino estuviera cerca del niño. Luke se opuso rotundamente, por lo que Belinda pidió el divorcio, alegando que Luke era controlador y no la dejaba ver a nadie de su familia. «Ella testificó en el divorcio que era "gracioso" y "apropiado"que nuestra hija y otras tres niñas pequeñas fueron víctimas de abuso sexual por su sobrino», dijo Luke.

Obviamente, una mujer que sea capaz de mostrar una indiferencia tan alarmante por la seguridad de su hijo carece de empatía, al igual que los hombres sociópatas. Pero hay diferencias sutiles en la forma en que se manifiesta el trastorno entre los sexos — las mujeres se enfadan menos, son menos impulsivas, y no tan superficiales emocionalmente. Por ello, es más difícil de detectar a las mujeres sociópatas que a los hombres sociópatas.

Naturaleza y crianza están implicados en la sociopatía

¿Qué hace que una persona sea sociópata? Intervienen tanto factores genéticos como ambientales. Múltiples estudios de investigación indican que la genética es responsable de más de la mitad de las diferentes características del trastorno.13 El resto se deben al ambiente, en particular a la educación que recibe una persona de niño.

Debido a que se trata de un trastorno altamente genético, cuando los sociópatas se reproducen, sus hijos tienen muchas probabilidades de heredar una predisposición a desarrollarlo. Además, siendo como son tan egocéntricos, los sociópatas son unos padres desastrosos. En consecuencia, esto supone un doble golpe para sus hijos: los genes de un trastorno de personalidad y un ambiente doméstico disfuncional, incluso abusivo.14

Esto son cosas bastante aterradoras — especialmente teniendo en cuenta lo que les gusta a los sociópatas reproducirse. Si has tenido un hijo con un sociópata, tienes que preocuparte de tomar medidas. Tal vez sea posible evitar que el trastorno se desarrolle a través de técnicas educativas que se centren en el amor y la atención positiva, en lugar del castigo. Te recomiendo encarecidamente que leas *Just Like His Father? (¿Igual que su Padre?)*, de la Dra. Liane Leedom.15 Con su conocimiento profundo del trastorno de personalidad sociopática y el desarrollo del niño, explica lo que se puede hacer para tratar de evitar o mitigar el trastorno de tu hijo.

Cuanto antes empieces a trabajar con tu hijo, mejor. Una vez que el sociópata es adulto, no se conoce ningún tratamiento para el trastorno. La terapia no ayuda. De hecho, la investigación ha demostrado que la terapia hace empeorar a los sociópatas.16 ¿Por qué? Debido a que aprendan nuevos subterfugios y técnicas psicológicas, que luego utilizan para una mayor manipulación.

Los sociópatas son a menudo tan astutos que frecuentemente engañan a los terapeutas. He oído hablar de muchos casos en que los sociópatas en terapia de pareja convencieron a los terapeutas de que estaban bien, pero sus parejas, que sufrían de nada más que de la exposición a los sociópatas, necesitaron ayuda. Algunas de las parejas sin trastorno terminaron tomando medicamentos.

Varias descripciones del trastorno

Ya en 2005, cuando puse en marcha Lovefraud.com para informar al público sobre estos individuos con trastorno de la personalidad, mi primer problema fue decidir cómo referirme a ellos. ¿Por qué? Porque los investigadores de psicología, psiquiatras y otros profesionales de la salud mental no están de acuerdo sobre qué nombre debe usarse para referirse a los depredadores sociales, y cómo deben ser diagnosticados.

Aunque algunos profesionales lo discutirían conmigo, creo que todos los términos siguientes describen más o menos el mismo trastorno: psicópata, sociópata, antisocial y disocial. Algunas de las condiciones relacionadas incluyen el narcisismo y el trastorno de personalidad limítrofe.

Vamos s echar un vistazo a cómo se presentan estos términos en la literatura científica.

Psicópata

Los investigadores de psicología tienden a usar el término "psicópata." Esta fue la palabra utilizada por Hervey M. Cleckley, doctor en medicina, un psiquiatra que escribió The Mask of Sanity (La máscara de la normalidad). Publicado originalmente en 1941, este libro fue la primera descripción completa del trastorno. Basado en sus entrevistas clínicas con hombres encarcelados, Cleckley identificó 16 características de los psicópatas:

Rasgos de psicopatía identificados por Cleckley

1. Encanto superficial y buena inteligencia
2. Ausencia de delirios y otros signos de pensamiento irracional
3. Ausencia de nerviosismo o manifestaciones psi-coneuróticas
4. Falta de credibilidad
5. Falta de veracidad y sinceridad
6. Falta de remordimiento y vergüenza

7. Conducta antisocial inadecuadamente motivada
8. Falta de juicio e incapacidad para aprender de la experiencia
9. Egocentrismo patológico e incapacidad de amar
10. Pobreza general en las principales reacciones afectivas
11. Pérdida específica de introspección
12. Falta de respuesta en las relaciones interpersonales generales
13. Comportamiento fantástico e indeseable con la bebida y a veces sin ella
14. Amenazas de suicidio que rara vez se llevan a cabo
15. Vida sexual impersonal, trivial y mal integrada
16. Incapacidad de seguir un plan de vida 17

Basándose en el trabajo de Cleckley, el Dr. Robert Hare, el investigador de psicología canadiense, desarrolló un método de evaluación del grado de psicopatía de un individuo. Se llama Escala de Calificación de la Psicopatía Revisada (PCL-R) de Robert Hare, y fue publicada en 1991.

Hare comenzó su carrera en el sistema penitenciario de Canadá, y el propósito original de la PCL-R era ayudar a determinar qué presos podrían, de ser puestos en libertad, volver a delinquir. Desde entonces, la PCL-R se ha utilizado y validado en cientos de estudios científicos, y se considera como la regla de oro para el diagnóstico de la psicopatía.

Cuando se administra la PCL-R, los individuos son evaluados con respecto a cada uno de los siguientes rasgos, que Hare define como indicativos de psicopatía:

Escala de Calificación de la Psicopatía Revisada de Hare

1. Labia / encanto superficial
2. Sentido grandioso de autoestima
3. Necesidad de emociones fuertes / propensión al aburrimiento
4. Mentiras patológicas
5. Estafa / manipulación

6. Falta de remordimiento o culpa
7. Afectividad superficial (emociones)
8. Cruel / falta de empatía
9. Estilo de vida parasitario
10. Falta de control del comportamiento
11. Comportamiento sexual promiscuo
12. Problemas de conducta tempranos
13. Falta de metas realistas a largo plazo
14. Impulsividad
15. Irresponsabilidad
16. Incapaz de aceptar la responsabilidad de sus actos
17. Muchas relaciones de pareja de corta duración
18. Delincuencia juvenil
19. Revocación de la libertad condicional
20. Versatilidad criminal 18

Ten en cuenta que ni Cleckley ni Hare mencionan nada sobre asesinos en serie. La asociación entre las palabras "psicópata" y "asesino en serie" se hizo principalmente por la industria del espectáculo.

Sociópata, trastorno de personalidad antisocial, disocial

La Asociación Americana de Psiquiatría (APA) publica un libro llamado el *Manual Diagnóstico y Estadístico de los Trastornos Mentales* (DSM). Esta es la biblia de los psiquiatras, que describe y define todos los trastornos mentales.

El DSM nunca incluyó la "psicopatía" como un diagnóstico oficial. La primera edición, publicada en 1952, utilizó los términos "sociópata" y "trastorno de personalidad sociopática". La segunda edición del manual, publicada en 1968, descartó "sociópata" e introdujo el término "trastorno de personalidad antisocial". Después de eso, los psiquiatras y los terapeutas certificados tendían a usar "trastorno de personalidad antisocial" para describir el trastorno, y "sociópata" como una forma abreviada de referirse a una persona que tenía el trastorno.

En 2010, la APA estaba elaborando la quinta edición del manual, el DSM-5. El 10 de febrero de 2010, la asociación publicó un borrador del manual revisado en Internet. La descripción del trastorno antisocial de la personalidad había cambiado considerablemente con respecto a las versiones anteriores del manual, e incluía la siguiente lista de rasgos.

Rasgos del trastorno de personalidad antisocial del DSM-5 (versión preliminar)
- Insensibilidad
- Agresión
- Manipulación
- Hostilidad
- Engaño
- Narcisismo
- Irresponsabilidad
- Temeridad
- Impulsividad 19

El comité del DSM-5 invitó al público a que formulara su opinión sobre el primer borrador del manual. La Dra. Liane Leedom y yo decidimos no sólo expresar nuestras opiniones, sino respaldarlas con datos. Por eso elaboramos la Encuesta Lovefraud DSM-5. Se les pidió a los lectores de Lovefraud que la realizaran en relación con un individuo en particular que conocieran: un cónyuge, pareja sentimental, familiar o socio.

Nuestro primer objetivo fue establecer si los encuestados estuvieron, en efecto, involucrados con sociópatas. Se les pidió a los lectores que evaluaran a las personas utilizando los criterios publicados en el borrador del DSM-5. Teniendo en cuenta cada uno de los rasgos, los encuestados podían describir a los individuos como "algo o nada en absoluto", "ligeramente", "moderadamente" o "extremadamente". La evidencia de los rasgos patológicos fue tan abrumadora que puedo decir con seguridad que sí, que los encuestados estuvieron liados con sociópatas.

Un año más tarde, realizamos la Encuesta sobre la pareja sentimental de Lovefraud. De nuevo, se les pidió a los encuestados que calificaran a los individuos con los que tuvieron relación en función de estos nueve rasgos. Los resultados fueron casi idénticos:

**Encuestas Lovefraud basadas
en el primer borrador del DSM-5**

Los porcentajes indican el número de encuestados que seleccionaron "moderadamente" o "extremadamente" para describir a las personas
con las que se involucraron.
N = número de encuestas.

Rasgo	DSM-5 N = 1,378	Pareja sentimental N = 1,352
Insensibilidad	96%	92%
Agresión	82%	81%
Manipulación	98%	97%
Hostilidad	82%	79%
Engaño	98%	95%
Narcisismo	92%	90%
Irresponsabilidad	85%	84%
Temeridad	79%	77%
Impulsividad	83%	81%

Una vez realizadas las encuestas Lovefraud, se volvieron a re-
visar las descripciones de todos los trastornos de la personalidad
del DSM-5, incluido el trastorno antisocial de la personalidad. Se
introdujo un nuevo enfoque de la evaluación que añadió descripciones de alteraciones de la personalidad y el funcionamiento interpersonal. La lista de rasgos de personalidad antisocial se cambió: se suprimieron "agresión" y "narcisismo", y "temeridad" se
convirtió en "comportamiento arriesgado".

La revisión incluyó también otro nombre para el trastorno:
trastorno de la personalidad disocial, que es similar a la expresión
utilizada en la *Clasificación Estadística Internacional de Enfermedades y Problemas Relacionados con la Salud, Décima Revisión* (CIE-10) de la Organización Mundial de la Salud.

El narcisismo y el trastorno de personalidad límítrofe

Todas las personas con trastorno de personalidad antisocial

son también narcisistas, pero no todos los narcisistas tienen trastorno de personalidad antisocial.

Las personas antisociales y narcisistas tienen ambas una opinión muy exagerada de sí mismas, se consideran con derecho a tener todo lo que quieren, y ven a los demás meramente como objetos para servir a sus propósitos. La diferencia clave entre los dos trastornos es el grado de malicia inherente. Las personas con trastorno de personalidad antisocial son depredadoras; su objetivo es explotar a la gente, y si sus víctimas resultan lastimadas, eso es sólo parte del juego. Los narcisistas, por otro lado, también dañan a la gente, pero suele ser porque sencillamente no tienen ni idea de cómo les afectan a otros sus acciones. Los narcisistas están tan centrados en conseguir el reconocimiento y la validación para sí mismos que no se dan cuenta de los sentimientos y las necesidades de las personas que les rodean.

El trastorno de personalidad limítrofe pertenece al mismo grupo de trastornos que la psicopatía y el trastorno de personalidad antisocial. Al igual que las personas antisociales y narcisistas, las que tienen este trastorno tienen dificultades para reconocer los sentimientos y las necesidades de los demás. También suelen tener emociones inestables, cambios de humor frecuentes y reacciones emocionales que son exageradas respecto a los acontecimientos que las desencadenaron. Entonces, ¿en qué se diferencian? A diferencia del trastorno de personalidad antisocial o la psicopatía, una característica fundamental del trastorno de personalidad limítrofe es la ansiedad.

Los investigadores estiman que entre el 1 y el 2 por ciento de la población tiene trastorno de personalidad limítrofe.[20] Sin embargo, de acuerdo con el DSM-4, alrededor del 75 por ciento de las personas diagnosticadas con trastorno de personalidad limítrofe son mujeres.[21] Es posible que muchas de estas mujeres sean en realidad antisociales. «Hay un sesgo de género en el diagnóstico de tal manera que a las mujeres a menudo se las etiqueta como "limítrofes"», escribió la Dra. Liane Leedom en el artículo de un Blog de Lovefraud. «Estas mujeres también pueden ser sociópatas que dejan tras de sí un reguero de amigos, amantes y niños victimizados».[22]

El diagnóstico de los trastornos de personalidad no es una ciencia exacta. Los investigaciones han llegado a la conclusión de que las personas que fueron diagnosticadas con un trastorno de personalidad – antisocial, narcisista o limítrofe – también tuvieron altas puntuaciones en la PCL-R.23 Esto significa que los trastornos se superponen en muchos casos, y es muy posible que una persona diagnosticada como narcisista o limítrofe también tenga rasgos antisociales.

El desacuerdo entre los profesionales de la salud mental

Así pues, los investigadores de psicología llaman a las personas que son el tema tratado en este libro "psicópatas", y los psiquiatras y los terapeutas aluden a "sociópatas", "trastorno de personalidad antisocial", y ahora "trastorno de personalidad disocial". Además de discrepar en cuanto a los términos, los expertos también discuten sobre el significado de los términos.

• Algunos consideran que un "psicópata" es una forma extrema de "sociópata".

• Algunos dicen que "psicópata" describe los rasgos de personalidad y "sociópata" describe el comportamiento.

• Algunos ven esto como un problema de naturaleza frente a crianza; los "psicópatas" nacen, los "sociópatas" son el resultado de una mala educación y privación.

• Algunas personas usan los términos en función de cómo se diagnostica a una persona. Si se utilizan los estándares psiquiátricos, la persona es "sociópata". Si se utiliza la PCL-R, la persona es "psicópata".

• Algunos piensan que un sociópata es alguien que se socializa en una subcultura antisocial, como una pandilla.

Los profesionales de la salud mental, en busca de posibles causas y tratamientos, participan en debates entre sí con matices sobre las definiciones y los criterios de diagnóstico. Por ejemplo, ¿son la personalidad antisocial, el narcisismo y la psicopatía trastornos distintos, o son puntos diferentes del mismo espectro de la conducta abusiva? En la práctica, los comportamientos y rasgos exhibidos por individuos con diagnóstico de trastorno de psicopatía, sociopatía, narcisismo e incluso de personalidad limítrofe se superponen, por lo que es difícil saber dónde termina uno y dónde comienza otro.

Todos estos trastornos son perjudiciales, aunque no necesariamente para las personas que los tienen. Las personas diagnosticadas con psicopatía o trastorno de personalidad antisocial rara vez experimentan angustia debido a sus trastornos. Son las personas que les rodean las que sufren: las que son engañadas, explotadas y torturadas. De hecho, son las víctimas las que acaban yendo a terapia, para tratar de rehacer nuevamente sus vidas destrozadas después de sus encuentros con estos depredadores.

Desde la perspectiva de las personas que se involucraron con uno de estos individuos, el diagnóstico clínico no importa. Nuestras vidas dieron un vuelco. Perdimos dinero, nuestros hogares, nuestros hijos. Hemos sufrido el trastorno de estrés postraumático u otras enfermedades. La cuestión es que estuvimos involucrados con una persona con trastorno mental, y sufrimos daños.

Lo triste es que gran parte de la victimización podría evitarse si la gente supiera que existen los sociópatas, y aprendieran cuáles son las señales de alerta de la conducta sociopática. La profesión de la salud mental podría realmente ayudar a las personas a protegerse de estos depredadores poniéndose de acuerdo sobre un nombre y una definición para este trastorno de la personalidad.

Confusión pública sobre psicópatas y sociópatas

¿Es muy grave el problema? Quise reunir datos para averiguarlo. En la Encuesta Lovefraud DSM-5, pedí específicamente el nombre del trastorno. Aquí están las preguntas y los resultados:

Antes de tu relación con este individuo con trastorno mental, ¿qué significaba para ti la palabra "sociópata"?

- Delincuente – un 19 por ciento
- Asesino en serie – un 19 por ciento
- Alguien que ha perdido contacto con la realidad – un

71

6 por ciento
- Persona sin empatía ni conciencia – un 20 por ciento
- No sabía lo que significaba – un 35 por ciento

Antes de tu relación con este individuo con trastorno mental, ¿qué significaba para ti la palabra "psicópata"?

- Delincuente – un 15 por ciento
- Asesino en serie – un 51 por ciento
- Alguien que ha perdido contacto con la realidad – un 13 por ciento
- Persona sin empatía ni conciencia – un 9 por ciento
- No sabía lo que significaba – un 12 por ciento

La correcta definición de estos dos términos es "una persona sin empatía ni conciencia". Esta fue seleccionada por el 20 por ciento de los encuestados en referencia a "sociópata", y sólo el 9 por ciento en relación con "psicópata". Por otra parte, la mitad de los encuestados pensaba que "psicópata" significaba asesino en serie, y el mayor número de respuestas para el término "sociópata" fue "No sabía lo que significaba".

Estos resultados indican claramente que el público en general no entiende lo que significan los términos "sociópata" y "psicópata". Si no sabemos lo que son, ¿cómo podremos evitarlos?

La resolución del problema: Una propuesta para un nombre

El propósito de este libro, *Alertas rojas de estafa amorosa,* es para ayudarte a evitar las personalidades explotadoras. Mantener a estas personas alejadas de tu vida no es una cuestión de diagnóstico, sino una cuestión de educación y comunicación.

Algunos lectores de Lovefraud sugirieron eludir el debate terminológico sociópata/psicópata al referirse a estos individuos depredadores como "abusadores" o "tóxicos". Esto no es una solución viable. Estas personas tienen un trastorno clínico. No están simplemente haciendo una elección de estilo de vida.

Yo llamo a todos estos explotadores "sociópatas." Soy plenamente consciente de que, en este momento, la "sociopatía" no es un diagnóstico clínico oficial, y me parece bien. De hecho, me limitaré a resolver el problema mediante el uso de "sociopatía" como un término genérico común, similar a la "enfermedad cardíaca". Sugiero utilizar la palabra "sociopatía" como descripción general de un trastorno de la personalidad en el que las personas que lo padecen explotan a otras.

Vamos a comparar el término con "enfermedad cardiaca". Hay varios tipos de enfermedades cardíacas, como paro cardíaco, o, clínicamente hablando, un infarto de miocardio. Algunas enfermedades asociadas son la enfermedad cardiovascular, la arteriopatía coronaria, y así sucesivamente. La Asociación Americana del Corazón nos dice que debemos mantener nuestro corazón sano absteniéndonos de fumar, evitando los alimentos grasos, y haciendo ejercicio regularmente. La asociación no nos dicen que evitemos el paro cardíaco haciendo esto o que evitemos el accidente cerebrovascular haciendo lo otro. Proporciona información que nos ayuda a proteger nuestro corazón de todas las dolencias peligrosas.

Con mi propuesta, dentro del ámbito de la "sociopatía", los profesionales pueden determinar los criterios que definen a cada trastorno y elaborar los diagnósticos clínicos reales. Mientras tanto, Lovefraud puede continuar informando a la gente sobre estos depredadores sociales.

He hablado y mantenido correspondencia con cientos de personas que se involucraron con estos explotadores. Una y otra vez les he escuchado decir: «No sabía que existía gente como esta». Este es el problema que hay que resolver; alertar al público de que existen depredadores sociales. Para hacerlo con eficacia, es indispensable contar con un término acordado.

"Sociópata" tiene la ventaja de estar ya en el léxico, sin el bagaje cultural de asesino en serie del término "psicópata." Las personas son conscientes en general de que la palabra tiene algo que ver con el mal comportamiento hacia los demás. Pero, como señaló nuestra encuesta, la mayoría de las personas no saben realmente lo que significa "sociópata". Ello nos brinda una oportunidad para educar.

Decidirse por un nombre claro para este trastorno, o los numerosos trastornos, es un imperativo de salud pública. A través de la educación, la gente ha aprendido a protegerse de las enfermedades cardíacas. Los sociópatas causan daños físicos, emocionales y psicológicos, enfermedades y traumas. Tenemos que aprender cómo protegernos de ellos.

Si sabemos que existen sociópatas, y sabemos las señales de alerta del comportamiento explotador, posiblemente seamos capaces de escapar de ellos antes de que nos hagan demasiado daño.

Resumen

Rasgos del sociópata
1. Mentiras
2. Explotación
3. Sentido de derecho
4. Emociones superficiales
5. Dominación
6. Irresponsabilidad
7. Necesidad de emociones fuertes
8. Conducta antisocial

Capítulo 3

Los sociópatas están en todas partes

El número de sociópatas en la sociedad es verdaderamente asombroso. Los expertos estiman que entre el 1 y el 4 por ciento de la población tiene psicopatía o trastorno de personalidad antisocial. Eso significa que hay entre 3 y 12 millones de ellos en los Estados Unidos. Si los porcentajes son válidos para una población mundial de 7 billones, entonces hay entre 70 y 280 millones de estos depredadores en el planeta.

En el capítulo 2, expliqué los puntos de vista de varios expertos en relación con la identificación y el diagnóstico de los depredadores sociales. Estas opiniones diferentes también representan el rango de estimaciones en sus números.

Los investigadores que se centran en el concepto de psicopatía utilizan la Escala de Calificación de la Psicopatía Revisada (PCL-R) de Robert Hare para evaluar el trastorno, que es más estricta que otros instrumentos de diagnóstico. En octubre de 2004, asistí a un taller presentado por el Dr. Robert Hare sobre la administración de la PCL-R. Estimó que el 1 por ciento de la población general respondía a su definición de psicópata de acuerdo con la puntuación obtenida en la PCL-R.

En 2008, Hare y el Dr. Craig S. Neumann publicaron los resultados de un estudio en el que 514 personas que vivían en una comunidad en particular fueron seleccionadas al azar y evaluadas utilizando la versión de diagnóstico de la PCL-R. El grupo de estudio incluyó a mujeres y hombres europeos, estadounidenses y afroamericanos, todos entre las edades de 18 y 40 años. Los investigadores encontraron que entre el 1 y el 2 por ciento de los participantes alcanzaron puntuaciones que indicaban posible psicopatía.1

El *Manual Diagnóstico y Estadístico de los Trastornos Mentales,* DSM 4-TR, publicado por la Asociación Americana de Psiquiatría, afirma que el 3 por ciento de los varones y el 1 por ciento de las mujeres cumplen los criterios del trastorno de personalidad antisocial, que se define como un patrón general de falta de consideración y violación de los derechos de los demás.2

Otra estimación aparece en *The Sociopath Next Door (El sociópata de al lado),* de la Dra. Martha Stout. Ella escribió: "Muchos profesionales de la salud mental se refieren al trastorno de déficit o falta de conciencia como 'trastorno de personalidad antisocial,' una desfiguración incorregible de la personalidad que ahora se piensa que está presente en alrededor del 4 por ciento de la población, es decir, una de cada 25 personas".3

Así, dependiendo de la fuente, entre el 1 y 2 por ciento de la población, o el 1 por ciento de las mujeres y el 3 por ciento de los hombres, o el 4 por ciento de la población, tienen psicopatía o trastorno de personalidad antisocial. También hay personas con trastorno de personalidad narcisista — las estimaciones oscilan entre el 1 por ciento4 y el 6 por ciento5 de la población. Además, se cree que entre el 1 y el 2 por ciento de las personas tienen trastorno de personalidad limítrofe. Así que si se empleara la palabra "sociópatas" como término genérico para quienes explotan a otras personas, esta podría abarcar a entre un 3 y un 12 por ciento de los seres humanos. Con todo, millones de depredadores sociales viven entre nosotros, y quiero decir literalmente entre nosotros.

Los Estados Unidos tiene la mayor población carcelaria del mundo; casi 2,3 millones de personas se encuentran reclusas en las cárceles federales, estatales y locales.6 Una revisión científica de las prisiones en los países occidentales concluyó que el 47 por ciento de los reclusos y el 21 por ciento de las reclusas tenían trastorno de personalidad antisocial.7 Aplicando estos porcentajes al número de personas en las cárceles de Estados Unidos, se puede estimar que poco más de un millón de sociópatas están encarcelados. El resto –entre 2 y 11 millones de depredadores – andan sueltos en nuestras comunidades.

Eso suena mal, pero en realidad, el problema es aún peor. Las tasas de prevalencia citadas anteriormente indican el número de personas que reunirían los criterios de diagnóstico para los trastornos. *Las estimaciones no incluyen a las personas que tienen trastornos parciales.* Créeme, no te conviene tener como pareja a alguien que es, aunque sea parcialmente, sociópata. Así que, además de los millones de sociópatas diagnosticables, debes permanecer alerta a los millones de personas más que tienen algunos rasgos pero no todos ellos.

Síndromes y continuo

Los trastornos clínicos incluidos en la sociopatía, tales como la psicopatía, el trastorno antisocial de la personalidad y el narcisismo, son síndromes. Eso significa que para que las personas tengan los trastornos, deben exhibir la totalidad o la mayor parte de los criterios diagnósticos. Las personas que tienen sólo uno o dos rasgos no dan el perfil.

Cada trastorno abarca también un continuo, es decir, los individuos pueden tener los rasgos relevantes en mayor o menor grado. Esto fue evidente en la Encuesta sobre la pareja sentimental de Lovefraud, donde, por ejemplo, el 85 por ciento de los encuestados calificaron a sus parejas como extremadamente manipuladoras, pero sólo el 53 por ciento las calificó como extremadamente temerarios.

Siendo cada trastorno un síndrome y un continuo, es posible que las personas tengan algunos rasgos pero no el trastorno completo. Estos individuos son generalmente abusivos de algún modo. Se les podría calificar acertadamente como cretinos o repulsivos, pero su comportamiento desagradable no puede elevarse al nivel donde serían diagnosticados con un trastorno de la personalidad por profesionales.

Las personas con tendencias sociopáticas, aunque no sean diagnosticadas con un trastorno clínico, son parejas pésimas. Pero debido a que sus tendencias antisociales no son tan predominantes, son más difíciles de reconocer. Incluso pueden tener otros problemas que puedes identificar y de los que puedes compadecerte, como la adicción. Así que, como parece que tienen más cualidades humanas, puedes sentir que has encontrado un alma en pena que, con suficiente amor y comprensión, florecerá en una pareja íntegra, feliz y cariñosa. Puedes soportar mucha angustia esperando que esta persona cambie, y esto no ocurrirá jamás.

Los sociópatas forman parte de todos los grupos demográficos

He aquí otro dato real: Los sociópatas se encuentran en todos los grupos demográficos. Son hombres, mujeres, viejos, jóvenes, ricos, pobres, de todas las razas, todas las nacionalidades, todas las religiones, todas las orientaciones sexuales, todas las profesiones y todos los niveles de educación. Ningún segmento de la sociedad está libre de sociópatas.

Esto se demuestra en las encuestas de Lovefraud. Se incluyeron preguntas demográficas básicas en ambas. Nuestros encuestados resultaron ser mujeres caucásicas en su mayoría heterosexuales, y los individuos que describían eran en su mayoría hombres caucásicos heterosexuales. Sin embargo, esto no significa que los sociópatas y las víctimas sean principalmente de raza caucásica; el desequilibrio es el resultado del sesgo de muestreo en la investigación. Las encuestas fueron promovidas sólo en Lovefraud.com, y la mayoría de los lectores de Lovefraud son mujeres caucásicas heterosexuales. Si se encuestara a una población más diversa, estoy segura de que los resultados hubieran sido muy diferentes.

Aún así, como se puede ver en las siguientes declaraciones de la Encuesta sobre la pareja sentimental de Lovefraud, todos los grupos demográficos están representados, tanto en los encuestados como en los explotadores, y se describen todas las conductas de explotación habituales.

Descripción de una mujer africana acerca de un hombre africano:

EL ATRACTIVO: El comienzo fue tan irreal ... yo creía que por fin había encontrado a mi príncipe azul ...

caí rendida a sus pies ...

FINAL: me enteré de todas las mujeres, el uso de drogas y todas las mentiras ... Traté de dejarlo varias veces y no pude hacerlo porque deseaba a este hombre ... estuvimos juntos durante 3 años ... el último año fue el peor ... no pagaba sus facturas y yo le daba dinero para ayudarle a pagarlas, además tenía trabajo ... gastaba todo en drogas.

Descripción de una mujer caucásica acerca de una mujer mestiza:

EL ATRACTIVO: Ella era "todo" lo que "imaginé" que quería, era súper encantador, cariñoso, súper protector, súper atento, súper considerado, súper de todo y "actuaba" como tal ...

EL FINAL: me acusó de hacer cosas que nunca hice. Entró en mi cuenta de correo electrónico, leyó todos mis correos electrónicos desde el principio ... todavía no conozco la verdad sobre ella, solo que es un verdadero demonio salido del mismísimo infierno ... y que me robó más de $ 224,000 de mis ahorros de toda la vida ...

Descripción de una mujer hispana acerca de un hombre de Oriente Medio:

EL ATRACTIVO: Fue "amor a primera vista". Me hizo perder la cabeza.

EL FINAL: Después de cada maltrato físico, le dejaba y me rogaba que volviera.

Descripción de un hombre africano acerca de una mujer hispana:

EL ATRACTIVO: Era casi como si ella me hubiese tomado en sus garras y alzara el vuelo como una arpía. Y yo, mansito, me dejaba llevar.

EL FINAL: Me "robaba" dinero y mentía al respecto. Me culpaba de todos sus desatinos. Ponía en peligro a nuestros hijos en su intento por llamar mi atención.

Nunca permitió que nadie se acercara a ella.

Descripción de un hombre caucásico sobre un hombre caucásico:

EL ATRACTIVO: Encantador y carismático, sexual, amable, atento, divertido, cariñoso, afectuoso, parecía maduro para su edad, e inteligente.

EL FINAL: Me sentí tan perdido que comencé a tener pensamientos de hacerme daño. Fue el momento más bajo de mi vida. Nos reunimos después de un año de ruptura, le pillé en una mentira 3 meses después de eso y terminé con él para siempre unos meses más tarde.

Descripción de una mujer asiática acerca de un hombre asiático:

El ATRACTIVO: Parecía ser tan honesto, con una constante curiosidad intelectual. Hacía preguntas sencillas en conversaciones informales y yo le daba respuestas cortas y simples pero él realmente quería profundizar más. Parecía ser una persona segura de sí misma, algo que me pareció genial.

EL FINAL: Sé que utilizó su puesto voluntario en la Iglesia Católica para robar dinero. Sé que utilizó su puesto de trabajo para robar a la gente la información de las tarjetas de crédito. Sé que robó un objeto en el trabajo, lo cual es claramente un robo. Todavía voy a tratar de denunciarle por violación.

Descripción de un hombre caucásico acerca de una mujer hispana:

EL ATRACTIVO: voló a Chile para conocerla. Tuvimos relaciones sexuales la primera noche. Inmediatamente después me juró amor eterno.

EL FINAL: me escabullí en plena noche y corrí a esconderme en Argentina. Pero me alcanzó en una isla frente a la costa de Brasil ... y se quedó embarazada tal como lo había planeado. Ese día fue el final de mi vida

*tal como yo la conocía. Ahora es una batalla sin fin para
proteger a mi hijo hasta que me muera.*

Estas anécdotas indican que el comportamiento sociopático
puede verse en personas de todas las razas y orientaciones sexuales. Los entrevistados en las encuestas Lovefraud también describieron el comportamiento sociopático en personas de todas
las edades.

Inicio de la conducta depredadora a edad temprana

Los sociópatas empiezan exhibiendo un comportamiento
depredador en su juventud — la edad de inicio del trastorno oscila
desde la edad infantil hasta los 20 años. Por lo general, en el momento en que una persona alcanza la pubertad, las tendencias sociópatas son evidentes.

Cincuenta y seis de los encuestados respondieron a la Encuesta
sobre la pareja sentimental de Lovefraud señalaron que conocieron
al sociópata que se convirtió en su pareja sentimental cuando eran
jóvenes; en la escuela primaria, la escuela secundaria o la universidad. A continuación se recogen dos de sus comentarios:

*Novios desde la adolescencia. Después de 2 semanas
de noviazgo, con 15 años, me dijo que nos casaríamos.
Tenía un comportamiento sexual indecoroso, pero yo era
ingenua y no comprendía.*

*Fue el primer hombre que hizo que me flaquearan las
piernas. Me llevó a mi dormitorio una noche nada más
conocerme, y me dio un beso de buenas noches y eso fue
todo. Nuestra primera cita fue un baile de la universidad
—y él no tenía suficiente dinero para pagar los billetes—
así que se los pagué yo, y así fue como empecé a pagar
yo por casi todo.*

Involucrarse con un sociópata a una edad temprana es especialmente perjudicial, sobre todo para los que aguantan en las relaciones. Si eres un lector joven, presta mucha atención, ya que necesitas saber las señales de alerta de la personalidad explotadora para poder salir de una situación problemática cuanto antes. Cuanto más tiempo aguantes, más difícil te será salir.

Tomemos como ejemplo el caso de "Rosemary". A los 17 años, fue expulsada de su casa y comenzó una relación con "Marshall", que era unos años mayor. «Era guapo y yo era joven e ingenua», dijo Rosemary. «Confundí el amor con el deseo».

Rosemary se quedó embarazada, por lo que ella y Marshall se casaron. Fue horrible.

«Creo que nunca tuvimos una relación», dijo Rosemary. «Marshall ni siquiera reconocía mi presencia en público, a pesar de que pasamos noches juntos ... acabé con tres hijos en tres años, y todos antes de cumplir los 21 años. Los 26 años durante los que estuve con él fueron un puro infierno. Me prohibió tener amigos y me maltrató física y mentalmente.»

«Cuando mis hijos tenían 1, 2 y 3 años, intenté dejarle», continuó diciendo Rosemary. «Dejó su trabajo de inmediato para no tener que pagar el sustento de menores. A principios de los 80, era obligatorio pagar el sustento de menores. Trabajé en dos y tres empleos durante un año tratando de resolver todo. Un año después cedí, y volví con él, con el convencimiento de que al menos mis hijos tendrían un lugar para vivir y comida en el estómago. Esta decisión es mi gran pesar en la vida. Las consecuencias que tuvo para mis tres hijos fueron horribles. Una hija es sociópata. Mi hijo es como su padre en el abuso emocional. Debido a mi decisión, mis hijos que piensan lo que vieron era "normal"».

"Natalie" y "Chris"

"Chris" era el chico nuevo del colegio, y "Natalie" era la tímida empollona. Ella pensaba que Chris también era tímido. Años más tarde, se dio cuenta de que su timidez era una farsa para atraerla. «Me enamoré de él a los 15 años porque decía ser mi mejor amigo», dijo Natalie. «Me dijo que se casaría conmigo si esperaba hasta que terminara de salir con otras chicas».

Así que desde los 15 a los 22 años, mientras Chris salía con otras mujeres, se acostaba con otras mujeres, llegándose incluso a casar con otra mujer, Natalie era su mejor amiga/confidente/lo que él quisiera que fuera. Otras personas le dijeron que lo dejara. «Las escuché y traté de convencerme de que él no era adecuado para mí», dijo Natalie. «Otras veces las ignoré totalmente, porque él me decía que éramos almas gemelas».

Finalmente, a los 22 años, Natalie se fue a vivir con Chris.

Fue víctima de malos tratos y fue violada. Contrajo una enfermedad de transmisión sexual. Cayó en depresión y sufría ansiedad y trastorno de estrés postraumático. Mientras Chris la engañaba, Natalie pensó en suicidarse.

«Grabó en secreto nuestra cita en la que me violó y perdí mi virginidad», dijo Natalie. «Sólo Dios sabe cuántas veces más me grabó en video, y a otras chicas también. Tenía una 'bolsa intocable', una mochila LLENA HASTA LOS TOPES con cintas de vídeo en blanco negro. Nunca me atreví a tocarlas. Ahora sé lo que eran».

Una semana después de quitarle su virginidad, Natalie encontró a Chris en su cama con su ex esposa. A Natalie se le partió el corazón, pero la madre de Chris le dijo: «¡Ni se te ocurra derramar ni una lágrima más por mi hijo, NO SE LO MERECE».

Aún así, Natalie no renunció a Chris. Entonces, un día, ella no pudo lavar los platos antes de irse a trabajar. Más tarde, Natalie fue a la cocina y encontró todos sus cuchillos clavados en el suelo de linóleo. Ahí fue cuando le dejó.

«La última vez que hablamos», Natalie contó, «Chris me dijo que había pintado su cuarto de rojo con la sangre de la "prostituta cuya garganta acabo de cortar"».

A los 15 años, Natalie se enamoró de la fantasía de Chris. Mantuvo viva su fantasía durante siete años, y cuando por fin se fue a vivir con él, descubrió la verdad: Chris era un monstruo.

Los sociópatas durante los años de matrimonio

Como cabe esperar, la mayoría de los encuentros que se describen en la Encuesta sobre la pareja sentimental de Lovefraud tuvieron lugar durante los mejores años de noviazgo y matrimonio, entre las edades de 20 a 49. Los encuestados registraron la edad de los sociópatas al comienzo de sus relaciones:

- el 26 por ciento tenía entre 20 y 30 años.
- el 29 por ciento tenía entre 30 y 40 años.
- el 25 por ciento tenía entre 40 y 50 años.

En los Estados Unidos, la edad promedio de los primeros matrimonios es de 25 para las mujeres y 26 para los hombres.8 Los sociópatas y sus víctimas encajan perfectamente en este patrón social. La mitad de las personas que completaron la Encuesta sobre la pareja sentimental de Lovefraud se casaron con los sociópatas. De este grupo, el 37 por ciento de los encuestados se casaron con los sociópatas que tenían entre 20 y 30 años.

Desafortunadamente, involucrarse con sociópatas a una edad temprana a menudo significa que las relaciones se prolongan durante muchos años. El 28 por ciento de los encuestados que se casaron con los sociópatas cuando tenían veintitantos años continuó en la relación durante 20 años o más, en comparación con el 7 por ciento de los encuestados que conocieron a los sociópatas a los treinta y tantos años y el 3 por ciento que conocieron a los sociópatas a los cuarenta y tantos años.

Y, las relaciones que empiezan cuando los sociópatas y sus víctimas son jóvenes tienden a ser más peligrosas. De acuerdo con los resultados de la encuesta Lovefraud, las víctimas que se involucraron con sociópatas de veintitantos eran más susceptibles de ser maltratadas físicamente, lesionadas y amenazadas de muerte. Y, este grupo de sociópatas tenía más probabilidades de amenazar con cometer suicidio o suicidarse.

"Gail", por ejemplo, seguramente vio la violencia en su matrimonio con "Pete", pero no enseguida. Pete tenía unos 20 años, y Gail era más joven, cuando se conocieron en la iglesia. Pete, que ya tenía problemas legales, siguió la corriente de Gail en su creencia de que todos merecen el perdón. También era carismático, atractivo físicamente y estaba muy volcado en Gail.

«Yo no lo vi en ese momento», dijo Gail, «pero cuando le decía que debíamos esperar para ver si se resolvían las cosas antes de estar juntos, él lo ignoraba por completo y se ponía hecho una furia si no le daba la fecha en la que nos íbamos a casar».

Así que se casaron, a pesar de que Gail tenía recelos y su familia y amigos estaban aterrorizados. Y con razón. Gail pidió el divorcio después del primer incidente de asfixia, pero Pete prometió que nunca volvería a hacerlo, y la convenció de que no era tan malo como pensó. Gail suspendió el proceso de divorcio.

El comportamiento de Pete empeoró. «En muchas ocasiones me encerró en la casa, privándome de todas las formas de comunicación, empezó a matarme progresivamente, me ahogaba, me golpeaba, me escupía, me hizo verle matar un animal con su manos», dijo Gail. «Más tarde fue acusado de secuestro, intento de asesinato, asalto malicioso y robo contra mí, y puesta en peligro de menores, lo que resultó en amenazas de daños corporales serios a nuestro hijo de dos meses y medio».

La experiencia de Gail fue sólo una de las cientos de descripciones terribles de matrimonios con sociópatas relatadas por las personas que respondieron a la Encuesta sobre la pareja sentimental de Lovefraud. A continuación se presentan varias de sus historias.

"Emily" y "Chen"

"Emily" tenía unos 20 años y estaba divorciada cuando conoció a "Chen", que tenía unos 30 años. En un primer momento, Emily sintió que eran demasiado diferentes; Chen era extrovertido, seguro de sí mismo y alegre, mientras que ella era tranquila y reservada. Ella se preocupaba de ser quemada, como le había hecho su primer marido. Emily no quería salir con Chen, pero él la colmaba de atenciones hasta que ella accedió a darle una oportunidad.

«Hablaba como una tarjeta de Hallmark», Emily recordaba. «Yo estaba tan impresionada por lo que parecía ser sinceridad y labia. Pensé que se había enamorado de mí muy rápido. Se hizo adicto a mí y pasaba todo el tiempo conmigo. Se vino a vivir conmigo rápido. Me hizo ver que el dinero y los regalos caros no eran un problema. Me prometió llevarme a lugares y hacer cosas que nunca había hecho».

Chen le hizo creer a Emily que había encontrado el amor de nuevo. Se casaron, pero antes de terminar el año la luna de miel se había acabado. Al final Emily descubrió que su marido vivía una doble vida.

«Creo que me usaba de tapadera para hacer que la gente pensara que era normal», dijo. «También me utilizaba para manipular a su madre, que quería que se casase y tuviera hijos. Yo pensaba que era mi marido y padre de nuestro hijo. Él tenía un trabajo decente y trabajaba mucho para nosotros. Al mismo tiempo, tenía otra vida con un calendario social muy completo. Participaba regularmente en las fiestas de intercambio de parejas, páginas web de sexo y múltiples perfiles de citas, pornografía, y fiestas con prostitutas».

Después de seis años, Emily se divorció de él.

"Wilson" y "Marjorie"

"Wilson" y "Marjorie", tenían los dos 40 años y estaban divorciados cuando fueron presentados. Wilson tenía dos niños pequeños que vivían con él el 50 por ciento de las veces, y pagaba el sustento de menores. Él quería tener una relación, pero no con alguien a quien tenía que mantener financieramente. Marjorie era atractiva y parecía ser autosuficiente, y a diferencia de su primera esposa, no bebía.

Después de seis meses de relación, Marjorie llamó a Wilson: la compañía hipotecaria estaba a punto de ejecutar la hipoteca de su casa, y le preguntó si podía ayudarla. Wilson le dio $ 8.000 y pensó que el problema se había resuelto. Lo que no sabía es que los problemas financieros eran un patrón en Marjorie.

No mucho tiempo después de eso, Wilson estaba en el trabajo y pensó que Marjorie estaba en casa, buscando trabajo. Estaba equivocado.

«Ese lunes, recogió sus cosas y gran parte de las mías, hizo las maletas y se marchó», escribió Wilson. «Se fue a Londres. NO TENÍA NI IDEA DE QUE ESTO FUERA A PASAR. Es ahí cuando debería haberla dejado que se fuera, pero lamentablemente, no lo hice. Finalmente, nos reconciliamos, nos casamos, y a partir de allí, se desató el infierno. El matrimonio duró ocho meses y a partir de ahí fue un caos tras otro».

En la víspera de Año Nuevo, Marjorie acusó falsamente a Wilson de violencia doméstica, y terminó en la cárcel. Después, tratando de averiguar la verdad sobre Marjorie, Wilson contactó con su primer marido. Este hombre le habló de un segundo marido. Wilson nunca supo que existía ese hombre.

Marjorie había metido a su segundo marido en la cárcel seis veces. «Me dijo que "busca hombres con hijos pequeños"», dijo Wilson. «Él pasó por lo mismo, para luego descubrir después de las mentiras sobre la supuesta violencia doméstica, que realmente había perdido la custodia de su hija».

Wilson y Marjorie se divorciaron. Al año siguiente, Marjorie se declaró en quiebra con una deuda de $330.000. Su hipoteca era de tan sólo $175.000.

Sociópatas veteranos

Muchos psicólogos y terapeutas te dirán que los sociópatas pierden ímpetu a medida que envejecen y se vuelven menos peligrosos. No cuentes con ello. Es posible que se vuelvan menos violentos físicamente a medida que envejecen, pero no son menos manipuladores. Cuando llegan a la tercera edad, los sociópatas han pasado toda una vida perfeccionando sus técnicas. Creo que siguen explotando a las personas hasta que van a la tumba.

Mi ex marido estafador tenía 55 cuando le conocí, y todavía buscaba mujeres a las que estafar cuando le faltaba poco para cumplir 70 años. Un lector de Lovefraud me contó que su padre viudo estableció una relación con una mujer sociópata a quien conoció en un grupo de apoyo psicológico para personas en duelo cuando murió su esposa. Actuó como una adorable abuelita, se casó con él y luego le exprimió al hombre todo su dinero. Cuando el hombre murió, la abuelita ya tenía preparada su próxima víctima.

En la Encuesta sobre la pareja sentimental de Lovefraud, el 11 por ciento de los encuestados informaron de que los sociópatas tenían entre 50 y 60 años cuando se involucraron con ellos, y el 2 por ciento – 30 personas –dijo que los sociópatas tenían entre 60 y 70 años.

"Pamela", una mujer de 40 años, acababa de empezar a trabajar en un campo de golf, donde conoció a "Bill", un jugador aficionado de golf de unos 50 años. Bill era carismático, educado y elocuente. Él le dijo a Pamela que conectaba con ella de una forma que no había experimentado con ninguna otra hacía años.

Comenzaron a salir, y Bill pagaba todo: cenas, cine, viajes. A menudo sorprendía a Pamela con joyas, aunque nunca venían en una caja. Escondía las piezas en la espalda, y luego se las colocaba en la mano, el brazo, o alrededor del cuello. Bill incluso le trajo un reloj Rolex y, como no era de su talla, lo ajustó a su medida. «Bill me hacía sentir como una reina», escribió Pamela. «Me colmaba de atenciones. Nunca me había sentido tan hermosa e importante en mi vida. Las personas desconocidas me decían, "estás deslumbrante; ¿cuál es tu secreto?"»

El único problema para Pamela fue que a Bill le encantaba discutir. Si no estaban de acuerdo sobre alguna cosa – especialmente la política – Bill tercamente se empeñaba en hacerla cambiar de opinión. «Era un motivo permanente de tensión», dijo Pamela. «Manipulaba lentamente todo lo que yo decía hasta dejarme tan confundida que prefería darle la razón».

Bill utilizó sus habilidades de manipulación y ofuscación a los seis meses de relación, cuando una mujer llamó al campo de golf para comprar un certificado de regalo para su "marido", que resultó ser Bill.

«Cuando le pedí una explicación, me contó con detalle cómo esta mujer no era su esposa, sino que le había tendido una trampa para inculparle de un plan de malversación de fondos», dijo Pamela. «Sacó documentos judiciales para probar que no era de ninguna manera responsable de sus acciones. Afirmó que todo fue un gran malentendido y que estaba tratando de hacerse cargo del problema».

Pues bien, dos años después, Pamela se enteró de que Bill y la mujer habían malversado más de $1 millón. Pamela terminó cooperando con los fiscales, y salieron a la luz más verdades, como que Bill seguía casado, que en realidad no trabajaba, que vivía de varias mujeres y que todas las joyas que le dio Bill se las robó a esas mujeres.

Y estaba el sexo. Pamela pensó que era extraordinario, pero al parecer no era suficiente para Bill — él quería tríos. Cuando Pamela se negó, puso algo en su bebida, la llevó a una casa aislada y la violó. Ella no lo sabe cuántas veces pasó esto; sólo tiene un vago recuerdo. Pero habló con tres de las "otras mujeres" de Bill que pasaron por lo mismo. «Si no querían tener relaciones sexuales con él y con múltiples parejas», dijo Pamela, «acababa o bien convenciéndolas o usando la droga para la violación sexual».

Bill fue declarado culpable de malversación de fondos, pero sólo cumplió 15 meses de prisión. Pamela – deprimida, con tendencias suicidas y víctima de un trastorno de estrés postraumático – estaba demasiado débil para procesarlo por las violaciones.

Los sociópatas en el mundo del trabajo

Junto con su pertenencia a todas las edades y grupos demográficos, los sociópatas se encuentran en todos los ámbitos de la vida, y esto es evidente por sus carreras. En la Encuesta sobre la pareja sentimental de Lovefraud, el 25 por ciento de las personas identificadas como explotadoras eran trabajadores por horas, y el 32 por ciento eran profesionales, incluidas las personas que trabajaban en el campo de la medicina, el ejército, la educación, las fuerzas del orden público y el clero. Otras categorías de empleo incluyeron empresarios, estudiantes, amas de casa y jubilados. Cuando los encuestados les conocieron, el 14 por ciento de los sociópatas no tenía ningún trabajo.

Así es como los encuestados describieron a los sociópatas que trabajaban en diversas ocupaciones:

Sobre una mujer en la profesión médica:

Es una estafadora. Miente, distorsiona, maquilla, subestima, evita y utiliza a los niños como peones. También tiene varios "compinches" a los que ha convencido de que soy malo. Es trabajadora social/enfermera y ha utilizado a los terapeutas con los que se relaciona y al sistema del condado para denigrarme, e inventó la historia de que me tiene "miedo". A lo único que tiene miedo es a la verdad. Yo sé su verdad y eso, sin duda, le asusta.

Sobre un hombre en las fuerzas del orden público:

Durante un período de diez meses, me agredió física y sexualmente cuatro veces. La primera vez que sucedió, lloró y me pidió que volviera con él y lo hice, con la condición de que fuese a terapia. Fue a terapia, pero me decía que era mi culpa. Le sacaba de quicio. Cuando me agredió de nuevo, le denuncié. Al final se enfrentó a cargos muy severos y le dijeron que se retirara del cuerpo de policía. También existía la posibilidad de que perdiera su jubilación, pero como tenía un expediente de servicios "perfecto", eso no pasó. Sí, fui estúpida por volver con él una y otra vez. La última agresión fue la peor. Me secuestró en el baño durante tres horas. Me golpeó varias veces, me escupió más veces de las que puedo recordar y me violó.

Sobre una mujer profesional:

Todo en ella era antisocial y abusivo. Una vez que decidió que nuestra relación había terminado, siguió embaucándome con esperanzas de reconciliación, gastando mis ingresos sin pensarlo dos veces. Durante todo el tiempo, había tenido una relación con otra persona. Iba a hacer todo lo posible para utilizarme antes de deshacerse de mí. Solía encerrarse en el dormitorio durante horas seguidas (supe después que se había estado grabando y fotografiando en varios actos sexuales, enviándoselo después por correo electrónico a su amante), me dejaba en casa con nuestro hijo a propósito y no me decía cuándo iba a regresar, me mentía sobre los viajes que hacía para ver a "amigos", etc.

Sobre un miembro masculino del clero:

No muestra absolutamente ningún remordimiento; su frase favorita es: «No tengo por qué aguantar tus sentimientos ni emociones». Miente de forma patológica, a veces sin ningún motivo. Engaña y roba cada vez que piensa que puede salirse con la suya y con tanta audacia que a menudo se sale con la suya, porque nadie podría creer que una persona "normal" se atreva a decir tal mentira.

Sobre un hombre en el ejército:

Él era comandante y yo soldado raso. Era muy

atento, encantador y guapo. Actuaba como si estuviera loco por mí en lugar de simple y llanamente loco. Se llevó un cheque de mi chequera y lo presentó en un taller de reparación de automóviles cuando me escondí en una casa de acogida de mujeres maltratadas. Pegó a nuestro hijo con una correa hasta salirle ronchas por toda la espalda. Me impidió salir del apartamento para pedir ayuda en varias ocasiones.

Sobre un hombre ejecutivo:
Trabajaba en la misma organización sin ánimo de lucro. Parecía demasiado bueno para ser verdad. Investigué y todo era cierto; sin embargo, más tarde me enteré de que chantajeó a todas las personas a las que había robado o hizo a otras personas legalmente responsables de su fraude. Casos nacionales con una muy alta repercusión mediática. Se pasó un año entero tratando de mantenerme cerca. Era un caballero. Era solitario, tranquilo, inteligente, encantador y se hizo cargo de la asociación benéfica, mientras yo renunciaba a mi poder para complacerle.

Los sociópatas, en algunos casos, ascienden a las altas esferas de sus ámbitos de competencia, aunque a menudo lo hacen congraciándose con la gente que tiene el poder de ascenderlos, y apuñalando a sus rivales y subordinados por la espalda. Cuando los sociópatas altos ejecutivos hacen promesas que no pueden cumplir, inventan resultados e intimidan o se deshacen de cualquier persona que pudiera dar la alarma sobre sus acciones. A veces se salen con la suya – y, a veces toda la empresa se derrumba.

Quizás el ejemplo más impresionante de un sociópata que tenía a casi todo el mundo engañado fue Bernie Madoff. Era un asesor de inversiones, ex presidente del mercado de valores NASDAQ, y un filántropo. Pero los fondos de inversión de Madoff fue el mayor esquema Ponzi de la historia, en el que preparó declaraciones falsas que indicaban beneficios estables, mientras que con el dinero de los nuevos inversionistas pagaba los rendimientos a los inversionistas anteriores. Cuando Madoff fue arrestado en 2008, su fraude se calculó en más de $50 billones. Madoff se declaró culpable y fue sentenciado a 150 años de prisión. Miles de inversores, entre ellos las principales asociaciones benéficas, fueron defraudados.

Aunque el caso Madoff es asombroso, ciertamente no es el único sociópata de mundo de los negocios de élite. En 2006, el Dr. Robert Hare y un psicólogo industrial-organizacional, el Dr. Paul Babiak, escribieron un libro, llamado *Snakes in Suits (Serpientes en traje)*, para llamar la atención sobre estos depredadores corporativos. El Dr. Hare, por supuesto, estimó que el 1 por ciento de la población general son psicópatas. Pero Hare y Babiak evaluaron a cerca de 200 altos ejecutivos con la versión resumida de la Escala de Calificación de la Psicopatía Revisada (PCL-R). Concluyeron que aproximadamente el 3,5 por ciento de los ejecutivos se ajustaba al perfil del psicópata.9

La conclusión: Hay 3,5 veces más psicópatas en suites corporativas, que en las calles de las ciudades.

Dónde conocen los sociópatas a sus víctimas

Cuando los sociópatas buscan una relación amorosa, es decir, una relación de explotación, encuentran a sus víctimas en todos los lugares habituales. En la Encuesta sobre la pareja sentimental de Lovefraud, el 20 por ciento de los encuestados dijo que conocieron a los explotadores en situaciones sociales, como bares, discotecas y fiestas. Otro 17 por ciento se conocieron porque trabajaban juntos, o hacían negocios entre sí. Al 9 por ciento les presentaron – apostaría que los amigos y familiares que hicieron las presentaciones acabaron arrepintiéndose. Escuelas, iglesias, actos comunitarios, se mencionaron todos. Nueve encuestados conocieron a los sociópatas en el gimnasio, y una docena los conocieron a través de programas de rehabilitación o de 12 pasos. «Nos conocimos a través de Al-Anon Adult Children (Niños Adultos de Alcohólicos)», escribió uno de los encuestados. «Más tarde me enteré de que él hizo lo que se conoce como "13th Stepping" [Paso 13]. Iba a las reuniones para conocer mujeres».

Se mencionan otras circunstancias de encuentros en la encuesta: «cuando me repararon el coche», «clases de baile de salón», «convención del Partido Libertario», «nos conocimos en la oficina de correos», «matrimonio concertado», «evento semanal de música Bluegrass», «conferencia profesional», «playa, donde era socorrista», «Nos conocimos en una tienda», «el padre del mejor amigo de mi hija», «¡le corté el pelo!!!».

Algunas personas ni siguiera salieron de casa. Una mujer a la que vamos a llamar "Doreen" estaba cuidando el jardín de su patio delantero cuando pasó "Roger" y se puso a hablar con ella. Ambos tenían unos 30 años y estaban solteros. Doreen se sentía atraída por el atractivo físico y la apariencia juvenil de Roger, y su personalidad encantadora, aventurera y espontánea. Aún así, no estaba segura.

«Mi primer presentimiento después de conocerlo fue que era excéntrico, e incluso le dije a un amigo que casi parecía que podría ser "sociópata"», contó Doreen. «Mi amigo me dijo que estaba siendo algo paranoica, así que lo ignoré y seguí adelante. Estaba en una parte vulnerable de mi vida y estaba sola».

Roger le daba un montón de atención con frecuentes llamadas, correos electrónicos y mensajes de texto, que elevaban la autoestima de Doreen. Un mes después de conocerlo, ella se mudó a su casa. Estuvieron juntos durante más de cinco años, pero durante ese tiempo hubo entre 15 y 20 rupturas turbulentas.

«Solía ser debido a que yo encontraba pruebas de algo que él había hecho y lo confrontaba», dijo Doreen. «Se enfurecía y me decía: "¡recoge tus mierdas y lárgate! ¡Esta es mi casa!» Yo le suplicaba que volviese los días siguientes y, finalmente, después de divertirse viéndome sufrir, me pedía que volviera con él».

El peligro de las citas por Internet

Si piensas que las citas por Internet son inofensivas, debes saber: que al 23 por ciento de los encuestados de Lovefraud les pasa como a mí; conocimos a los sociópatas que nos explotaron en Internet. En la Encuesta sobre la pareja sentimental de Lovefraud, era la forma más habitual en que los sociópatas encontraron a sus víctimas.

Hubo un tiempo en que el antecesor de las de citas por Internet, los anuncios personales en periódicos y revistas, se consideró como el terreno de los desesperados. Pero los tiempos han cambiado, y hoy en día en que Internet es una parte tan integrante de la vida, las citas por Internet se han convertido en la corriente dominante. La investigación publicada en 2010 por Match.com y los estudios de comportamiento de Chadwick Martin Bailey hallaron que una de cada cinco relaciones serias, y uno de cada seis matrimonios, eran entre personas que se conocieron en Internet.10 Esto, por supuesto, hace de las citas por Internet un gran negocio. De acuerdo con un informe de Jupiter Research, citado en About.com, las citas por Internet son el tercer productor más grande de ingresos de los sitios web con contenidos pagados. Se espera que los ingresos alcancen los $1,9 billones en 2012.11

Entonces, ¿qué piensa la gente de esta nueva manera de buscar el amor? La organización de investigación Pew publicó un informe sobre las citas por Internet en 2005.12 Éstos son algunos de los hallazgos:

• De los 10 millones de estadounidenses que son usuarios de Internet y solteros, el 74 por ciento dice que han utilizado Internet de alguna manera para promover sus relaciones amorosas.

• El 37 por ciento de ellos – 3,7 millones de personas – ha visitado un sitio web de citas.

• El 52 por ciento de las personas que han utilizado los servicios de citas por Internet no cree que sea peligroso.

• El 52 por ciento de las personas que se citan por Internet está de acuerdo con que mucha gente en esos sitios miente sobre su estado civil.

• El 43 por ciento de las personas que han utilizado los servicios de citas por Internet cree que la actividad implica un riesgo para la información personal.

El informe de Pew no definió el término "información personal". Probablemente se refiere a nombre completo, dirección, datos de contacto e información de tarjeta de crédito — datos que podrían poner en peligro la seguridad física de una persona o conducir al robo de identidad.

Pero el riesgo real, según han averiguado los lectores de Lovefraud, es la información descriptiva que tú facilitas de sus intereses y lo que buscas en una pareja. Esto es lo que permite a los sociópatas engancharte. Ellos usan la información que publicas para mostrarse como tu alma gemela.

El problema no se limita a los sitios de citas. Los lectores de Lovefraud conocieron a explotadores en Facebook y otros sitios de redes sociales, Craigslist, y otros foros de Internet. Los depredadores están por todo el Internet.

El Internet: hecho a medida para los sociópatas

Debido a su alcance global y el anonimato, el Internet está diseñado a medida para los depredadores sociales. Ofrece un sinfín de posibles víctimas, por lo que la caza no es más que un juego de números. Los sociópatas se registran en varios sitios de citas de forma simultánea. Se hacen amigos de personas al azar en Facebook. Simplemente echan el anzuelo hasta que alguien lo muerde.

El anonimato es una característica fundamental del Internet. Cuando estableces comunicación a través de la web, nunca sabes con quien estás hablando, y los sociópatas usan esto para su propio provecho, fingiendo ser quien ellos quieran. Esto ha contribuido a un aumento de las estafas amorosas flagrantes.

Tomemos, por ejemplo, las estafas amorosas militares. Muchos estafadores, con sede en países como Nigeria, inventan identidades de soldados que sirven en zonas de combate como Afganistán. Roban fotos de las páginas web de soldados legítimos, establecen contacto con mujeres desprevenidas, y comienzan relaciones en línea, y con el tiempo les declaran su amor verdadero. Entonces, los "soldados" piden a las mujeres que les envíen dinero para teléfonos internacionales especiales, o para pagar los vuelos para poderse encontrar. Las víctimas, con un sentimiento mixto de amor y patriotismo, a menudo envían miles de dólares, que nunca vuelven a ver. El problema ha empeorado tanto que los funcionarios militares han emitido advertencias al público acerca de las estafas.13

No son sólo las mujeres las que pierden dinero de esta manera. He recibido correos electrónicos de muchos hombres que han conocido mujeres por Internet, se creyeron una historia lacrimógena y enviaron dinero –a veces miles de dólares– que desapareció para siempre.

¿Cómo es posible caer en este tipo de estafas? ¿Cómo pueden personas honestas e inteligentes ser engañadas a tal extremo?

Seducción en Internet

El primer problema es el mismo medio de comunicaciones electrónicas. Cuando conoces a la gente en el mundo real, te das cuenta de su altura, peso, aspecto, la voz y los gestos y sacas inmediatamente conclusiones acerca de ellos. Los expertos creen que entre el 65 y 90 por ciento de la comunicación humana proviene de las señales no verbales: las expresiones faciales, los gestos, el lenguaje corporal y el tono de voz.14 Ninguna de esta información está disponible en la comunicación en línea. ¿Qué haces entonces? Completas las piezas que faltan con tu imaginación. Las personas al otro lado del correo electrónico o mensaje instantáneo se convierten en quien tú quieras.

En segundo lugar, el engaño es fácil en Internet. Alguien que dice ser soltero está en realidad casado. Alguien que dice tener experiencia en el mundo del espectáculo en realidad lo que hace es ver un montón de películas. Alguien que dice ser un hombre es una mujer. ¿Cómo podrías notar la diferencia?

Pero como la comunicación a través de Internet es anónima, se crea una sensación de seguridad. Esto se ve reforzado por la correspondencia continua. Al intercambiar correos electrónicos o mensajes instantáneos sin parar, es natural que empieces a asumir que la otra persona está siendo honesta. Pronto sentirás que puedes confesar tus esperanzas y sueños a tu amigo internauta, incluso las ideas y deseos que tienes miedo de compartir con tu familia, pareja o amigos del mundo real.

«La cercanía emocional y el intercambio de emociones incluso negativas, es uno de los sellos distintivos de las relaciones por ordenador», dijo la Dra. Esther Gwinnell, autora de un libro llamado *Online Seductions (Seducciones en línea)*. «La mayoría de las personas que participan en estas relaciones tienen una cercanía y conexión con su interlocutor que está dolorosamente ausente de la vida ordinaria».15 A pesar de que la intimidad suele desarrollarse con lentitud en las relaciones cara a cara, dice Gwinnell, a menudo es el primer componente de una relación por ordenador.

Sitios de citas: tu perfil te convierte en presa fácil

Ahora, vamos a echar un vistazo a los problemas relacionados con los sitios de citas por Internet. Tus problemas comienzan en el momento en que te registras. Si buscas el amor en Internet, por definición, estás sola. Los sociópatas se especializan en apuntar a las personas solitarias. Así que con sólo registrarte un sitio de citas, estás anunciando el hecho de que estás sola. Te preparas para ser un blanco.

Luego está el perfil. Además de lo básico, como la edad y la raza, para aumentar las posibilidades de una pareja compatible, los sitios de citas recomiendan que describas tu educación, intereses, hábitos de ejercicio, si tienes mascotas, tus opiniones políticas, lo que te gusta hacer para divertirte, lo que lees y otros detalles personales. Aunque la información parece inocua, es exactamente lo que los sociópatas utilizan para crear un personaje para seducirte.

«Ahora veo que él me "estudió" y se convirtió en el hombre que yo quería como pareja», dijo "Ruth", acerca de su ex marido, "Stan". Se conocieron en un sitio de citas grande y bien conocido. Ruth pronto descubrió que Stan todavía no estaba divorciado, como había asegurado, y descubrió otras mentiras. Ella incluso se dio cuenta de que Stan tenía trastorno de personalidad narcisista y rompió la relación. Sin embargo, en contra de los deseos de sus hijos mayores, amigos y asesores, Ruth permitió a Stan volver a entrar en su vida. «Él es MUY, MUY bueno en lo que hace!», escribió.

Ruth y Stan se casaron. «Usó mi buen crédito para comprar y comprar y comprar ... incluso una casa en el campo de golf, sólo a mi nombre porque su crédito era pésimo», dijo Ruth. «Perdí aquella casa, pero pude llevarme el poco capital que había allí para comprarme una casa adosada (gracias a Dios). Descubrí una aventura después de seis años de matrimonio; correos electrónicos en los que usaba exactamente las mismas palabras, frases y MENTIRAS que utilizó conmigo».

En sus comunicaciones electrónicas, los sociópatas dicen

mentiras calculadas, sobre la base de lo que ellos suponen que quieres oír. También te colman de atenciones, te adulan y te ofrecen toda la felicidad del mundo. Prometen llenar el vacío, y debe haber un vacío, porque por eso te registraste en el sitio de citas desde un principio.

"Karen" y "Jeremy"

"Karen" y "Jeremy" se conocieron en un sitio de citas por Internet. Después de dos meses de intercambiar correos electrónicos y conversaciones telefónicas, cuando se conocieron en la vida real por primera vez se besaron de inmediato.

«Fue casi como ver a un familiar que no había visto desde hace mucho tiempo», dijo Karen. «Teníamos una conexión que se estableció a través de los correos electrónicos y las conversaciones telefónicas. En realidad, Jeremy me dijo esa noche que iba a convertirme en su esposa, que éramos almas gemelas. Normalmente soy precavida en los primeros encuentros, y nunca beso a nadie como lo hice esa noche».

En sus correos electrónicos y llamadas telefónicas, Jeremy habló de sus logros, que trabajaba para una empresa importante, muy conocida. «Me dijo todo lo que yo quería oír, que coincidía exactamente con mis necesidades y deseos, por lo que parecíamos ser compatibles», dijo Karen. «Lo que yo no sabía en ese momento era que había captado este detalle de mí a través de nuestras comunicaciones por teléfono y por correo electrónico, y reflejaba exactamente lo que yo había expresado como mis necesidades insatisfechas».

Jeremy tenía un carisma irresistible, y no paraba de asegurar a Karen que su ansiedad no estaba justificada, que estaba bien moverse con rapidez. «Sí, yo era ingenua», dijo Karen. «Quería el sueño de casarme y tener una familia, un hombre protector y esposo. Mi reloj biológico seguía corriendo y él me ofreció la oportunidad que yo quería de tener una familia».

Se casaron.

Jeremy no le habló a Karen de sus antecedentes penales. Él afirmó que tenía problemas de liquidez debido a que los inquilinos de su casa no pagaban, así que Karen pagó su hipoteca y la factura del agua. En un momento, Jeremy intentó solicitar un préstamo utilizando información falsa sobre los activos financieros de Karen, y cuando ella se negó a firmar la solicitud, él abusó de ella emocionalmente. Cuando finalmente lo dejó, había perdido más de $50,000, su casa y su trabajo. Dos años más tarde, Karen se enteró de que Jeremy ni siquiera era dueño de la propiedad cuya hipoteca había pagado ella: los documentos que Jeremy le había mostrado se habían falsificado.

Entre 20 y 80 millones sociópatas en Internet

Sí, los sitios de citas por Internet tienen un montón de miembros que son gente normal intentando establecer contactos. De hecho, después de dejar a mi marido sociópata, yo también volví a probar lo de las citas por Internet, y conocí a un hombre normal con el que salí casi un año. De todos modos, el Internet está lleno de depredadores.

Más de 2 billones de personas están en Internet.16 Es razonable suponer que, como en la vida real, entre un 1 y un 4 por ciento de ellos son sociópatas. Eso significa que hay entre 20 y 80 millones de sociópatas en línea, rondando todos ellos en busca de víctimas día y noche en todo el mundo.

Estas personas entienden a fondo los puntos ciegos y las oportunidades de las relaciones por ordenador, y los usan para aprovecharse de los demás. Echan el anzuelo con perfiles ficticios. Tienen varias víctimas a la vez, hasta que llegue alguien que pique el anzuelo.

Así que esto es lo que sucede cuando buscas el amor en Internet:

- Das a entender a los depredadores del sitio de citas que estás sola.
- Das información sobre ti misma rellenando los datos de tu perfil de citas.
- Te comunicas con alguien, pero se pierde el 65 a 90 por ciento del significado de tu comunicación.
- Abres tu corazón y tu alma, y te sientes bien.
- La persona responde, y tú lo interpretas según el sig-

nificado que quieres dar a todo.
- Te enamoras de tu propia fantasía.

Los sociópatas están en todas partes

Dondequiera que vayas, es posible conocer un sociópata. Habitan en todos los sectores de la sociedad, desde la refinada alta sociedad hasta las pandillas callejeras más mezquinas. Las personas que respondieron a la Encuesta sobre la pareja sentimental de Lovefraud conocieron a las personas que resultaron ser sociópatas en lugares como fiestas, iglesias, el trabajo y el Internet.

El problema es que hay millones de sociópatas entre nosotros, y viven para explotar a la gente. Estos depredadores humanos ven cada encuentro social como una oportunidad para obtener alguna ventaja o enganchar a otra víctima. En el siguiente capítulo, te contaré cómo lo hacen.

Resumen

Los sociópatas están en todos los grupos demográficos
- Hombre
- Mujer
- Rico
- Pobre
- Todas las edades
- Todas las razas
- Todas las nacionalidades
- Todas las religiones
- Todas las orientaciones sexuales
- Todos los niveles de educación
- Todas las profesiones

Capítulo 4

Vulnerable al sociópata

Tengo un amigo, a quien vamos a llamar "Alex", que perdió a su esposa debido al cáncer. Después de un período adecuado de luto, empezó a salir en busca de compañía. Él sabía de mi relación con un sociópata; de hecho, él conocía a mi ex marido. Así que cuando Alex tuvo una extraña experiencia con una mujer con la que salió durante algunas semanas, quiso hacerme preguntas.

La mujer dijo estar separada de su marido, aunque no estoy segura de ello. Persiguió a mi amigo sin descanso, hasta que tuvieron relaciones sexuales. En algún momento, ella hizo un comentario sobre «un león necesita carne fresca». Después de eso, pasaron un día entero juntos, entonces ella lo dejó sin miramientos.

Alex me preguntó si esa mujer era excéntrica como mi ex.

Me dijo más, y parecía que la mujer tenía rasgos de personalidad sociopática, aunque quizás no el trastorno manifiesto. Hablamos de los sociópatas en varias ocasiones. Una de las conversaciones fue así:

Alex: «¿Qué es lo primero que hacen los sociópatas cuando te conocen?»

Yo: «Estudiarte para ver si tienes algo que ellos quieren».

Alex: «¿Cuál es la segunda cosa que hacen?»

Yo: «Averiguar cuáles son tus puntos débiles».

Alex: «¿Y después qué?»

Yo: «Buscar la manera de manipularte para conseguir lo que quieren».

Así es, ese es el MO, o modus operandi, del sociópata. Primero, ¿tienes algo que él o ella quiere? Segundo, ¿cuáles son tus puntos débiles? Y por último, ¿cómo pueden manipularte para su beneficio propio?

Los sociópatas atacan los puntos débiles

La mayoría de los sociópatas son parásitos en busca de personas para vivir a costa de ellas, de una forma u otra. Se pasan la vida buscando siempre blancos de oportunidad. Cuando los sociópatas encuentran víctimas – cualquier persona que tenga algo que ellos quieren – trabajan con rapidez para descubrir los puntos débiles de las víctimas y luego se abalanzan.

Con todos los correos electrónicos que recibe Lovefraud, he escuchado algunas historias verdaderamente tristes: personas desconsoladas que han perdido a un cónyuge o un hijo, y luego pierden sus prestaciones de seguros por un sociópata. Las personas con discapacidad que son blanco porque reciben una subvención mínima del gobierno. Las personas que luchan por sacar adelante a alguien, como hijos o padres ancianos, que descubren que la ayuda prometida por los sociópatas hace sus cargas más pesadas.

Y también hay personas que están solas. Cualquier persona que esté sola por algún motivo es un blanco ideal para un sociópata.

La Encuesta sobre la pareja sentimental de Lovefraud hizo la pregunta, «Recordando el pasado, ¿seducía esta persona tu lado vulnerable? En caso afirmativo, ¿qué era?»

El 72 por ciento de los encuestados dijeron que tenían un punto débil que fue blanco, aunque a veces no era más que el deseo de ser amado, tener empatía o no tener conocimiento de los sociópatas. Analicé y clasifiqué sus respuestas. Muchos de los encuestados nombraron varios puntos débiles.

Daño – un 20 por ciento

Los encuestados dijeron que eran vulnerables debido a que acababan de terminar una relación o de divorciarse, tenían una relación abusiva o mala dentro de su matrimonio, o habían sido víctimas de maltrato en su entorno familiar.

Necesidad de amor – un 16 por ciento
Los encuestados buscaban amor, atención y una sensación de conexión. Querían sentirse protegidos, y necesitaban sentirse necesitados.

Soledad – un 14 por ciento
Los encuestados percibían el vacío en sus vidas. Habían terminado una relación, o nunca habían tenido una relación seria, o sus hijos eran mayores y ya no les necesitan, o se habían trasladado a una nueva comunidad. Cualquiera que fuera la razón, se sentían solos.

Empatía – un 14 por ciento
Los encuestados eran empáticos y afectuosos. Se sentían obligados a ayudar a la gente, y respondieron a las llamadas a la compasión.

Baja autoestima – un 11 por ciento
Algunos de los encuestados mencionaron la baja autoestima, falta de confianza, inseguridad, timidez y la baja estima de sí mismos.

Deseo de una relación - un 10 por ciento
Estos encuestados se sentían incompletos. Dijeron que querían un amante, una relación seria, matrimonio, familia y/o niños. Para algunos, el reloj biológico seguía corriendo; se sentían apurados para tener una familia, antes de que fuera demasiado tarde.

Credulidad - un 7 por ciento
Los encuestados se describieron a sí mismos como crédulos, inocentes o ingenuos. Algunos dijeron que eran jóvenes e inexpertos. Otros dijeron que eran honestos, éticos y religiosos. No tenían conocimiento de los sociópatas.

Otro 6 por ciento de los encuestados tenía graves problemas y necesitaba ayuda, como dinero o un lugar para vivir. O bien, tenían discapacidades o problemas médicos. El cinco por ciento de los encuestados estaba luchando con sus responsabilidades como padres solteros. Los sociópatas utilizaron a los niños, mediante la compra de regalos o ayudando a cuidar de ellos, para conseguir colarse en las familias con astucia. Finalmente, el 4 por ciento de los encuestados estaban lidiando con el luto. Acababan de quedarse viudos, o habían perdido a alguien cercano: un padre, hijo, amigo o familiar. Sentían el vacío, y el sociópata aterrizó inesperadamente.

Es triste, la verdad. Cuando tenemos problemas y necesitamos ayuda, queremos poder confiar en que los ofrecimientos de ayuda son verdaderos. Cuando buscamos compañía, queremos poder creer que la persona que se empeña en conquistarnos es sincera.

Pero la verdad es que cuando somos vulnerables, tenemos que estar especialmente alerta. Los sociópatas son depredadores y las presas heridas hacen presas fáciles.

Los sociópatas y la memoria depredadora

Todos somos vulnerables. Todos tenemos debilidades. En algún lugar, todos tenemos puntos débiles en nuestra coraza, y los sociópatas son expertos en buscarlos. Un estudio publicado por investigadores canadienses parece indicar que los sociópatas tienen una mayor capacidad para detectar y recordar a las posibles víctimas.[1]

Los investigadores crearon una serie de personajes ficticios a partir de fotografías de hombres y mujeres con expresiones de felicidad o tristeza. Asignaron rasgos biográficos a los caracteres que indicaban que algunos tuvieron éxito y otros no.

Cuarenta y cuatro estudiantes universitarios de sexo masculino participaron en el estudio. Se les dio primero un test de personalidad para determinar su nivel de rasgos psicopáticos. Luego se les mostraron las fotos y la información biográfica sobre los personajes ficticios. Posteriormente, se les pidió recordar a los personajes. Los investigadores pronosticaron que los participantes del estudio con un nivel alto de rasgos psicopáticos recordarían mejor a los individuos útiles o vulnerables; el hombre feliz y exitoso era probablemente el más útil, y la mujer infeliz y fracasada era probablemente la más vulnerable.

Los resultados del estudio indicaron que eran parcialmente correctos «Los participantes con altos niveles de rasgos psicopáticos demostraron un mejor reconocimiento del personaje femenino infeliz y fracasado, posiblemente la persona más vulnerable presentada en nuestro estudio», escribieron. «De hecho, los participantes con un nivel alto de psicopatía demostraron un reconocimiento casi perfecto de este personaje».

Los investigadores llamaron esto "memoria depredadora".

Los sujetos del estudio no eran criminales en la cárcel, eran estudiantes universitarios. Los resultados parecen indicar que los depredadores sociales salen al mundo, detectan a las posibles víctimas y las recuerdan para usarlas en el futuro.

Lazo traumático: maltrato repetido

Un tipo de vulnerabilidad que merece especial atención es el lazo traumático. Este es un fenómeno psicológico en el que en realidad te sientes apegado, leal, e incluso adicto a alguien que te ha hecho daño. Según el Dr. Patrick J. Carnes, autor de *The Betrayal Bond (El lazo traidor),* los lazos traumáticos se forman en situaciones de "violencia doméstica, matrimonios disfuncionales, explotación laboral, abuso religioso, litigios, secuestros, tomas de rehenes, cultos, adicciones, incesto y maltrato infantil".2

Si has experimentado alguna de estas circunstancias o relaciones abusivas en tu pasado, tienes que saber que: eres más susceptible de volver a ser explotada por un sociópata.

Esto es lo que le pasó a "Stacey". Acababa de salir de un matrimonio muy abusivo, y su autoestima era baja, cuando conoció a "Don" en un sitio web de citas. Stacey sólo quería ser amada. Don dijo ser un anciano de la iglesia. «Era muy atento y se acercó a mí porque era consejero y me podía ayudar con mis problemas», dijo Stacey.

Empezaron una relación sentimental. «Don me dijo que una vez que tuviéramos relaciones sexuales estaríamos casados a los ojos de Dios, y que eso significaba compromiso», dijo Stacey. En realidad, significaba literalmente que Don era el controlador y Stacey la comprometida.

«Don controlaba mi vida», explicó Stacey. «Sabía cómo modificar el comportamiento, lo que significa que si yo no actuaba como él quería, me castigaba, por así decirlo. Acabé dejándole cuatro veces. La primera vez fui a un lugar de salud mental para pacientes ambulatorios, pero no pude arreglármelas sola. La segunda vez fui ingresada en un hospital psiquiátrico por depresión grave, volví con él ... no me sentía capaz de arreglármelas sola. La tercera vez, me ausenté durante un par de meses y me sentí incapaz de arreglármelas sola ... echaba de menos a mis mascotas. La cuarta vez, tuve el apoyo de amigos que me dejaron vivir con ellos durante nueve meses hasta que finalmente me sobrepuse».

Mientras tanto, Don robó la casa de Stacey.

Los lazos traumáticos o lazos traidores, como los llama Carnes, son complejos y destructivos, y su explicación no es tema de este libro. La cuestión importante es la siguiente: si ya has pasado por una traición grave de tu confianza, debes hacer frente al lazo traumático para recuperarte y protegerte de los sociópatas en el futuro. Para empezar, te recomiendo encarecidamente que leas *The Betrayal Bond (El lazo traidor)*.

Al acecho de tus mejores cualidades

Tiene sentido que un depredador humano vaya tras tus heridas y debilidades. Eso es lo que hacen los depredadores. Pero hay que saber que los sociópatas también apuntan a tus mejores cualidades, tus puntos fuertes, y los utilizan para manipularte.

La compasión, por ejemplo, es una cualidad humana vital. Por compasión echamos una mano para ayudar a nuestras familias y a nuestros conciudadanos. Por compasión, prestamos ayuda, trabajamos para hacer del mundo un lugar mejor, y respondemos cuando ocurre un desastre.

Para algunas personas, la compasión es un elemento fundamental de su personalidad. Tal vez seas tú una de ellas. Es posible que te percibas a ti mismo como una persona de buen corazón, que no juzga, altruista, que practicas tus valores religiosos o cualquier otra variante de carácter humanitario. Aunque este enfoque de la vida es digno de elogio, también te pone en riesgo.

En su libro, *Without Conscience (Sin conciencia)*, el Dr. Robert

Hare escribe: «Los psicópatas tienen una extraña habilidad para detectar y usar a las mujeres "maternales", es decir, aquellas que tienen una gran necesidad de ayudar o cuidar a otros como una madre». Menciona específicamente a las mujeres que se desempeñan en las profesiones dedicadas a brindar ayuda, como enfermeras y consejeras, que se consideran blancos fáciles.3 Los hombres compasivos también son víctimas. Las mujeres con trastornos detectan y se aprovechan rápidamente de los hombres que se ven a sí mismos como lanzándose al rescate de damiselas en apuros.

Los sociópatas apuntan a otras partes de nuestra propia imagen también. Sean cuales sean tus fortalezas — inteligencia, fiabilidad, creatividad, talento — los sociópatas encuentran la manera de utilizarlas. Puede ser a través de la adulación, o la admiración, o creando una imagen radiante de lo bien que se ajustan tus habilidades a sus grandes planes. Aprovechan tu propia personalidad para explotarte.

En mi caso, me vi como una mujer de negocios confiable, competente y creativa. Era la presa perfecta para los planes empresariales grandiosos de mi ex marido. Me felicitó por mi talento, me pidió mi opinión, me hizo parte de sus proyectos, y me limpió la cuenta bancaria.

Sobre el dinero

Muchos sociópatas buscan personas para exprimirles su dinero. Sin embargo, cuando los explotadores se congratulan por su éxito, estoy dispuesta a apostar que su verdadero motivo de orgullo no es conseguir tu dinero, sino tener el poder de controlarte, para que les des tu dinero.

Sin embargo, tener dinero te convierte en un blanco más atractivo.

En la Encuesta sobre la pareja sentimental de Lovefraud, el 82 por ciento de los hombres y el 75 por ciento de las mujeres dijeron que habían perdido dinero a causa de los sociópatas. ¿Cuánto? Echa un vistazo:

Alertas Rojas *de* Estafa Amorosa

Dinero perdido debido a relaciones abusivas		
Cantidad	Hombres	Mujeres
Under $5,000	17%	21%
$5,000 - $9,999	13%	14%
$10,000 - $49,999	17%	25%
$50,000 - $99,999	16%	15%
$100,000 - $499,999	30%	18%
Más de $500,000	8%	7%

En algunos casos, los encuestados fueron verdaderamente estafados por los estafadores que planearon estafarles. Una mujer y un hombre perdieron cada uno más de $500.000 en menos de un año. Generalmente, sin embargo, cuanto más tiempo permanecieron las personas con los sociópatas, más dinero perdieron. De las mujeres que perdieron $100,000 o más, el 55 por ciento estuvieron con el psicópata durante 10 años o más.

Algunos sociópatas buscan beneficios rápidos. Otros viven a costa de sus víctimas durante décadas. El caso es que cuantos más recursos tengas, más convencidos están los sociópatas de que tienen derecho a recibir.

Sin muestras aparentes de vulnerabilidades

Cuando se les preguntó acerca de las vulnerabilidades en la Encuesta sobre la pareja sentimental de Lovefraud, un pequeño número de encuestados – un 2 por ciento – dijo que no tenían ninguna. Sin embargo, ellos fueron enganchados.

"Leslie", por ejemplo, respondió a la pregunta sobre vulnerabilidad por escrito: «Confío plenamente en la mujer que soy; no estoy segura de si él vio una vulnerabilidad».

Leslie estaba divorciada, y a sus 40 y tantos años, ya jubilada y con seguridad económica cuando conoció a "George". Él también tenía unos 40 años, y le envió un mensaje instantáneo a través de America Online. A Leslie le gustó la personalidad de George. «Parecía ser inteligente, atento, me hacía reír, y me hacía sentir como si fuera la persona más importante del mundo para él», escribió. Ella sintió una conexión inmediata.

George se trasladó rápidamente desde varios estados de distancia para estar cerca de Leslie. Le dijo que tenía un exitoso negocio de remodelación de casas, y que una vez que se estableciera, le iría bien financieramente. Leslie quería remodelar una casa, por lo que le dio dinero por adelantado para hacer el trabajo.

En ese momento, George había expresado su amor por Leslie, y estaban hablando de su futuro juntos. Así que Leslie avaló un préstamo para la compra de un camión de segunda mano para el negocio de remodelación de George. Una semana más tarde, Leslie compró una caravana de 10 metros a su nombre, para que George pudiera alquilarla con opción a compra. Luego avaló un préstamo para la compra de una motocicleta para él, una Harley Davidson. En un mes, cambió la Harley por una motocicleta más grande y más cara, y luego la volvió a cambiar por una mejor.

Entonces George pidió a Leslie que avalara un préstamo para la compra de un yate. Leslie dijo que no.

«Cuando me negué a avalar la compra de un yate, me gritó que no volviera a avergonzarlo así NUNCA MÁS delante de sus hijos», escribió Leslie». «Temblaba de rabia cuando le dije que no podía ayudarle a conseguir el barco».

Más tarde, Leslie se enteró de que los "hijos" no eran ni siquiera hijos de George. Uno era un hijastro y el otro era un sobrino. Y eso no es todo lo que descubrió.

«Otra mujer me envió un mensaje por Internet para pedirme que me encontrara con ella», dijo Leslie. «Me explicó que ella había estado saliendo con George desde marzo ... era septiembre. Le llamó a su móvil, le puso en el altavoz para que yo pudiera oír que, efectivamente, estaban liados. Ella no paró de preguntarle si no se iban a casar. Él le dijo: "eso dices". Yo, a su vez, le llamé desde mi teléfono para preguntarle la hora a la que al día siguiente necesitaría entrar en la casa que estaba ayudando a remodelar conmigo. Cuando me preguntó si eso era todo lo que quería saber, dijo, "Te amo". Yo no le respondí lo mismo, pero la otra mujer escuchó todo lo que necesitaba saber para convencerse de que las dos estábamos siendo engañadas. Encontramos a otras mujeres que habían tenido relación con él, al mismo tiempo que nosotras».

Leslie rompió la relación sentimental. Cuando George se negó a devolver el dinero por adelantado para el trabajo de remodelación, le demandó por fraude.

George no pagó los préstamos para el camión o la moto, y como Leslie había hecho de avalista, era responsable y se quedó sin crédito. La relación terminó costándola más de $50.000. Y, Leslie descubrió que todo el tiempo que George estuvo engañándola y a las otras, todavía aún estaba casado.

Características en las mujeres que aumentan el riesgo

Entonces, ¿cómo fue que Leslie, que no sentía que tuviera ninguna debilidad manifiesta que explotar, terminó con George? ¿Por qué pudo el depredador enganchar a una mujer que era obviamente inteligente y tenía importantes recursos financieros? Puede ser que Leslie tuviera ciertos rasgos de personalidad que sin ser necesariamente vulnerabilidades, la pusieron en riesgo de ser víctima de un sociópata.

Mi colega de Lovefraud, la Dra. Liane Leedom, utilizó entrevistas y cuestionarios para investigar las características de la personalidad de cientos de mujeres que habían tenido relaciones largas con hombres abusivos. (No sabemos de ningún otro estudio similar de hombres que tuvieran relaciones largas con mujeres abusivas). Las mujeres realizaron cuestionarios sobre sus experiencias y completaron dos listas de comprobación diferentes para evaluar si los hombres eran, de hecho, sociópatas. Lo eran.

Las mujeres también completaron un inventario de personalidad sobre sí mismas. La Dra. Leedom esperaba descubrir si las mujeres tenían determinados rasgos de personalidad que las hacían susceptibles a la manipulación sociopática. Los tenían, y esos rasgos no eran lo que se podría esperar.

La Dra. Leedom descubrió que, como grupo, las mujeres explotadas por sociópatas eran extrovertidas, involucradas en la relación y cooperativas, y que estos rasgos pueden ser factores de riesgo.

Extraversión como factor de riesgo

Las personas extrovertidas son entusiastas, sociables y asertivas. Les gustan las emociones y les desagrada el aburrimiento. Se sienten estimuladas por otras personas y sobre todo no les gusta estar solas. Las personas extrovertidas están cómodas en reuniones sociales como fiestas, actividades comunitarias, políticas y grupos de negocios. Son personas con un enfoque orientado a la acción.

Las mujeres extravertidas convierten su carácter extravertido en logros. El grupo de encuestados de la Dra. Leedom incluyó abogados, médicos, maestros, clérigos y ejecutivos de negocios, todas ellas mujeres poderosas.

Cuando se trata de citas, a las mujeres extrovertidas les gustan los hombres extrovertidos. Debido a que son tan extrovertidas, de hecho, dominantes, a las mujeres extrovertidas les pueden parecer aburridos los hombres sumisos, incluso cobardes. Ellas quieren una relación equitativa, con un hombre que sea tan extrovertido y dominante como ellas.

¿Quién encaja en el perfil? Los sociópatas.

Los sociópatas, con su encanto, carisma y enorme ego, tienen el tipo de energía que las mujeres extrovertidas encuentran atractivo. Y, a diferencia de algunos hombres, los sociópatas no se dejan intimidar por los logros de las mujeres poderosas. Por supuesto, los depredadores calculan que cuanto más tienen las mujeres, más hay para tomar, pero las mujeres no lo saben.

La extraversión, explica la Dra. Leedom explica, se convierte en el "punto de conexión" entre el sociópata y la mujer. Ahí es donde son similares entre sí y se atraen el uno al otro. Una mujer más reservada se sentiría abrumada por un sociópata, pero una mujer extravertida siente como que finalmente ha conocido a su media naranja.

Las mujeres extrovertidas tienden a tener un elevado umbral de tolerancia al trastorno, lo que les permite lidiar con el caos que crean los sociópatas. También son competitivas, lo cual, cuando las cosas van mal, tiende a mantenerlas en la relación y a lidiar con el sociópata, cuando sería cortar por lo sano e irse. Algunas mujeres extrovertidas también son impulsivas, lo que puede llevarles a precipitarse a entrar rápidamente en una relación.

Entregarse en las relaciones como factor de riesgo

La Dra. Leedom encontró que las mujeres involucradas con sociópatas suelen apegarse profundamente. Llamó a este rasgo "sociabilidad positiva y entrega en las relaciones". Cuando las mujeres tienen esta característica, significa que las relaciones con otras personas son importantes para ellas, una fuente de gran placer y satisfacción. Esto es especialmente cierto en las relaciones sentimentales.

Las mujeres que se entregan en las relaciones son sentimentales. Tienden a centrarse en los momentos especiales, y los sociópatas, cuando atraen a la víctima, son expertos en crear esos momentos especiales. Compasivas y sensibles a las necesidades de los demás, estas mujeres escuchan con compasión cuando un sociópata comienza a contar las historias tristes de su vida, que pueden ser verdad o pura ficción. A estas mujeres les importa mucho lo que los demás piensan de ellas, especialmente sus parejas sentimentales, por lo que hacen todo lo posible para ser amables y complacientes.

El afecto es muy importante para las mujeres que se entregan en las relaciones. Por esa razón, son vulnerables al bombardeo de amor. Cuando el sociópata vierte atención y afecto al inicio de la relación, estas mujeres se enganchan.

El problema de ser cooperativa

En su trabajo con las víctimas, la Dra. Leedom encontró que, más que cualquier otro rasgo temperamental o de personalidad, las mujeres involucradas en relaciones largas con sociópatas eran cooperativas. De hecho, se clasificaron en el percentil 97 respecto a cooperación. Estas mujeres eran más cooperativas que casi todas las demás mujeres.

¿Qué rasgos forman parte de la cooperación? La empatía, la tolerancia, la amabilidad, la compasión y el apoyo. Las mujeres que tienen estas cualidades valoran llevarse bien con los demás. Están dispuestas a dejar de lado sus propios intereses en beneficio de sus relaciones, sus familias y otros grupos de personas que consideran importantes. Se ven a sí mismas como parte de toda la humanidad. Son altruistas.

Este es exactamente el tipo de mujer que el sociópata quiere y necesita. Su abundante empatía, tolerancia, amabilidad y compasión se convierten en un apoyo para él. Él se comporta mal, se disculpa y echa la culpa de sus acciones a los problemas de su pasado. Ella comprende, perdona y toma la determinación de darle más apoyo. Ella razona que, si continúa ofreciendo amor incondicional, acabará saliendo lo bueno que ella cree que permanece oculto tras el sociópata, y que toda su paciencia será recompensada con una relación gratificante.

Y así es, una y otra vez. El sociópata sigue manipulando, y la mujer sigue cooperando. De hecho, la Dra. Leedom cree que la cooperación fue la razón más importante por la que los sociópatas escogieron a las mujeres de su estudio en particular.

Lo que realmente quieren los sociópatas

En realidad, los sociópatas sólo quieren tres cosas de las relaciones sentimentales: poder, control y sexo. Y a veces, sólo quieren sexo con el fin de aumentar el poder y el control.

Estos depredadores humanos mantienen sus verdaderas intenciones ocultas, por lo menos al principio. No toman el control abiertamente dándote órdenes. En cambio, casi como por arte de magia consiguen que te prestes voluntariamente a pagar por las citas, que les apoyes financieramente, que les des un lugar para vivir, que hagas prosperar sus carreras, que inviertas en sus proyectos, y que te cases y tengas hijos con ellos. A pesar de lo que dicen los sociópatas, su objetivo nunca es compartir su vida contigo, sino satisfacer sus necesidades y deseos

A veces, los sociópatas ni siquiera reciben sexo, dinero u otras ventajas tangibles por su esfuerzo. Y es entonces cuando el objetivo cruel de poder y control es más evidente: los sociópatas quieren control por el mero placer de controlar. Por ejemplo, consideremos el caso de "Suzanne" y "Anthony".

Suzanne y Anthony fueron a la escuela secundaria juntos, pero ninguno de ellos recordaba haber tenido ninguna interacción cuando eran jóvenes. Treinta años después de su graduación, volvieron a establecer contacto en Facebook. De inmediato, Anthony envió a Suzanne una foto suya desnudo, y otra foto de sus ojos, de cerca y con una mirada intensa.

Suzanne estaba casada, aunque infelizmente, y Anthony estaba divorciado. «Siempre me escribía poesía y me decía que iba a hacer que me enamorara de él», contó Suzanne. «Pensé ... Shhh, ini hablar!, pero tenía razón; se fue apoderando de mi mente con su personalidad encantadora y su poesía profunda y emotiva».

Anthony hizo que Susana se enamorara locamente de él. La llamaba y le enviaba correos electrónicos y mensajes de texto. Le aseguraba que eran almas gemelas. Le preguntaba sobre sus esperanzas y sueños, y le prometía hacerlos realidad.

Estuvieron en contacto durante un par de años. «Dejé de hablar con él varias veces y siempre me enredaba para que le hablase de nuevo», dijo. «Me obligaba a decirle que no volvería a dejarle nunca más. Me acusaba de dejarle sin ninguna razón».

«Le pregunté si podíamos ser solo amigos, porque no podía seguir teniendo una relación emocional con él mientras estaba casada», continuó Susana. «Se puso furioso y me amenazó sutilmente con hacerme chantaje. Le había enviado un montón de fotos mías».

Suzanne no sabía de lo que Anthony era capaz. Esto es lo que sabía:

Reconoció tener relaciones sexuales con prostitutas. Tomaba drogas y era alcohólico. No tenía ningún contacto con su familia. Le encantaba discutir y mantenerme estresada. Hablaba sobre su deseo de poseerme. Hablaba acerca de tener relaciones sexuales conmigo en formas anormales. Me dijo que nunca sería capaz de sacármelo de la cabeza. Dijo que yo era la única persona a la que había amado porque tenía algo especial. De pequeño siempre le daban palizas por no hacer caso. Enterraba a gatitos bajo tierra dejando sobresalir solo su cabeza y luego se la segaba con una cortadora de césped. No tenía vergüenza y decía lo que quería en Facebook, sin vergüenza ni remordimiento. Dijo que quería matar a mi esposo. Dijo que si me hubiera casado con él habría sido mejor persona y tendría éxito. Estuvo en la cárcel. Tuvo relaciones sexuales con muchas mujeres. Charlas/flirteos con homosexuales en FB. Flirteaba y se volvía muy familiar con otras personas realmente muy rápido. Tenía problemas de ira, furia al volante e impaciencia extrema. Me intimidaba a mí y a la gente. Tenía una personalidad Jekyll y Hyde.

Aquí está la parte increíble de esta historia: Anthony no sacaba dinero, sexo ni nada material de Suzanne. De hecho, Suzanne y Anthony nunca se conocieron en la vida real durante toda su relación sentimental. Era una aventura emocional, llevada a cabo a través del teléfono e Internet. Todo lo que Anthony quería era la emoción de seducir a Suzanne y después controlarla. Para él, el juego lo era todo.

Todo el mundo es vulnerable

Muchas y diferentes vulnerabilidades y rasgos de personalidad que no suelen considerarse como vulnerabilidades, pueden predisponerte para ser víctima de la explotación de los sociópatas. Probablemente te hayas visto reflejada en alguna de las descripciones de este capítulo. Por lo menos, espero que sí, y eso significa que eres humana.

En resumidas cuentas, como seres humanos, todos tenemos algún tipo de vulnerabilidad: heridas del pasado, sueños de futuro, o rasgos que nos permiten relacionarnos de una manera significativa con otras personas, pero que nos exponen al abuso.

No necesariamente tenemos que eliminar nuestras vulnerabilidades, puesto que también son las que nos permiten tener relaciones sentimentales verdaderamente satisfactorias. Pero tenemos que reconocer cuándo nuestras vulnerabilidades pueden ser utilizadas en nuestra contra.

Eso es exactamente lo que hacen los sociópatas, y en el próximo capítulo, voy a explicar cómo lo consiguen.

Alertas Rojas *de* Estafa Amorosa

Resumen:

Vulnerabilidades
1. Has sido herida
2. Necesitas amor
3. Estás sola
4. Eres empática
5. Tienes baja autoestima
6. Quieres una relación
7. Eres confiada
8. Necesitas ayuda
9. Eres madre soltera
10. Estás en duelo

Características en las mujeres que aumentan el riesgo
1. Extroversión
2. Entregarse en las relaciones
3. Cooperativas

Capítulo 5

La seducción sociopática

Los sociópatas emplean un método de seducción calculado. Cuando los sociópatas te atiborran de atención y afecto, no comparten la efusión espontánea de amor en sus corazones, sino que emplean tácticas premeditadas destinadas a lograr sus objetivos de poder, control y sexo.

El primer paso en la seducción es, por supuesto, conseguir que la persona a quien buscan seducir les encuentre atractivos. La Encuesta sobre la pareja sentimental de Lovefraud preguntó a los encuestados qué encontraron atractivo, intrigante o cautivante al comienzo de sus relaciones con los sociópatas. Los encuestados podían escribir libremente lo que quisieran, y se analizaron los temas comunes de sus respuestas, entre los cuales destacaron los siguientes:

Me hacía sentir especial – un 27 por ciento

La respuesta más frecuente no fue ninguna de las características de los sociópatas, sino la manera como reaccionaron las víctimas a toda la atención que recibieron. Los sociópatas derrochaban afecto y expresaban su amor por ellas, lo que les hizo sentirse fenomenal.

Energía – un 26 por ciento

Los sociópatas irradiaban una fogosa energía, exuberancia y magnetismo. Los encuestados lo describieron como seguridad, inteligencia, intensidad, competencia y estabilidad.

Apariencia física – un 24 por ciento

Los sociópatas parecen iguales que nosotros, algunos son muy normales y otros son sexy. La apariencia física es, por supuesto, una parte importante de la atracción romántica. Los encuestados describieron a los sociópatas con los que estuvieron involucrados como guapos, apuestos, cautivadores y muy atractivos.

Encanto – un 23 por ciento

Los sociópatas tienen labia. Los encuestados respondieron a su encanto, carisma, habilidades de conversación, y su capacidad aparentemente natural para decir siempre lo correcto.

Personalidad – un 18 por ciento

Los encuestados describieron a los sociópatas como agradables, divertidos y emocionantes.

Además de estos temas, el 12 por ciento de los encuestados dijo que los sociópatas eran honestos, tenía buen carácter y compartían sus valores. Al menos, les dio esa impresión. Otro 11 por ciento mencionó la atracción sexual, y el 7 por ciento dijeron que tenían intereses similares. El 4 por ciento de los encuestados dijo que los sociópatas parecían ser sus compañeros del alma, y el 3 por ciento fueron atraídos por la estrategia de hacerse la víctima.

Los sociópatas, al principio, no se comportan como cretinos

Basándome en mi propia experiencia propia, estoy totalmente de acuerdo con los encuestados. Mi ex marido sociópata, James Montgomery, hizo todo lo posible para hacerme sentir especial, y gracias a sus esfuerzos, estaba dispuesta a darle una oportunidad, a pesar de que no me resultaba atractivo físicamente.

La seducción sociopática

Montgomery me trató como a una reina. Su atención comenzó con nuestro intercambio de correos electrónicos. Nos conocimos a través de Internet, pero vivíamos cerca; a mí no me preocupaban los inconvenientes de una relación a larga distancia. Durante las tres semanas de nuestra correspondencia preliminar – sus notas eran inteligentes y estaban bien escritas; en ellas me decía claramente que estaba interesado en mí.

Cuando nos conocimos, Montgomery era atento, encantador y entretenido. Me hacía preguntas y escuchaba mis respuestas. Siempre estaba dispuesto a hacerme cumplidos. Por supuesto, hablaba mucho de sí mismo, pero era inteligente y fascinante, así que no me importaba, sentía como que estaba empezando a conocerle.

Digno de mención es el hecho de que Montgomery me llamaba siempre que decía que lo haría. Antes de conocerle, pasé un montón de años saliendo con diferentes personas. Muchas, muchas veces, los hombres me decían: "Te llamaré", y luego se les tragaba la tierra. Cuando Montgomery cumplió esta norma básica de cortesía, eso le dio puntos.

Así que, al principio de conocernos – yo no lo llamaría relación – hacía todo lo que haría cualquier hombre para impresionar a una mujer. Llevaba una chaqueta deportiva cuando me llevó a cenar. Me trajo regalitos y yo interpreté esos gestos como signos de un cariño en ciernes.

Si Montgomery se hubiera comportado como un impresentable – alguien que te deja plantada, se comporta mal en público, y le echa los tejos a otra en tus narices – le habría dejado. No hizo nada de eso. Mientras me engatusaba, se comportó como un perfecto caballero.

Por supuesto, ahora sé que su objetivo era cazar a una víctima y trataba de la misma manera a otras mujeres al mismo tiempo. Al parecer, yo fui la primera en morder el anzuelo. Me pidió que nos casáramos, y acepté. Sí, era demasiado pronto, pero había oído todos esos cuentos de hadas sobre el amor a primera vista. ¿Por qué no podía sucederme a mí? No me di cuenta de que todas sus manifestaciones de cariño eran una sarta de mentiras.

Sin duda, sería más fácil detectar a los sociópatas si siempre se comportaran como cretinos. Desafortunadamente, no lo hacen, al menos al principio. Muchos de ellos tienen excelentes habilidades sociales. Y tienen un talento innato para la seducción.

Yo fui seducida.

¿Cómo lo hacen? ¿Cómo consiguen hacer que sus víctimas se enamoren de ellos? Los sociópatas emplean tres estrategias básicas, secuencial o simultáneamente, dependiendo de lo que perciban que funcionará. En realidad pueden probar diferentes estrategias, y si una parece fallar, la cambian por otra. Estas son: atención,imitación (reflejo de tu propia imagen) y expresiones de cariño. Dentro de ellos verás las tácticas que he descrito como *Alertas rojas de estafa amorosa.*

Estrategia # 1 – Atención desmesurada

Suponte que eres una persona normal en el mundo de las citas sentimentales, no una supermodelo, atleta de élite o estrella de cine. Como una persona normal, es probable que haya momentos en los que te sientas menospreciada, incluso ignorada. Sonríes a una chica en un bar, y ella pasa de largo. Tienes una cita con un chico que te dice que te llamará, y jamás vuelves a saber de él. A veces piensas que salir con alguien es deprimente.

Entonces conoces a alguien nuevo para quien te conviertes en la persona más importante en el mundo. Tu nuevo amigo quiere estar contigo todo el tiempo. Quiere saber todo sobre ti. Te hace preguntas acerca de tu pasado, tus ideas, tus deseos, y escucha con atención tus respuestas.

Tu amigo no oculta su interés por ti, te colma de elogios, halagos, regalos y citas. Tu amigo hace todo lo que se supone que debe hacer un admirador enamorado. Como escribió un hombre que respondió a la Encuesta sobre la pareja sentimental de Lovefraud: «Ella era muy atenta. Siempre me enviaba tarjetas de tipo "pensando en ti"».

Para el común de las personas, con el típico historial de relaciones marcado de desengaños, es fácil confundir tal intensidad arrolladora con el verdadero amor. Uno se pregunta, "¿Acaso encontré por fin mi cuento de hadas?" Desafortunadamente, puede que esa constante y exagerada atención no sea una señal de amor, sino de un sociópata. Así es como los sociópatas crean el idilio arrollador y cómo te enamoran locamente.

En la Encuesta sobre la pareja sentimental de Lovefraud, la descripción más frecuente de las relaciones con los sociópatas al comienzo fue la de "arrolladoras". En total, un 28 por ciento de los encuestados utilizó el término "arrollador" o palabras como rápidas, intensas, abrumadoras, amor a primera vista, me enamoré locamente, una conexión instantánea. Así es como uno de los encuestados describió el principio de la relación, y el final:

> COMIENZO: La cosa avanzó mucho más rápido de lo que yo hubiera querido, pero me dejé arrastrar, y después de la segunda cita, ya era su novia. En un par de semanas, me presentó a su familia. En menos de un mes, me llevó un fin de semana a visitar su ciudad natal.
>
> FINAL: Amenazas de muerte contra mí y contra mis amigos. Muchos crímenes: posesión de sustancias controladas (metanfetaminas), tráfico de drogas (metanfetaminas), hurto, allanamiento, incendio provocado, delincuente en posesión de un arma de fuego, conducir con el permiso de conducción suspendido, violación de la libertad condicional ... la lista es interminable. Tanto su madre como su hermana tienen órdenes de alejamiento contra él y le tienen pavor.

Uno puede sentirse inclinado a pensar que alguien está tan enamorado de nosotros que no puede vivir sin la luz de nuestra presencia. Pero lo que parece ser encantamiento puede ser en realidad una trampa. "Sandra", por ejemplo, probablemente desearía haber sabido del peligro del novio excesivamente devoto antes de conocer a "Randy".

«Nadie me había prestado nunca tanta atención en toda mi vida», dijo Sandra. «Randy me hizo creer que éramos almas gemelas, una vez que se enteró de cuánto dinero de herencia tenía ahorrado».

Randy le compró un anillo durante el primer mes, a pesar de que no podían casarse porque él estaba evadiendo impuestos. Se fue a vivir con Sandra en tres meses. A los seis meses compraron una casa, a pesar de que estaba a nombre Sandra, porque él estaba evadiendo impuestos.

¿Cuál era el problema con los impuestos? «Él dijo rotundamente que estaba evadiendo impuestos porque le habían quitado mucho», contó Sandra. «Que él era el Robin Hood y que quitaba dinero a los ricos para dárselo a los pobres pagando a su empleado en negro».

Los amigos de Sandra pensaban que comprar la casa era una mala idea, pero Sandra decidió dar una oportunidad al amor. Aun así, tenía temores que dejó a un lado.

Ese fue su error. Randy resultó ser una ruina financiera. No tenía cuenta bancaria y su dirección era un apartado de correos. Además de evasión de impuestos, había cometido fraude. En menos de un año, Sandra perdió la casa y buena parte de su herencia.

Estrategia # 2 – Un reflejo de tu propia imagen

Cualquier consultor de relaciones o consejero matrimonial te dirán que para que una relación sentimental tenga éxito, los cónyuges deben ser compatibles. Ambos deben tener formas semejantes de ver la vida, valores comunes, intereses mutuos, y un pasado similar, lo suficiente en común para que puedan llevarse bien, hacerse compañía y crecer juntos.

Los sociópatas entienden la importancia de la compatibilidad. Lo entienden tan bien que se mimetizan contigo, volviéndose exactamente como tú.

Este es el aspecto "camaleónico" de su carácter, o la falta de carácter. Dado que los sociópatas no tienen fondo interior real (no tienen creencias, ni valores, ni conexiones emocionales con otras personas o con principios) pueden adoptar una personalidad diferente tan fácilmente como cambiarse de camisa, y la moldean para que coincida con la tuya.

¿Cómo lo hacen? Primero te estudian. Los medios de comunicación social se lo ponen muy fácil. Debes saber que si publicas mensajes en Facebook, o escribes en tu propio blog, podrías estar dando a los posibles depredadores toda la información que necesitan para seducirte.

"Lucy" conoció a "Amir" en Internet. La relación duró menos

de un año –Lucy se enteró de que Amir era abusador, mentiroso y que montaba escenas por cualquier cosa. Pero no es así como empezó su relación. Al principio, Amir parecía compartir sus intereses y valores. Lucy descubrió por qué: La había añadido a su lista de amigos en Facebook para poder descubrir lo que era importante para ella.

«Mintió sobre sus intereses para hacerme creer que teníamos algo en común», dijo Lucy. «Se hacía eco de mis valores, me daba siempre la razón cuando tenía opiniones cuando yo tenía opiniones firmes sobre algo, reflejaba mis intereses, se apresuraba a la intimidad física, se comportaba como un sabelotodo y mentía en todo».

El Internet y los medios de comunicación social hacen fácil para los sociópatas obtener información sobre ti, tus contactos y tus intereses. Aun así, los sociópatas suelen obtener toda la información que necesitan para seducirte directamente de ti, a través de la conversación y la correspondencia. Suelen hacerlo al principio de la relación, aparentando "querer conocerte", y diciéndote algo así como:

«Entonces», el sociópata pregunta, en tono de perfecta sinceridad, «¿qué es lo que realmente quieres en la vida? »

«Quiero tener una familia antes de hacerme vieja», respondes. (O bien, «quiero vivir en la playa en una isla tropical». O, «quiero enviar a mis hijos a una buena universidad». O, «quiero retirarme ahora que aún soy joven para disfrutar»).

«Eso es lo que yo quiero», responde el sociópata, con un atisbo de fingida sorpresa. «Tenemos mucho en común. Debemos estar hechos el uno para el otro».

Quienes respondieron a la Encuesta sobre la pareja sentimental de Lovefraud expresaron este fenómeno con sus propias palabras:

Simplemente me convenció de que era igual que yo, imitando lo que decía, lo que creía y cómo me comportaba. ¡Era mi hermano gemelo!

Él y yo disfrutábamos de las mismas actividades. Compartíamos historias y sentimientos similares. Parecíamos

tener los mismos puntos de vista sobre la vida y el amor.
Se convirtió en todo lo que yo quería.

El consejero matrimonial Gary Cundiff, terapeuta matrimonial y familiar, cree que los sociópatas escogen a las víctimas en función de sus mejores cualidades. Luego, los depredadores se transforman en calcos de sus víctimas para parecer los compañeros perfectos. En un artículo del blog Lovefraud, Cundiff explicó cómo lo hacen:

"Crean un disfraz utilizando cada elemento de información, una máscara cuidadosamente construida para parecerse a su futura víctima. Van tejiendo a la perfección la imagen de su víctima, un tapiz que refleja con exactitud los aspectos más atractivos y honorables de su personalidad, van bordando en él los detalles más queridos y deseables, robando literalmente su persona y reflejando su imagen sin defectos, fallos ni limitaciones de carácter".

"La relación patológica es una interacción de una sola dimensión. Te enamoras de ti mismo según te representa este objeto que te refleja. La atracción es irresistible. Las personas se sienten atraídas hacia aquellas que son similares a ellas. Al transformarse en un fiel reflejo de su posible presa, el sociópata se convierte en la figura más atractiva imaginable, y la tendencia a confiar en esa persona se hace irresistible".[1]

En consecuencia, dice Cundiff: «Experimentas un sentimiento de unidad como ningún otro. En el centro emocional de esta conexión reside una intensidad que nunca habías sentido, que hace que el atractivo y la aprensión se conviertan en adicción».

Esto es exactamente lo que describió uno de los encuestados. Escribió: «Un montón de cosas en común, nunca me había sentido tan enamorada de alguien, nunca había sentido ese tipo de atracción y esas emociones tan intensas tan rápido y con tanta intensidad».

Los sociópatas crean intencionadamente el espejismo ególatra del interés genuino en tio de la compenetración. Para hacerlo, van en busca de tus deseos más profundos. Los sociópatas tantean el terreno, disfrazándose para hacerte creer que «que quieren saber lo que es realmente importante para ti», y colarse así en lo más íntimo de tu persona, en el fondo de tu alma.

Se concentran en tus sueños.

El 56 por ciento de los que respondieron a la Encuesta sobre la pareja sentimental de Lovefraud coincidieron en que los sociópatas les preguntaron sobre sus esperanzas y sus sueños, y después les prometieron hacerlos realidad.

Esta es quizás la razón más importante por la cual el engaño del sociópata es tan doloroso. Los sociópatas roban nuestros sueños y los usan en nuestra contra. En los primeros días apasionantes de la relación, cuando los sociópatas nos escuchan atentamente, les revelamos todos nuestros secretos, diciéndoles lo que realmente queremos, lo que es realmente importante para nosotros y nuestros deseos más profundos en la vida. Creemos que nos escuchan porque quieren verdaderamente todo lo que queremos. En realidad, nos escuchan para descubrir los puntos más vulnerables de nuestro ser para luego explotarlos de una manera insidiosa.

¿Qué mejor manera de atraernos que con la promesa de hacer realidad nuestras aspiraciones más profundas? ¿Cómo resistirse a alguien que cree como creemos, quiere lo que queremos, y que aparentemente tiene la capacidad para lograrlo?

Es una táctica brillante de los depredadores. Utilizan nuestros sueños para engancharnos, nos prometen hacer realidad nuestros sueños y les creemos. Entonces, como amamos nuestros sueños, somos incapaces de renunciar a ellos.

Estrategia # 3 - Las expresiones de amor

Cuando tú y otra persona relativamente sana empezáis a salir, los dos tanteáis el terreno. Pasáis tiempo juntos para ver si os gustáis lo suficiente, o si tenéis bastante en común, o si os lleváis lo suficientemente bien como para seguir en la relación. Sí, puede que uno de vosotros esté más interesado que el otro, pero que ninguno de los dos haya tomado una decisión.

La vacilación es normal al principio de las relaciones sentimentales. Y también lo es la reticencia. Tal vez estés dispuesta a hablar sobre tus intereses, trabajo y aventuras, o incluso de tus ideas políticas y religiosas. Pero al principio, no se suelen contar los secretos íntimos, tanto si son amorosos como si son dolorosos. Y tú tampoco esperas realmente que tu pareja te cuente su vida. Las mujeres, de hecho, están acostumbradas a los hombres que son "tipos duros" o "el tipo fuerte pero callado", y rara vez, por no decir nunca, revelan su naturaleza emocional.

Así que cuando tu nueva pareja entabla una conversación muy personal contigo, contándote sus penas pasadas y confesándote que eres la persona que puede curar sus heridas, y que, en realidad, contigo el amor verdadero es finalmente posible, bueno, ¿Qué piensas?

Piensas, «¡Guau, esta persona se está realmente sincerando conmigo! ¡Nunca he visto nada igual! ¡Debe ser amor!»

Estos depredadores saben que hablar de los sentimientos es un signo de confianza, y la confianza es fundamental para el amor, y el amor significa que pueden conseguir lo que quieren. Así que hablan con fluidez de sentimientos, especialmente de sus sentimientos de aprecio y afecto por ti, la víctima. Y además demuestran sus sentimientos. Los sociópatas son maestros del "gran gesto." En la Encuesta sobre la pareja sentimental de Lovefraud, el 41 por ciento de los encuestados estuvo de acuerdo en que el sociópata «hizo algo extravagante para demostrarme su amor».

No es que sientan verdaderamente las emociones que comparten contigo, ni que las sientan de la misma manera en que las sentimos el resto de nosotros. Más bien, los sociópatas han aprendido que si pronuncian palabras emotivas e interpretan su papel de manera suficientemente convincente, sus víctimas les creen, lo que significa que están preparadas para ser manipuladas por ellos.

Por ejemplo, "Bridget" conoció a "Victor" en un sitio web de citas. Después de dos semanas de comunicarse por correo electrónico, se conocieron en persona. A partir de ahí, Víctor llamaba a Bridget casi todos los días, y chateaban por internet cada noche durante horas. Tenía muchas ganas de volver a verla.

«En un par de semanas me pidió que fuera su novia», dijo Bridget. «En ese momento empezamos a pasar los fines de semana juntos. Venía a visitarme los jueves por la noche y se quedaba hasta el lunes por la mañana... incluso sin que se lo pidiera ni hablarlo conmigo. Se pasaba todo el tiempo allí».

Jamás había sentido Bridget una conexión tan instantánea ni había estado tan a gusto. «Victor me hizo creer que me amaba más que a nada en el mundo», escribió Bridget. «Tuvo un pasado duro y nunca le había querido nadie incondicionalmente, pero vio que yo tenía corazón. Recuerdo que mi hermana me preguntó una vez si le quería y me quedé pensativa y le respondí: "Me quiere muchísimo". Entonces ella me volvió a preguntar: "Pero, ¿tú le quieres?" Después de una larga pausa, le dije: "Por supuesto". Ahora me doy cuenta de que tenía dudas ... siempre había algo que en cierta forma me frenaba. Él llegó a decirme que siempre estaba más comprometido que yo, pero que no importaba porque sabía que yo algún día llegaría a estarlo. Es que yo sentía que él me amaba tanto, que no podía renunciar a ese amor tan profundo».

Bridget siempre quiso casarse, y eso es exactamente lo que le prometió Víctor — lo suyo era para siempre. Incluso cuando Bridget se enfadó con él, Víctor se aseguró de hablar de las cosas para que pudieran seguir adelante. Después de todo, «lo suyo era para siempre». El suyo era un amor especial y eterno, que otras personas nunca encuentran.

A la familia de Bridget le gustaba Víctor, a todos, excepto a su abuelo. Cuando la madre de Bridget le habló de Víctor, el abuelo dijo: «Me parece un estafador"

Bridget se enteró de que Víctor no trabajaba; le explicó que él había perdido su trabajo debido a despidos por reducción del personal. También tenía mal crédito, y por eso no tenía tarjetas de crédito. Luego, cuando su hermana lo echó, Víctor se fue a vivir con Bridget.

Por entonces, ella estaba cambiando el techo de su casa, y Víctor consiguió un trabajo como vendedor en una compañía de reparación de techos. Para hacerle un favor, Bridget le permitió hacer una oferta, y su compañía consiguió el trabajo. Más o menos.

«Después de terminar nuestra relación, necesitaba documentación de seguros de la compañía de reparación de techos y descubrí que no había trabajado para la compañía», dijo Bridget.

«Víctor contrataba a chicos de la calle y se embolsaba el dinero. Incluso me dio una factura fraudulenta. También utilizó mi tarjeta de crédito sin mi autorización y descubrí que tenía una orden de arresto en otro estado por fraude de tarjetas de crédito».

La relación con Víctor, que prometió que sería "para siempre", duró poco más de un año y le costó a Bridget más de $10.000.

La investigación sobre los sociópatas y el amor

Muchos profesionales del campo de la salud mental tienen la impresión de que los sociópatas no expresan amor. De hecho, el primer borrador del *Manual Diagnóstico y Estadístico de los Trastornos Mentales de la Asociación Psiquiátrica Americana, quinta edición* (DSM-5), refleja este punto de vista.

El borrador incluye una definición del trastorno de personalidad antisocial que fue revisado sustancialmente y mejorado con respecto a la edición anterior, el DSM-4. Sin embargo, la descripción preliminar del trastorno contenía la siguiente frase:

"Su expresión emocional se limita básicamente a irritabilidad, ira y hostilidad, el reconocimiento y la articulación de otras emociones, como el amor o la ansiedad, son raros".[2]

La Dra. Liane Leedom y yo estábamos profundamente perturbadas por esa afirmación. Las dos habíamos estado casadas con sociópatas, y las dos estuvimos sometidas a declaraciones de amor desbordantes, al igual que miles de lectores de Lovefraud. Estábamos preocupadas de que si esta frase se convertía en parte de la descripción oficial del diagnóstico, los sociópatas podrían manipular a los médicos para que crean que no tienen trastorno mental, con solo hablar de amor. Así que en la Encuesta DSM-5 de Lovefraud, preguntamos si los sociópatas expresaron amor o cariño.

La respuesta fue un rotundo "¡sí!" El 85 por ciento de los encuestados afirmó que las personas con las que tuvieron relación expresaron verbalmente amor o cariño. No sólo eso, el 44 por ciento dijo que les declaraban su amor todos los días.

Tarde o temprano, estas declaraciones de amor por lo general cesaban. El 72 por ciento de los encuestados estuvo de acuerdo en que, de hecho, con el tiempo las expresiones emocionales de los sociópatas se limitaron a irritabilidad, ira y hostilidad. Pero al principio, prácticamente todos los sociópatas que buscaban relaciones sentimentales sedujeron a sus víctimas con expresiones de amor.

La versión actualizada de DSM-5 revisó nuevamente la descripción del trastorno de personalidad antisocial. Me complace informar de que ya no se incluye la declaración de que estas personas no expresan el amor.

Más información sobre cómo expresan el amor los sociópatas

La Encuesta DSM-5 de Lovefraud pidió a los encuestados que describieran cómo expresaban el amor las personas con las que mantenían una relación y cómo cambió eso con el tiempo. De nuevo, los encuestados podían escribir lo que quisieran, y un análisis reveló temas recurrentes. Muchos de ellos ya han sido destacados como Alertas rojas de estafa amorosa.

Bombardeo de amor – un 18 por ciento

Los sociópatas prodigaron atención a los encuestados desde el inicio de la relación, llamándoles todo el tiempo, enviando mensajes de texto y correos electrónicos, queriendo pasar tiempo juntos, declarando su amor de forma rápida y apresurando la relación.

Amor al principio, luego nada – un 17 por ciento

Muchos de los encuestados informaron de que el comportamiento amoroso inicial terminó de forma repentina o gradual.

Mostrar amor gastando dinero – un 16 por ciento

Los encuestados informaron a menudo que los sociópatas gastaban dinero para comprarles regalos y flores, salir a cenar, ir a conciertos y de vacaciones. Por supuesto, esta es la forma normal de cortejar, así que el sociópata ya sabe lo que tiene que hacer para ir enganchando a su víctima.

Expresar el amor a través del sexo – un 14 por ciento

Muchos de los encuestados mencionaron haber tenido una relación sexual intensa y satisfactoria, sobre todo al principio de la relación.

Del amor a la hostilidad – un 11 por ciento

Los encuestados describieron cómo habían sido idealizados al principio de la relación, pero finalmente fueron sometidos a una declaración abierta de hostilidad, caracterizada por ira, abuso, humillación y degradación.

Mentir sobre el amor

Cientos comentarios en la Encuesta DSM-5 de Lovefraud dejaron claro que el amor eterno proclamado por los sociópatas era, de hecho, sólo un fenómeno temporal. Entonces, cuando los sociópatas pronuncian las palabras "Te quiero", ¿están mintiendo?

La respuesta es probablemente que algunos mienten y otros no saben lo que dicen.

Cuando aprendemos el lenguaje, nuestro cerebro aprende a asociar determinados elementos, procesos y conceptos con palabras concretas. La mayoría de nosotros hemos aprendido a identificar nuestros sentimientos de cariño hacia una persona, y nuestro deseo de estar con esa persona y cuidarla, como "amor".

Es posible que los sociópatas hayan aprendido a llamar amor a otra cosa, tal vez al sexo o al placer que experimentan consiguiendo que hagas lo que ellos quieren, o incluso al mero hecho de depredar. Así que cuando dicen, "Te quiero", es posible que no estén mintiendo, solo que, en sus mentes, la palabra "amor" tiene una definición diferente.

Recuerda que el problema central de la sociopatía es la incapacidad de amar. Si son incapaces de sentir ninguna vinculación ni empatía con otros seres humanos, es imposible que entiendan el sentimiento del amor, ni que sepan lo que es esa palabra. Algunos sociópatas han llegado incluso a admitirlo.

> «*Ella confesó que realmente no entendía el concepto de amor y que tenía problemas para clasificarlo; es decir definirlo como romántico, platónico, familiar, etc. No parecía entender lo que era el amor, y lo dijo. Dijo que amaba a todo el mundo. Empezó a decirme que me amaba después de decírselo yo primero, a partir de entonces rara vez me lo decía. Pasó a ser un tema de discusión. Nunca había experimentado algo así antes con una mujer... era muy raro. Por lo general, las mujeres son las primeras en expresar el amor y esto suele ocurrir después de varias sesiones físicas y sexuales. ¡Estaba diciendo la verdad! No sabía lo que era la emoción del amor*».

Pero aunque los sociópatas no sepan realmente lo que significa el amor, otras historias de la Encuesta DSM-5 de Lovefraud indican que está claro que son conscientes de que están utilizando la expresión del amor para manipular a sus víctimas.

Uno de los resultados más sorprendentes de la encuesta fue el número de entrevistados que declaró que a partir del momento en que se comprometieron — se mudaron, se casaron o se quedaron embarazadas — el comportamiento del sociópata hacia ellos cambió drásticamente. Cualquier pretensión de amor y atención fue dejada de lado. De este cambio total de comportamiento dio cuenta un 2 por ciento de los cónyuges y parejas sentimentales. Así es como algunos de ellos describieron el cambio impactante:

> *El afecto, el sexo, las expresiones de amor, los regalos, todo parecía casi perfecto. Una vez que me fui a vivir con ella todo cambió. Estuve a punto de irme la primera semana, pero aguanté 6 meses de infierno.*

> *Al principio, él me llamaba una docena de veces cada hora para decirme que me amaba, que no podía vivir sin mí, que necesitaba oír mi voz; luego, cuando nos casamos, eso se acabó ... y nunca más me volvió a decir*

que me amaba. «Se ganó el premio»

Sólo expresaba amor cuando yo estaba a punto de terminar la relación y había dado muestras de calar sus intenciones. Más tarde, después de quedarse embarazada y casarnos, nunca lo expresó ... me tenía justo donde quería.

Me declaraba continuamente su "amor a primera vista". Admitió después de nuestro matrimonio que todo fue una farsa para ver si podía "atraparme".

En estos casos, obviamente las declaraciones de amor no eran más que manipulación. El problema es que algunos sociópatas pueden decir palabras de amor con tanto sentimiento aparente, que parecen ser sinceros. «Una forma convincente de expresar el amor hasta tal punto que me hacía sentir completamente seguro de que ella lo sentía», escribió uno de los encuestados. También pueden mantener la farsa cuanto tiempo lo consideren necesario.

Sin embargo, muchos sociópatas acaban cansándose con el tiempo de actuar. Entonces, es posible que digan las palabras, "Te quiero", pero no se molestan en añadir la emoción apropiada. Como escribió uno de los encuestados, el sociópata «decía "Te quiero" casi robóticamente, como si estuviera diciendo buenos días, pero sus acciones no concordaban con sus palabras. Hacía algo realmente cruel y luego me decía "Te quiero", como si no hubiera pasado nada».

Señuelo y engaño

Al final, los sociópatas en busca de relaciones sentimentales románticas utilizan las clásicas tácticas de señuelo, es decir, seducir a la persona objeto de su trampa con excesivas e impactantes atenciones. Utilizan la estrategia de manejo de las apariencias para presentarse como todo lo que estabas buscando; de hecho, son exactamente como tú. Te susurran palabras de amor eterno, y en cuanto estás bien enganchada, comprometida, viviendo en pareja, embarazada o casada, o, cuando el sociópata se aburre, todo cambia.

"Julie" y "Ken", ambos se trasladaron a miles de kilómetros de su casa para trabajar en un proyecto específico. Los dos tenían cuarenta y tantos años y ninguno conocía a nadie en la ciudad, así que empezaron a salir juntos.

«Yo no apresuré las cosas, pero en un par de meses creí que era mi mejor amigo», escribió Julie. «Pensé que por fin me había tocado la lotería del amor. Vaya si estaba equivocada».

El proyecto se encontraba en una isla, y las aguas circundantes eran magníficas. Julie y Ken lo pasaron de maravilla explorándola juntos. Aunque Julie sentía desconfianza hacia Ken, hizo caso omiso. «Inventaba maneras de excusarle, más que nada porque quería que fuera el hombre que yo creía que era, no el hombre que es de verdad», explicó. «Cuando me decía cosas como, "Utilizo a la gente", yo pensaba que no era posible que estuviese hablando en serio, y que nadie diría tal cosa de sí mismo. En realidad, era cierto que utilizaba a la gente».

Ken dijo a Julie que llevaba seis años separado de su esposa pero que no se habían divorciado. Entonces, Ken pasaba seis noches por semana en la casa de Julie, y su esposa vino a visitarle por Navidad. Está claro que seguía casado.

«Así que rompí con él por primera vez», dijo Julie. «El muy zorro se las ingenió para ir recuperando mi afecto al tiempo que demostraba ser cada vez más mezquino y manipulador. Rompí con él de nuevo después de haber torturado a un gato delante de mí. Me seguía, en realidad me persiguió durante un par de meses, y entonces se quitó la careta. Cuando logró conquistarme, lo cual le llevó ocho meses de lucha, se deshizo de mí de la forma más despiadada y cruel».

«Me engañó», continuó Julie. «Me dio gato por liebre. Me hizo creer que era todo lo que había estado esperando en un hombre. Me dijo que le gustaban las mismas cosas que a mí y que teníamos los mismos valores. Era un mentiroso».

Persistencia y persecución, claves del éxito

Entonces, ¿cómo lo hacen? ¿Cómo convencen los sociópatas sus víctimas para iniciar relaciones románticas? La Encuesta sobre la pareja sentimental de Lovefraud hizo la misma pregunta.

El bombardeo de amor fue la táctica más común, que ya he descrito. La siguiente táctica más habitual, experimentada por el 12 por ciento de los encuestados, fue simplemente la persistencia. Los sociópatas perseguían a sus víctimas y las agasajaban y nunca se daban por vencidos.

"Cheryl" fue objeto de bombardeo de amor y persistencia. Trabajaba con un hombre, "Todd", quien la persiguió durante más de un año, a pesar de que ella no estaba interesada. «No dejaba de seguirme»", dijo Cheryl. «Terminó por agotarme, aunque había señales de alerta por todas partes. Me dijo que estábamos hechos el uno para el otro y lo raro que era encontrar la atracción mental, espiritual y física. Pensé, independientemente de las señales de alerta, que si este hombre había seguido persiguiéndome sin éxito durante más de un año, debía estar verdaderamente interesado en mí».

Finalmente, gracias a su persistencia Todd consiguió conquistarla, aunque Cheryl seguía teniendo la sensación de que había algo raro. «Seguí ignorando las señales porque parecía tan auténtico y honesto y se tomaba muy en serio el trabajo arduo para convertirse en una mejor persona», dijo. «Mi hermana decía que era un diablo. Otros me dijeron que no me convenía. Yo le di el beneficio de la duda. Las personas pueden cambiar si realmente quieren. Me dijo que yo era un buen ejemplo en su vida de lo que hay que hacer y que necesitaba que le guiara».

Aun así, trató en repetidas ocasiones de romper la relación. «Me solía armar de valor para terminar con él, pero luego me sentía mal — no tenía trabajo, o no tenía dinero, o estaba solo», escribió Cheryl. «Yo pensaba, "¿Qué clase de persona soy para dejar a alguien que me importa en una situación así?" Así que, a la semana o así me volvía a sumergir de lleno en la relación».

Duró unos pocos años, y luego empezaron a filtrarse lentamente "historias espeluznantes" acerca de Todd. «Cárcel, terapia de por vida, adicciones, drogas, medicamentos, ingreso en un hospital psiquiátrico,» contó Cheryl. «Creo que había bastantes cosas más que eran aún más preocupantes, pero para entonces ya no estaba con él para averiguarlo».

Cheryl también descubrió por qué Todd parecía conocerla tan bien, y era tan similar a ella — moralmente, éticamente y espiritualmente, e incluso tenía las mismas aficiones. «Supongo que tener acceso a mis correos electrónicos que enviaba a mis familiares y amigos (a través de los servidores del trabajo) se lo puso fácil», dijo. Todd había leído sus correos electrónicos a escondidas.

El objetivo del sociópata

A los sociópatas les gusta el poder, incluso el poder de conquistar. Te seducen, haciendo uso de todos los recursos posibles para hacer que su afecto parezca real y poder abusar de ti, divertirse, o demostrar que tienen lo que hay que tener para atrapar a su víctima. Como escribió uno de los encuestados, «Dijo en un foro (de incógnito) que manipulaba a mujeres hasta que lo amaban, y entonces una vez que lo llevaba a cabo, las dejaba».

Básicamente, los sociópatas quieren ganar, aunque su idea exacta de lo que es ganar cambia dependiendo de las circunstancias y de su estado de ánimo.

Para las personas con emociones humanas normales es imposible entender este comportamiento. ¿Cómo puede alguien hacer esto? Las víctimas aturdidas de los sociópatas suelen preguntarle a la Dra. Leedom, "¿Qué sentía él realmente? ¿Qué quería de mí?" La Dra. abordó estas cuestiones en una publicación en el blog de Lovefraud:

> "Esta pregunta es fácil de responder desde el punto de vista intelectual, pero es muy difícil de aceptar para las víctimas desde el punto de vista emocional. Hay tres placeres que obtenemos de nuestras relaciones amorosas. La primera es el placer del afecto. El segundo es el placer sexual. El tercero es el placer asociado con el dominio y control. Los sociópatas experimentan el sexo y la dominación como muchísimo más placentero que el afecto. Por lo tanto, tienen relaciones para conseguir sexo y poder, lisa y llanamente".3

Tomemos, por ejemplo, el caso de "Felicia" y "Tom", que se conocieron en un sitio web de citas. Felicia se divorció después de 30 años de matrimonio, en el que fue ignorada e insultada. Estaba sedienta de afecto, y Tom, de 40 y tantos años, se lo ofreció. Así es como Felicia describió su atención:

«Múltiples y apasionados correos electrónicos todos los días, me envió rápidamente los números de teléfono de sus padres y de su hermana como "referencias", me enviaba regalos por Navidad y montones de flores caras (suspira, mi debilidad ...), llamándome "para ver como estoy", conversador, compartía esperanzas o sueños que reflejaban los míos, tenía buenos modales, era muy educado y parecía responsable, decía que era un libro abierto, permaneció en el mismo trabajo durante 30 años, se mostraba cariñoso, afectuoso y cortés».

Pero incluso con todos sus solícitos correos, Tom respetaba los límites de Felicia. «Tom siempre quería que me sintiera 'cómoda', por lo que en realidad nunca se precipitó ni me obligó a pasar a la siguiente fase de la relación», dijo Felicia. «Esto me aplacó tan profundamente que me enamoré perdidamente de él».

Felicia se sentía atraída por la inteligencia de Tom, además de su manera de hablar y escribir. «Estaba estudiando un segundo master en teología», escribió. «Era diligente y competente. Utilizaba mucho la palabra "nosotros" ... súbitamente me encontré catapultada en un estado de enamoramiento extremo que en mi vida había visto. Me quería morir en sus brazos un día e incluso tener un bebé con él, a pesar de que yo ya tenía 54 años y me había hecho una histerectomía. Pensaba y hablaba de él constantemente».

Felicia sentía una increíble pasión por Tom — a pesar de haber estado más de un año sin conocerle en la vida real. Y, antes de conocerse, descubrió que Tom no le era fiel.

En efecto, Tom le envió un correo electrónico desde el sitio de citas en el que se conocieron que dejaba entrever sus recientes medias naranjas. Le dijo a Felicia que era "la mujer de sus sueños" y que desde que la había conocido, ya no le interesaba ninguna otra persona. Tom no se dio cuenta de que en la parte inferior de su correo electrónico se había dejado su contraseña del sitio de citas. A Felicia empezó a darle vueltas — por unos instantes — y luego decidió entrar en la cuenta de Tom. Descubrió que Tom mentía. De hecho, en realidad, estaba escribiéndose con otras mujeres, incluso intentando conocer a una de ellas.

La seducción sociopática

Felicia se sintió emocionalmente aniquilada, confusa y furiosa, pero no aceptó lo que había descubierto. «Estaba destrozada por la mentira y la traición, pero aun así no le dije nada, excepto que había tenido una "pesadilla" de que me estaba mintiendo y engañando», dijo. «Su respuesta fue cólera y negación. "¿Por qué, cómo puedes pensar tal cosa cuando te llamo constantemente, te quiero de verdad y nunca te haría daño?" Bla, bla, bla. Y, tontamente, me pasé otros seis meses dejando de lado lo que había averiguado. Nos conocimos en persona. ¡Me seguía pareciendo el hombre de mis sueños! ¡Estaba enamorada! Él también estaba enamorado. Nos casamos dos meses más tarde ... Obviamente, ¡qué estupidez!»

Después de casarse, Felicia descubrió que en realidad Tom la estaba engañando — con mujeres y hombres. Estaba metido en la pornografía, y sus exigencias sexuales la hacían sentirse incómoda. Felicia se volvió tan ansiosa, deprimida y enferma que pensó en suicidarse.

Tom no le quitó dinero a Felicia. Al final, la seducción no era más que un juego.

Resumen

¿Por qué las víctimas encontraron atractivos a los sociópatas?
1. Me hacía sentir especial
2. Energía
3. Apariencia física
4. Encanto
5. Personalidad

Estrategias de seducción de los sociópatas
1. Atención desmesurada
2. Un reflejo de tu propia imagen
3. Expresiones de amor

Capítulo 6

Conducta sexual sociopática y vinculación emocional

«**J**oven, guapo, atento — Sexo. SIN. IGUAL». Así fue como "Jane" explicó por qué había encontrado a "Kyle" tan atractivo. Jane era una profesional de treinta y tantos, infeliz en su matrimonio. Kyle, de veintitantos, trabajaba esporádicamente. A Jane no le importaba. «Empezamos como 'amigos con derecho a roce'. Muy intenso. Sexo, SIN. IGUAL». Sí, lo escribió de nuevo.

La intuición le decía a Jane que la relación con Kyle no era una buena idea. «Lo dejé de lado y me dije que estaba siendo paranoica», dijo. «Además, era sólo sexo — al principio». Sus amigos también le desaconsejaron salir con él. Su respuesta: «Sé que soy estúpida, pero el chico sabe f*llar».

La relación continuó durante más de cinco años. Ah, hubo un descanso durante un año y medio, tras la llamada de la nueva 'mamá soltera' del bebé de Kyle. Jane y la mujer hablaron durante horas, averiguando muchísimo acerca de las aventuras de Kyle, de las que ninguna de ellas era consciente. Pero entonces Kyle volvió a llamar a Jane, y volvieron juntos. Mala idea.

La relación le costó a Jane más de $10.000. Contrajo deudas. Kyle le fue infiel. Ella se infectó de una enfermedad de transmisión sexual. El estrés de la relación hizo que enfermase.

Finalmente, Jane tuvo que admitir la verdad. Kyle era un «gran mentiroso. Incluso en cuestiones sin importancia. Adicto al sexo/la pornografía. Un gran manipulador. Si no le servías un propósito, entonces no te necesitaba».

Calificar el sexo con un sociópata

Las personas que han tenido relaciones sexuales con un sociópata, casi siempre, ponen la experiencia por las nubes. «La intensa experiencia sexual me hizo enloquecer», escribió una participante de la Encuesta sobre la pareja sentimental de Lovefraud. El sentimiento se repetía una y otra vez, como puede verse en las respuestas a la pregunta de la encuesta: "¿Si tuviste relaciones sexuales con el individuo, cómo calificarías la experiencia?"

Sexo con un sociópata
- Extraordinario — 30%
- Satisfactorio — 15%
- Insatisfactorio — 6%
- Satisfactorio al principio, insatisfactorio después — 30%
- Él/Ella estaba satisfecho/a, yo no — 12%
- Abusivo — 4%
- No aplicable — 3%

Estas respuestas muestran que el 75 por ciento de los encuestados califica el sexo como satisfactorio o más que satisfactorio, por lo menos al principio de la relación.

¿Por qué son los sociópatas tan ardientes en la cama?

En primer lugar, ellos han nacido así. Los sociópatas tienen mucha energía. Ansían entusiasmo y estímulo — es una parte fundamental del trastorno. Siempre están a la caza de más adrenalina. El sexo, por supuesto, es una de las actividades más estimulantes de las que un ser humano puede disfrutar. Los sociópatas quieren sexo. Lo desean desde temprana edad y a menudo. Así que comienzan desde jóvenes y lo practican con frecuencia.

Los sociópatas disfrutan de las emociones fuertes, pero la otra cara de la moneda es que se aburren fácilmente. Por lo tanto, aunque el sexo convencional con una pareja estable esté bien por un tiempo, lo que realmente desean es variedad en sus parejas y experiencias sexuales. Así que van más allá de los límites de lo que sus parejas consideran aceptable. Si la pareja no hace lo que el sociópata quiere, encuentran a otra persona que sí lo haga. Cuando el sexo normal ya no es interesante, buscan lo que es tabú.

Y lo exigen agresivamente. Todos los sociópatas, tanto hombres como mujeres, tienen un alto nivel de testosterona. Esta hormona afecta la conducta de muchas maneras. Una, por ejemplo, es que empuja a las personas a competir por parejas sexuales para luego acostarse con ellas. En lo que se refiere a los sociópatas, una alta testosterona significa una gran actividad sexual.

Y aquí va otra causa por la que los sociópatas están pre-programados para el sexo: aparte de ansiar excitación, además han nacido sin miedo ni vergüenza. Por consiguiente, no manifiestan sentimientos de culpabilidad, inhibiciones, una conciencia ni sentido moral. Las proscripciones sociales contra actos específicos no significan nada para ellos. Tampoco les importa el desasosiego de sus parejas.

¿Entonces qué significa el sexo para los sociópatas? Tienen apetitos voraces, lo practican en abundancia y todo es admisible. Persiguiendo los deseos del momento, algunos consiguen sexo a través de medidas coercitivas, incluyendo la violación.

Eso de "sólo sexo" no existe

Jane se estaba acostando con Kyle, en contra de lo que le aconsejaba su propio sentido común. Lo racionalizaba catalogándolo como: "sólo sexo". Pero esto es lo que hay que comprender: eso de "sólo sexo" no existe.

"Martin", un hombre de treinta y tantos de edad, pasó por una terrible ruptura. Después, conoció a "Brenda" la sección de sexo tipo NSA (sin ataduras, por sus siglas en inglés) de Craigslist. Pero su relación se volvió sentimental y progresó mucho más rápido de lo que a Martin le hubiese gustado.

«Brenda parecía tener un gran corazón, abierto y cariñoso», dijo Martin. «Era encantador y muy graciosa, tenía un sentido del humor agudo y sarcástico; parecía querer lo mismo que yo, en lo que se refiere a la vida y las relaciones».

Dos meses después de empezar la relación, Martin rompió con Brenda — sabía que no había superado la ruptura con su ex-novia. «Me dio espacio durante tres semanas; luego, un día, se presentó en mi lugar de trabajo, deslumbrante, y me pidió una cita», dijo. Se casaron nueve meses más tarde. Estuvieron juntos durante más de cinco años, pero a Martin no le fue nada bien. La relación le costó más de $100.000. Perdió su casa, incurrió en deudas y se declaró en quiebra. Sufrió un trastorno de estrés postraumático.

«Yo soy un caballero del sur a la vieja usanza, y necesito a una mujer a la que mantener, venerar, proteger, una mujer por la que luchar e incluso morir», explicó. «Ella no tuvo ningún problema en ser todas esas cosas hasta "conseguirme", luego, una vez casados, no estuvo dispuesta a consentírmelas — una publicidad engañosa donde las haya».

Ni siquiera el sexo duró. Martin fue uno de los encuestados que lo calificó como satisfactorio al principio, insatisfactorio después. En efecto, las exigencias sexuales de Brenda ponían incómodo a Martin. Ella le fue infiel. ¿Y cómo es que se dejó arrastrar a la relación en un primer lugar?

«No puedo ni explicarlo», contó Martin. «Suena a viejo cliché: Lanzó el anzuelo y yo piqué».

Sin lugar a dudas, el sexo formaba parte del cebo. El sexo es una parte importante en el proceso de vinculación afectiva humana, el cual es una parte normal de la vida, el amor y la continuación de la especie. Los sociópatas saben instintivamente cómo tomar el control del proceso de vinculación para capturar y finalmente controlar a sus blancos. Por eso es importante darse cuenta de que el sexo nunca es tan sólo una función física. El sexo ayuda a que se cree una conexión entre tú y tu pareja, una conexión que puede ser maravillosa — o puede ser manipulada y afectarte negativamente.

Las tres etapas del amor

¿Entonces cómo crean los seres humanos un vínculo emocional? ¿Cómo evoluciona una conexión entre personas hasta convertirse en amor? Los científicos han averiguado que tal evolución puede atribuirse a varios procesos psicológicos y biológicos. Mi colega, la Dra. Liane Leedom, ha explicado estos procesos en múltiples artículos, publicados en el Blog de Lovefraud. La siguiente información resume sus explicaciones.

En primer lugar, el amor tiene tres etapas: atracción, placer y vinculación emocional.

En la fase de la atracción, te encuentras buscando pareja, o por lo menos estás abierto a la idea de encontrar pareja. La atracción supone usar los sentidos, principalmente la vista y el olfato. El que te gusten los atributos físicos de otra persona supone un gran paso hacia el considerarla como pareja potencial. Esto no significa que todo el mundo deba ser un supermodelo para ser atractivo; por suerte, todos nosotros tenemos diferentes ideas de lo que es físicamente atractivo. De hecho, puede darse que ni tú mismo identifiques el por qué alguien te resulta atractivo; quizás la persona te recuerde a algún individuo importante de tu pasado. Como indica la Dra. Leedom: «El subconsciente juega un gran papel durante el proceso de selección de pareja».1

Después, si todo va bien, viene el placer. Gracias a la atracción que sientes por ese hombre o mujer de tus sueños, te sientes excitado, tu pulso se acelera, tienes mariposas en el estómago. Quieres que esta persona forme parte de tu vida. Ahora, supón que la persona también te quiere a ti. El hombre o la mujer de tus sueños está de acuerdo en pasar tiempo contigo; es más, él o ella te colma de atenciones y cariño. Te sientes entusiasmado; has logrado el objeto de tus deseos. Esto te proporciona placer, lo cual representa la segunda fase del amor.

La tercera etapa del amor es la vinculación emocional. Tu deseo hacia un individuo ha sido recompensado, y has experimentado placer. Y así, al igual que una rata de laboratorio presionando una barra para obtener comida, sientes motivación para seguir repitiendo el placer. Desarrollas una compulsión por estar con tu nueva pareja. A esto se le denomina apego; inconscientemente te sientes empujado a buscar proximidad con tu interés amoroso. Por supuesto, quieres pasar tiempo con la persona físicamente, pero cualquier tipo de contacto puede considerarse como proximidad: llamadas de teléfono, mensajes y correos electrónicos. Cuanto más contacto tengas, mayor será la sensación de recompensa y tu impulso a repetir el comportamiento que te da lo que quieres: la atención del hombre o la mujer de tus sueños. Y cada vez que eres recompensado, se hace más fuerte el vínculo emocional que sientes por la persona.

La biología de la vinculación emocional

Las etapas del amor están asociadas a ciertas sustancias químicas y actividades en el cerebro. La testosterona es importante en la etapa de atracción. Esta hormona es la droga del deseo; lleva tanto a los hombres como a las mujeres a perseguir y competir por la pareja.

Sustancias químicas del cerebro, como las endorfinas y la dopamina, forman parte de la etapa del placer. Producimos endorfinas en momentos de excitación, amor y al tener un orgasmo, y éstas generan una sensación de bienestar. La dopamina tiene muchas funciones en el cerebro. En lo que se refiere a la vinculación emocional, la dopamina crea una sensación de placer, y la motivación para adoptar un comportamiento que nos proporcione placer. Se libera dopamina tras experiencias gratificantes, como las asociadas a la comida o el sexo. La cocaína incrementa la cantidad de dopamina, motivo por el cual esta droga produce una sensación de bienestar y euforia. Por lo tanto, la dopamina está estrechamente asociada a comportamientos que buscan gratificación, incluyendo la adicción.

En la etapa de vinculación emocional, es también importante otra hormona llamada oxitocina (que no debe confundirse con el analgésico OxyContin). Este neurotransmisor ha sido denominado como la "sustancia química de los abrazos" y la "hormona del amor". Cuando se libera oxitocina en el cerebro, aumentan los sentimientos de confianza, alegría y tranquilidad; y el miedo y la ansiedad disminuyen.

La oxitocina ha sido asociada, desde hace mucho tiempo, con la sexualidad femenina y el parto; es liberada durante el orgasmo y al dar a luz, además facilita la lactancia materna. La hormona cumple una función normal e importante en el proceso de vinculación emocional entre humanos: hace que nos sintamos tranquilos y que confiemos en nuestra pareja. Probablemente la Naturaleza nos dio la oxitocina para que deseemos quedarnos con nuestras parejas y criar hijos, ayudando de esta manera a preservar la especie.

Pero los científicos han descubierto que la oxitocina juega un papel importante en otros tipos de interacción humana. En primer lugar, tanto los hombres como las mujeres tienen oxitocina y experimentan sus efectos. En segundo lugar, no se precisa de sexo o un parto para que se libere oxitocina; abrazarse, tocarse y las interacciones sociales que incluyan sentimientos de confianza hacen también que la oxitocina entre en el cerebro.

¿Y qué hace la oxitocina? «Sorprendentemente, los investigadores que llevan a cabo estudios en roedores han localizado el mecanismo molecular responsable de las acciones de la oxitocina en otra zona del cerebro responsable de la memoria: el hipocampo», explicó la Dra. Leedom. «La unión de la oxitocina a su receptor estimula la producción de otra proteína: pCREB. Esta proteína actúa para mejorar la plasticidad y la memoria a largo plazo. En resumidas cuentas, ¡la oxitocina produce una renovación de las conexiones cerebrales! Cuando amas a alguien, tu amor cambia la forma en la que funciona tu cerebro».2

¿Qué significa todo esto? La confianza, el amor, la intimidad y el sexo hacen que tu cerebro cambie. Esa es la razón por la que eso de "sólo sexo" no existe. Cada vez que compartes una experiencia íntima con alguien, y especialmente cuando os acostáis juntos, estás creando una vinculación emocional con esa persona. Cuanta más intimidad y más sexo, mayor será el vínculo. Estás inundando tu cerebro con endorfinas, dopamina y oxitocina. Estas sustancias químicas hacen que persigas el objeto de tu gratificación con mayor ímpetu — el hombre o la mujer de tus sueños — y cambies tu cerebro para que confíes más en esa persona.

Pero esta es la parte que da miedo: Esta información no concierne a los sociópatas. Los estudios sugieren que el sistema de oxitocina en los sociópatas podría ser disfuncional. Los sociópatas no confían ni crean vínculos emocionales. Pero se les da muy bien fingir que sí lo hacen.

Creer en el amor

Probablemente hayas oído hablar del "efecto placebo". Cuando las empresas farmacéuticas evalúan nuevas medicinas en ensayos clínicos, proporcionan el fármaco a algunos pacientes, y a otros les dan una "pastilla de azúcar" (o placebo) que no tiene ningún tipo de efecto farmacológico. Luego, al comparar los efectos entre aquellos que tomaron la medicina real y los que tomaron el placebo, pueden estimar qué efectos tiene el fármaco real.

Médicos e investigadores saben desde hace mucho tiempo que, con frecuencia, algunas personas en ensayos clínicos experimentan los beneficios del fármaco, incluso cuando lo que han tomado es el placebo. Como los pacientes creen que están tomando la medicina, piensan que mejorarán, y así lo hacen.

No se trata de una mejora imaginaria. Los estudios muestran que cuando las personas creen que están recibiendo medicación, su química cerebral cambia, incluso cuando no están realmente recibiendo los fármacos. En otras palabras, la convicción puede ser igual de potente que la medicación real. Tus pensamientos afectan la estructura de tu cerebro.3

¿Por qué menciono esto? Porque sucede lo mismo en las relaciones románticas. Si te sientes atraído por el hombre o la mujer de tus sueños, y sientes el placer de que tu interés sea recíproco y por tanto formas un vínculo emocional, experimentas todos los efectos psicológicos y biológicos del apego, incluso si el objeto de tu afecto es un sociópata que está jugando contigo.

«Los sociópatas y los psicópatas son unos estafadores», escribió la Dra. Leedom. «Consiguen que otros creen vínculos emocionales con ellos por medio de engaños y embustes. El problema es que nuestro subconsciente no distingue entre un apego creado por medios engañosos y uno creado legítimamente».4

Por lo tanto, el sociópata dice: «Te quiero», y tú te lo crees. Para ti la experiencia es muy real, creas una vinculación afectiva, y tu cerebro se reprograma, incluso cuando el sociópata no te quiere en absoluto.

De vinculación emocional a adicción

Los sociópatas derrochan encanto, proclaman su amor y consiguen llevarte a la cama. Después, mientras te vas apegando más y más, desaparecen. O te ignoran. O provocan una pelea. ¿Qué es lo que están haciendo? Están intensificando tu vinculación emocional.

De la misma manera en la que los sociópatas saben instintivamente que pueden atraparte al inicio de una relación mediante el placer, también saben que pueden hacerte sentir aún más apego si amenazan la relación.

Esto parece ir en contra del sentido común. Si alguien te está haciendo la vida difícil, ¿cómo es que quieres continuar con la relación? La respuesta nos llega gracias a estudios sobre la adicción. Los científicos han descubierto que aunque el placer es necesario para crear un patrón de comportamiento, no lo es para mantenerlo.5 De forma que cuando se crea una vinculación emocional, ésta permanece incluso cuando el comportamiento afectuoso desaparece. Así es como la Naturaleza consigue que las personas permanezcan juntas. Si unos padres se separasen ante el primer atisbo de problemas, la supervivencia de los hijos se pondría en duda. Pero también explica por qué a las víctimas de la violencia doméstica les resulta tan difícil marcharse; el vínculo emocional original sigue en su lugar, incluso cuando uno es sometido a abusos. Las víctimas se sienten empujadas a permanecer con el abusador.

Tarde o temprano, las relaciones con los sociópatas se vuelven inestables, aún sin violencia. Es posible que el sociópata mienta, robe o sea infiel. A ti, las acciones crueles del sociópata te crean miedo y ansiedad. Pero, en lugar de hacer que te alejes del sociópata, *la ansiedad y el miedo, en realidad, hacen que el vínculo emocional se haga más fuerte.*

¿Qué haces? Acudes al sociópata para aliviar tu dolor. Le preguntas qué sucede. Haces un mayor esfuerzo para conseguir que sea feliz. Tu objetivo es volver al excitante placer que sentiste al inicio de la relación.

Es posible que el sociópata reaccione ante esto echándote la culpa de cualquiera que fuese el problema y aceptando tu oferta de esforzarte más. O puede que él o ella pida perdón profundamente y prometa cambiar. Tú, al sentir un vínculo emocional con el sociópata, quieres creer las promesas, y así lo haces. Luego, hacéis el amor para hacer las paces, lo cual produce todas esas sustancias químicas en el cerebro que te hacen sentir tan bien, aliviando tu miedo y ansiedad, fortaleciendo nuevamente la vinculación emocional.

Después, el ciclo entero vuelve a repetirse. Con el tiempo, tu relación se vuelve un círculo vicioso de: vínculo emocional, ansiedad, miedo, alivio, sexo y más vínculo emocional. Cuanto más dura, más difícil es escapar.

Para ti, la vinculación emocional se convierte en una adicción. La Dra. Helen Fisher, quien investiga el amor extensamente, cree que todo tipo de amor romántico es adictivo.6 Pero ser adicto a querer a un sociópata sólo puede acabar mal y de forma dolorosa.

Eso fue lo que le pasó a "Bonnie". Durante dos años, ella y "Ray" actuaron juntos en un grupo de teatral local. Entonces, el director de teatro, el cual era amigo de Ray, escribió una obra de teatro original. Ray le dijo al director que estaba enamorado de Bonnie, por lo que el director la obligó a interpretar el papel del interés amoroso de Ray.

Aunque tenía 29 años, Bonnie se sentía ingenua e introvertida. Ray era el primer hombre en prestarle atención. Estaba hambrienta de cariño, y creyendo que Ray realmente la amaba, se concentró más en el hecho de que él la deseaba, en lugar de preguntarse ella a sí misma si le quería a él.

Se mudaron juntos. Luego Bonnie descubrió que Ray había vuelto a ver a su ex para acostarse con ella, y se fue de casa. Pero Ray lloró y suplicó hasta que Bonnie regresó. Esto se convirtió en un patrón; cada dos semanas, más o menos, Ray se marchaba, luego volvía, diciendo que se sentía confundido. Bonnie eligió creerle. Sin embargo, años después, se dio cuenta de lo que Ray estaba haciendo.

«Me estaba 'entrenando' deliberadamente, haciéndome pasar por los sentimientos de pérdida, y de alivio tras su regreso», explicó Bonnie. «Este proceso era como ser un yoyó, y causaba confusión en mi autoestima, pero básicamente él sabía que yo prefería sentirme aliviada antes que deprimida. Fue así como me coaccionó a no romper la relación para siempre; ¡era demasiado doloroso pasar por lo mismo cada vez!»

¿Entonces qué sucedió? Bonnie y Ray se casaron y tuvieron un hijo. Durante los 10 años en los que estuvieron juntos, Ray falsificó el nombre de ella en declaraciones de la renta y usó su número de la seguridad social para cometer usurpación de identidad. Cuando Bonnie le dejó, él amenazó con matarla y contrató a unos matones para que le dieran una paliza. Violó varias órdenes de alejamiento, y cuando la hija de ambos tenía 12 años, la convenció para que dejara a su madre. La hija sufrió abusos sexuales y psicológicos por parte de su hermanastro, el hijo de Ray, pero esto no pareció molestarle a Ray. Ella intentó además suicidarse varias veces y se volvió adicta a la heroína.

«Él carecía absolutamente de conciencia o sentimientos, como por ejemplo la empatía por otros», dijo Bonnie. «Ray había trabajado con esmero en destruir nuestras vidas, hasta que los Servicios sociales de Menores y Familia empezaron a investigarle. Tras lo cual, su comportamiento sociopático cesó».

Los sociópatas y el sexo

Debido a los sociópatas no experimentan sentimientos de amor, muchos de ellos asumen que el sexo es el amor. De forma que cuando dicen: «Te quiero», realmente lo que quieren decir es: «Quiero acostarme contigo». La declaración: «Te quiero», de la boca de un sociópata, es sólo una estrategia para manipularte y llevarte a la cama. Ellos han aprendido que esa frase es más aceptaba por la sociedad – y, gracias a ella, es también mucho más probable obtener el resultado que desean: sexo.

«Para él, el sexo era lo mismo que el amor», comentó un participante de la Encuesta DSM-5 de Lovefraud. Otra escribió: «Él expresaba amor siguiendo su naturaleza sexual. No existía nada más. Todos los regalos, tarjetas, muestras de amor, tenían como única intención llevarme a la cama. ¡¡Eso era todo!!»

Los sociópatas desean la sensación física que ofrece el sexo. La mayoría de los seres humanos quieren y disfrutan del sexo, y en ciertos momentos de nuestras vidas — como durante los años en los que somos jóvenes adultos — muchos de nosotros podemos llegar a pensar que es un fin en sí mismo. Pero los sociópatas nunca maduran emocionalmente, ni experimentan el placer que supone querer a otra persona. Así que después de haber estado contigo durante un tiempo, muchos, sencillamente, dejan de fingir que sienten amor y van directamente hacia el sexo. En la Encuesta sobre la pareja sentimental de Lovefraud, el 28 por ciento de los encuestados estaba de acuerdo con la declaración: «Parecía que el individuo sólo quería sexo».

Así fue como una mujer describió su experiencia:

Durante los primeros tres meses de la relación estuvi-mos "comprometidos". Él dijo e hizo muchas cosas dulces y me incluyó completamente en su vida con sus amigos y familia. Luego, tres meses después, me degradó a un mero consuelo sexual, alegando que en ese momento no quería estar en una relación, que no era compatible con su estilo de vida. Pero que podíamos seguir siendo amigos.

Yo accedí a hacer las cosas a su manera (nunca más) porque para entonces ya tenía sentimientos por él. Él dejó de hacer todas esas cosas "dulces" que había estado haciendo al principio y dejó de llevarme a sitios, no pasaba NADA de tiempo conmigo aparte de para tener sexo. En mi casa siguiendo SU horario.

Dejó de ser agradable en general y cuando yo rebatía este tipo de tratamiento, él siempre decía que estaba harto de escuchar lo que salía de mi "boca". Intentó darle la vuelta a la tortilla diciendo que el problema era mi "boca" y que por eso se mantenía alejado y ya no hacía esas cosas, olvidando que lo que activaba mi "boca" eran sus malos tratos. Solía decirme cosas dulces para acabar con una pelea y prolongar sus intenciones sexuales conmigo.

La búsqueda de variedad sexual

En su intento por obtener una variedad sexual, los sociópatas buscan todo tipo de parejas, y todo tipo de experiencias.

Solíamos llamar a la gente que se acostaba con cualquiera "promiscua". Los investigadores Steven W. Gangestad y Jeffrey A. Simpson han desarrollado un concepto denominado "orientación sociosexual". Ellos dicen que, en lo que respecta a la sexualidad, los seres humanos generalmente encajan en dos grupos: aquellos que necesitan una relación y amor antes de acostarse con una persona tienen lo que los investigadores denominan una "orientación sociosexual restringida". A aquellos con una "orientación sociosexual sin restricciones" no les incomoda la idea de tener aventuras de una noche, múltiples parejas, y sexo con desconocidos.[7]

Algunas de las personas que poseen una orientación sociosexual sin restricciones son sencillamente "espíritus libres". Era una forma popular de tomarse el sexo durante los años del "amor libre", en las décadas de los sesenta y setenta, antes de que el SIDA se convirtiera en una preocupación. Sin embargo, nuevos estudios sobre este tipo de personalidad han mostrado que la orientación sociosexual sin restricciones suele estar asociada con la grandiosidad, una falta de simpatía y la tendencia a mentir, especialmente en los hombres.8

No es sorprendente entonces que los sociópatas tengan una orientación sociosexual sin restricciones. Dado que tampoco tienen una conciencia y mienten extremadamente, usan estrategias sexuales engañosas frecuentemente.

En la sociedad de hoy en día, la mayoría de las personas toman sus propias decisiones sobre lo que quieren del sexo. Está bien que algunas personas disfruten de ciertas actividades diferentes a las típicas experiencias sexuales, si además sus parejas están de acuerdo; lo importante es que todas las personas involucradas sean adultos que consienten. Pero cuando las personas no son honestas sobre sus propensiones y deseos, y adoptan ciertos comportamientos a escondidas, sus parejas, en la ignorancia, son traicionadas y dañadas. Y, debido a las enfermedades de transmisión sexual, su salud y sus propias vidas corren peligro.

Ésta fue mi experiencia. Mientras me seducía, el sociópata de mi ex-marido, James Montgomery, admitió haber sido infiel durante sus relaciones románticas pasadas, y haberse acostado con muchas, muchas mujeres. Pero declaró que, tras conocerme a mí, estaba seguro de que no sentiría la necesidad de tener una aventura de nuevo. Y antes de que nuestra relación se volviese íntima, le pregunté a Montgomery si se había hecho la prueba del SIDA. Él aseguró haber dado negativo, y añadió: «¡No hay ni un sólo hueso gay en mi cuerpo!»

Pues bien, mintió. Cuando le dejé, dos años y medio después, me enteré de muchas cosas sobre sus actividades sexuales:

- Se había acostado con, por lo menos, otras seis mujeres durante nuestra relación.

- Consumía muchísima pornografía por internet.
- Solicitó los servicios de prostitutos gay.
- Intentó organizar tríos y buscó a parejas de swingers.
- Se anunciaba en internet buscando sexo. Escribió que estaba harto del sexo con las mujeres, y deseaba a un hombre que quisiese experimentar el sexo como una mujer — la excitación de lo que está totalmente prohibido.
- Nunca se hizo la prueba del SIDA.

Durante nuestro matrimonio, creyendo que mi marido era monógamo, consentí al sexo sin protección. No consentí al riesgo al que fui sometida debido a su infidelidad.

Se trata de un problema común con los sociópatas. En la Encuesta sobre la pareja sentimental de Lovefraud, muchos de los encuestados alegaron que sus parejas sociopáticas les engañaron en lo que se refería al sexo:

- Un 75 por ciento dijo que su pareja le había sido infiel.
- Un 46 por ciento descubrió que la persona consumía pornografía en secreto.
- Un 40 por ciento dijo que las exigencias sexuales del sociópata les hacía sentir incómodos.
- Un 20 por ciento contrajo una enfermedad de transmisión sexual.

Casi la mitad de los encuestados alegaron que los sociópatas que conocían consumían "pornografía en secreto". Tener interés por la pornografía no convierte a alguien automáticamente en un sociópata. Mucha gente — hombres y mujeres — disfrutan viendo pornografía de vez en cuando. Sin embargo, el interés pornográfico de los sociópatas es normalmente extremo, tanto en la cantidad como en el nivel de desviación. «Cosas enfermizas», comentó un participante de la encuesta. «Consumía muchísima pornografía y sus hábitos al respecto se fueron haciendo cada vez más extremos», escribió otro.

Buscar siempre una nueva forma de excitación podría traducirse por más y más engaño y comportamiento de riesgo. Muchos de los encuestados quedaron altamente trastornados al averiguar lo que sus parejas estaban realmente haciendo sexualmente, como por ejemplo:

> *Contestaba a anuncios de sexo de Craigslist, no sólo con prostitutas sino travestis también, y todo tipo de sexo extraño.*

> *Se aprovechaba de mujeres en páginas web para lesbianas buscando donantes de esperma, ofreciendo esperma cuando estaba teniendo sexo sin protección con hombres que encontraba en páginas para swingers.*

Sociópatas, sexo, poder y control

Con toda esta discusión sobre los intensos deseos sexuales, podrías estar pensando que los sociópatas son esclavos de sus necesidades sexuales. No lo son; los sociópatas son lo suficientemente capaces de abstenerse cuando esto sirve a su propósito. A veces incluso pierden interés en las relaciones físicas. Muchos de los hombres y mujeres que participaron en la Encuesta DSM-5 de Lovefraud dijeron que, tras la euforia sexual inicial, los sociópatas dejaron de tener relaciones sexuales con ellos.

Esto le sucedió a "Vanessa". Cuando conoció a su marido, "Keith", él expresaba su amor tanto verbalmente como físicamente. Seis meses después de mudarse juntos, se negaba a tener relaciones sexuales con ella, se negaba a buscar ayuda profesional y no le decía a su mujer cuál era el problema. Vanessa pensó que quizás fuese impotente, de modo que aprendió a vivir con ello. Luego descubrió su aventura. Resultaba que Keith había sido infiel durante los 17 años de su matrimonio, mientras se negaba a tocarla a ella.

¿Por qué haría Keith eso? Quizás lo único que había querido nunca de Vanessa fuese era un sitio donde vivir. O tal vez habría decidido que negando las relaciones sexuales a su mujer, mejoraría su habilidad para conseguir lo que quería de ella. Porque, por mucho que los sociópatas deseen el sexo, desean todavía más tener el control.

Para los sociópatas, el sexo siempre tiene intenciones ocultas. A veces el objetivo es sencillamente encontrar una pareja que les permita satisfacer de sus deseos sexuales. A veces se embarcan en una conquista sexual como entretenimiento. Pero a menudo, los sociópatas ven el sexo como un medio para conseguir un fin. Cuando puedes darles algo que quieren, los sociópatas saben que tienen mejores posibilidades de conseguirlo si pueden engancharte sexualmente. El sexo es sólo algo que pueden usar para alcanzar su objetivo, sea cual sea.

"Margaret" explicó que cuando su marido, "Hank", se encontraba en su versión más manipuladora, le decía cuánto la quería y era sexualmente seductivo. Luego, cuando Margaret le pedía que colaborase en el matrimonio — quizás consiguiendo un trabajo — Hank se enfadaba y se marchaba para estar con otras mujeres, dejando a Margaret con todas las responsabilidades económicas.

«Cuando quería volver, hacía un gran esfuerzo para mostrarme cuánto me quería, llorando y diciendo que sabía que él no tenía razón», dijo Margaret. «Venía siempre, expresando constantemente su amor de forma sexual, y cuando me tenía nuevamente enganchada, dejaba de ser sexualmente expresivo».

Hank se aburría, se iba y, tarde o temprano, rogaba poder volver de nuevo, prometiendo su amor a Margaret. El ciclo se repetía una y otra vez.

«Me mantenía constantemente en vilo, queriéndome muchísimo y luego marchándose, volviendo y rogándome que le dejase regresar», dijo Margaret. Aparentemente, Hank sólo quería un sitio donde vivir entre sus líos con otras mujeres. Usaba promesas de amor y sexo para convencer a su mujer a que lo proveyese.

La trampa del embarazo

Cuando realmente quieren encerrarte, los sociópatas (tanto hombres como mujeres) usan el embarazo como trampa. Las sociópatas ven el embarazo como un vale de comida de por vida; en cuanto tienen un hijo con un hombre que se toma las responsabilidades seriamente, el padre está obligado a quedarse con la mujer y mantenerla, o mandar pagos para la manutención del niño durante los próximos 20 años. Como escribió la Dra. Leedom: «En la mayoría de los casos, cuando se produce una separación o un divorcio, la custodia de los niños es otorgada a la madre. Aquella que consigue a los hijos, consigue dinero. El ser madre como profesión es la ocupación perfecta para una psicópata. Lo único que tiene que hacer es tener relaciones sexuales, quedarse embarazada, ¡y listo! Para ella, los niños no son una responsabilidad; son un recurso que puede utilizar en la próxima estafa».9

Muchos hombres sociopáticos quieren también atrapar a sus parejas con un embarazo. He oído de múltiples casos en los que los hombres aseguran ser estériles — debido a un cáncer, paperas en la niñez, lo que fuese — y convencen a sus parejas a mantener relaciones sexuales sin protección. Luego, cuando ella se queda embarazada, ellos se muestran exultantes, declaran que debe tratarse de un "bebé milagro", y que estaban destinados a estar juntos.

En Lovefraud.com, el caso de William Allen Jordan viene descrito como una "Historia de verdadero estafa amorosa". Jordan, conocido también con el nombre de William Allen, usó este tipo de estafa repetidas veces. Atraía a las mujeres con poesía florida y promesas, contaba su triste historia sobre infertilidad, esperando que, ya que las amaba tanto, pudiesen tener un hijo juntos. Las mujeres se acostaron con él y se quedaron embarazadas. Jordan acabó teniendo 13 hijos con 7 mujeres diferentes. Su verdadero objetivo: el dinero. Jordan estafó a las mujeres por cientos de miles de dólares, y usó el dinero para buscar a su siguiente víctima.

Los peligros de la decepción sexual

En la Encuesta sobre la pareja sentimental de Lovefraud, el 19 por ciento de los participantes dijo que los sociópatas mintieron sobre su orientación sexual. El nueve por ciento de los sociópatas fingió ser heterosexual, pero mantuvo también relaciones con homosexuales. El ocho por ciento no tenía una preferencia sexual — se acostaría con cualquier persona.

Para analizar estos datos más extensamente, combiné los últimos dos grupos: los sociópatas que por su definición fingían ser heterosexuales, pero tenían también relaciones sexuales con personas de su mismo sexo, y aquellos que se acostarían con cualquiera.

Luego comparé este grupo de decepción sexual, el 17 por ciento del total, con los sociópatas cuyas preferencias sexuales eran heterosexuales, gay o bisexuales. Los resultados fueron estremecedores. Los sociópatas que empleaban la decepción sexual eran los más patológicos de la encuesta. En todas las medidas, eran los más trastornados y los que causaban mayores daños a sus parejas.

Los encuestados que salían con sociópatas que tenían un comportamiento sexual de carácter engañoso experimentaban cada uno de los puntos siguientes en proporciones mayores —a menudo, en proporciones mucho mayores— a las personas que salían "sólo" con sociópatas corrientes:

- Perdieron dinero
- Perdieron sus hogares
- Perdieron sus negocios
- Perdieron sus trabajos
- Incurrieron en deudas
- Se declararon en quiebra
- Maltrato físico y lesiones
- Enfermedad de transmisión sexual
- Amenazas de muerte
- Pensamientos o intentos de suicidio
- Mascotas heridas o muertas
- Aislamiento de la familia y amigos
- Demandas
- Cargos criminales

Sorprendentemente, aunque los sociópatas de comportamiento sexual de carácter engañoso deseaban tanto las experiencias sexuales heterosexuales como las homosexuales (o bien estaban dispuestos a acostarse con cualquiera), no eran mejores en la cama que los otros individuos. Pero sus parejas siguieron sufriendo más infidelidades, más exigencias sexuales perturbadoras, y tenían una mayor posibilidad de descubrir que los individuos consumían pornografía en secreto.

Este grupo de sociópatas presentaba todas las *Alertas rojas de estafa amorosa* en un porcentaje más elevado a aquellos que no tenían un comportamiento sexual de carácter engañoso. Curiosamente, el 71 por ciento en el grupo de comportamiento sexual engañoso miraba directamente a los ojos de forma intensa, en comparación con el 57 por ciento de aquellos cuyo comportamiento sexual no era engañoso. Y el 70 por ciento en el grupo de comportamiento sexual de carácter engañoso era descrito como personas con una mirada que en ocasiones parecía no tener vida, en comparación con el 58 por ciento del resto de los sociópatas.

Y luego tenemos además el comportamiento antisocial. Los encuestados describieron el terrible comportamiento de estos individuos:

Una vez, durante el sexo, quiso ponerme una pistola en la cabeza. Yo dije que ni de broma y él no insistió, pero luego me hizo sentir como si yo no le satisficiese. También tuvo una tremenda pelea conmigo cuando yo me negué a darle un beso de buenas noches después de que él hiciese un comentario irrespetuoso. Estaba conduciendo de forma tan temeraria que casi morimos en un accidente de coche. Se convirtió en alguien a quien jamás antes había visto. Furia extrema.

No me di cuenta en ese momento, lo entendí después, gracias a una nota en mi diario sobre un "fallo de memoria"; me drogó durante la relación. Drogas para violación, pastillas para dormir. Así que él podía literalmente saltar de cama en cama, controlarme, hacerme enfermar, acostarse conmigo, etc.

Poco antes de romper empezó a ser agresivo conmigo. En una ocasión explotó y, al mirarle a los ojos, no sabía ni quién era. Sus ojos eran sombríos y estaban vacíos; me dio miedo.

Esto es lo más importante: Si descubres que estás en una relación con alguien que te ha mentido sobre su orientación sexual, o alguien dispuesto a acostarse con cualquiera, pon fin a la relación inmediatamente.

Depredadores sexuales

Al principio de este libro se argumenta que en la mayoría de los casos los sociópatas no cumplen con las expectativas de la exageración mediática. No todos son asesinos en serie sádicos y violentos sexualmente. Sin embargo, la exageración se basa en la verdad, y algunos sociópatas sí que se ajustan a las representaciones que se ven en series de televisión policiales. Estos depredadores dan verdadero miedo.

En los Estados Unidos, los delitos de carácter sexual y los delincuentes sexuales reciben mucha atención. Ciertamente, está justificado: no hay excusa para la violencia sexual. Algunos delincuentes sexuales, aunque no todos, son sociópatas, diagnosticados según la Escala de Calificación de la Psicopatía Revisada (PCL-R) de Robert Hare. Alrededor de la mitad de los violadores en serie son psicópatas.10 Los pederastas, sin embargo, pueden diagnosticarse como psicópatas, o pueden tener otros problemas mentales.

La cosa más importante que hay que entender sobre los delincuentes sexuales diagnosticados como psicópatas es que las posibilidades de que reincidan son altas, lo que significa que volverán a cometer delitos una vez salgan de la cárcel o terminen tratamiento.

Un estudio sobre delincuentes sexuales descubrió que 6 años después de su puesta en libertad, más del 80 por ciento de los psicópatas, pero sólo un 20 por ciento de los no-psicópatas, había reincidido en violencia. Muchos de los delitos eran de naturaleza sexual. Otro estudio sobre delincuentes sexuales salidos de prisión halló que el porcentaje de reincidencia en violencia era de un 90 por ciento en psicópatas y de un 50 por ciento en los no-psicópatas. Este estudio también descubrió que el 70 por ciento de los delincuentes sexuales que mostraban tanto psicopatía como excitación sexual pervertida cometían otro delito sexual, en comparación con el 40 por ciento de otros grupos.11

Cuando un delincuente sexual es un psicópata, el sacarlo/a de prisión significa malas noticias para la comunidad. Ellos no cambian. Tampoco los sociópatas que nunca son arrestados por delitos sexuales.

Resumen

Las tres etapas del amor
1. Atracción
2. Placer
3. Vinculación emocional

Encuestados sobre sus parejas y el sexo
*   Un 75 por ciento dijo que su pareja le había sido infiel.
*   Un 46 por ciento descubrió que la persona consumía pornografía en secreto.
*   Un 40 por ciento dijo que las exigencias sexuales del sociópata les hacía sentir incómodos.
*   Un 20 por ciento contrajo una enfermedad de transmisión sexual.

Capítulo 7

La realidad de la relación

"**R**oxanne" venía de una casa llena de adicción y maltrato, así que de joven lo que realmente quería era encontrar una persona que la quisiera y la aceptase por quien era. "Darren" derrochaba encanto, la invitaba a salir, la enamoró por completo, y prometió hacer sus sueños realidad. El sexo era extraordinario. En medio de un idilio arrollador, no tardó en quedarse embarazada.

«Proclamó que yo era su alma gemela», dijo Roxanne. «Él nunca había conocido a alguien que le hiciese sentir así». Ésas fueron las palabras de Darren, aunque aún no había cumplido los 30 y ya iba por su segunda mujer. Echó a su mujer y a su hija de 18 meses fuera de casa, y convenció a Roxanne de que sólo se había casado con ella por hacer lo correcto, ya que ella también se había quedado embarazada, pero estaba loca.

La mujer de Darren intentó advertir a Roxanne. «Dijo que Darren te haría pensar que iba a salvarte, pero que no podía», escribió Roxanne. «No la creí, porque actuaba como si estuviese loca, tal y como él había descrito desde un principio».

Sin embargo, tres meses después de que empezaran a salir, la luna de miel de Roxanne había acabado. Darren no quería ir a ningún lado, y no permitía que ella saliese e hiciese cosas, especialmente sin su permiso.

Su hija nació con discapacidad múltiple. Un día, Darren ame-

159

nazó a la niña, y en menos de seis horas, Roxanne le dejó. «Conseguí mantenerme alejada por dos años y medio», dijo. «Decidimos volver juntos; fue entonces cuando comenzó el maltrato. Me dio la opción de realizar ciertas actividades sexuales o, de lo contrario, me dejaría. Luego, otros dos años y medio después, declaró que quería divorciarse, momento en el que yo me mudé de casa y comencé mi vida de nuevo».

Pero Darren inició entonces otra campaña de bombardeo de amor, llamando todo el rato, intentando hacer que Roxanne se sintiese especial. «Intentamos estar juntos una vez más», dijo Roxanne. «Sin embargo, en esta ocasión, el maltrato psicológico, emocional, físico, dirigido tanto a mí como a mi hija, además del abuso sexual, se volvió ABSOLUTAMENTE TERRIBLE. Me hacía tanto daño durante el acto sexual que lloraba toda la noche por el dolor, y tenía que conducir al hospital al día siguiente. Lo cual no le preocupaba ni tenía importancia para él. Parecía como si realmente me odiase, y le encantase tener tal poder sobre mí. Intenté defenderme en varias ocasiones, pero eso sólo parecía incrementar su placer y determinación».

Roxanne se encuentra finalmente fuera de la relación, y ahora se da cuenta de lo que sucedió. «Darren era MUY EFICAZ con el bombardeo de amor», explicó. «Se enmascaraba con afecto y preocupación para aprender todo lo necesario acerca de mí, y luego, más adelante en la relación, lo usaba en mi contra».

Buscar las características de un sociópata

Ninguna de las personas que completaron la Encuesta sobre la pareja sentimental de Lovefraud sabía lo que le venía por delante cuando empezó a salir con un sociópata. Aunque alguno de los participantes hubiese oído hablar de los sociópatas o la personalidad antisocial con anterioridad, nadie sabía en realidad lo que esto significaba. Sólo tras aguantar las mentiras, la manipulación, la traición y el abuso de sus parejas, entremezclado todo con proclamaciones de un amor para siempre, fueron los participantes en busca de respuestas. Así que cuando completaron las encuestas de Lovefraud, lo hicieron con la sabiduría de la experiencia.

Como se explica en el Capítulo 2, muchas de las preguntas de

la encuesta se basan en la descripción del trastorno de personalidad antisocial del primer boceto de la quinta edición del *Manual
diagnóstico y estadístico de los trastornos mentales* (DSM - 5,
por sus siglas en inglés) de la Asociación Estadounidense de
Psiquiatría. La descripción oficial del trastorno de personalidad
antisocial ha cambiado desde entonces. No obstante, la versión
preliminar expuso una lista de características que resumía bien
los aspectos negativos del trastorno: insensibilidad, agresividad,
manipulación, hostilidad, engaño, narcisismo, irresponsabilidad,
temeridad e impulsividad. El nivel en el que los individuos
mostraban cada característica se indicaba en un continuo, desde
"no es así en absoluto" a "extremadamente así".

En el caso descrito más arriba, Roxanne calificó a Darren
como "extremadamente así" en cada una de las nueve características. En mi opinión, él era probablemente un sociópata. Pero
Roxanne, como la mayoría de los blancos de los sociópatas, no vio
su comportamiento abusivo y destructivo inmediatamente.

Normalmente a los sociópatas se les da bien esconder sus características negativas, por lo menos al principio de la relación. Por
lo que, en la Encuesta DSM-5 de Lovefraud, la Dra. Liane Leedom y
yo queríamos descubrir no sólo cuánto se ajustaban las parejas de
los lectores de Lovefraud a la descripción propuesta en DSM-5 sobre
el trastorno de personalidad antisocial, sino también cuánto tiempo
les costó a los participantes ver las características sociopáticas.

En la Encuesta DSM-5 de Lovefraud, los participantes podían
responder a las preguntas haciendo referencia a cualquier persona
que sospecharan que fuera un sociópata: cónyuge, pareja sentimental, miembro de la familia, amigo o asociado. La siguiente información reúne los datos sobre los cónyuges y parejas sentimentales, lo cual constituye la mayor parte de la encuesta: 1096
respuestas. Las características vienen listadas en orden de mayor
a menor relevancia.

Encuesta DSM-5 de Lovefraud

Evaluación sobre las características mostradas por los
cónyuges y parejas sentimentales de los participantes de
la encuesta. Participantes = 1.096.

Alertas Rojas *de* Estafa Amorosa

Manipulación

Usar a otros para sacar provecho personal mediante la seducción, encanto, elocuencia, astucia, subterfugios o congraciándose.

- Extremadamente — 90%
- Moderadamente — 8%
- Ligeramente — 2%
- Muy poco o nada en absoluto — 0%

Engaño

Deshonestidad, fraudulencia. Dar una falsa imagen de sí mismo. Embellecimiento o invención al contar sucesos.

- Extremadamente — 88%
- Moderadamente — 10%
- Ligeramente — 2%
- Muy poco o nada en absoluto — 1%

Insensibilidad

Falta de empatía, preocupación, culpa o remordimientos. Inclinación a la explotación.

- Extremadamente — 81%
- Moderadamente — 15%
- Ligeramente — 3%
- Muy poco o nada en absoluto — 1%

Narcisismo

Vanidoso, presuntuoso, egocéntrico. Exageración de logros y habilidades. Comportarse y sentirse con derecho. Obsesionado con el éxito ilimitado, poder, brillantez o belleza.

- Extremadamente — 74%
- Moderadamente — 18%
- Ligeramente — 6%
- Muy poco o nada en absoluto — 2%

Irresponsabilidad

Incapacidad para respetar obligaciones, compromisos,

acuerdos o promesas, en cuestiones económicas o de otro tipo. Incapacidad para mantener una cita o completar tareas. Poco fiable. Negligencia con las posesiones de su propiedad o de otros.

- Extremadamente — 70%
- Moderadamente — 17%
- Ligeramente — 7%
- Muy poco o nada en absoluto — 7%

Impulsividad

Actuar sin pensar, siguiendo estímulos inmediatos sin un plan y sin considerar los resultados. Dificultad para seguir planes. Incapacidad para aprender de la experiencia.

- Extremadamente — 61%
- Moderadamente — 23%
- Ligeramente — 10%
- Muy poco o nada en absoluto — 7%

Temeridad

Buscar el estímulo sin importar las consecuencias. Propenso al aburrimiento y a correr riesgos innecesarios; falta de preocupación por las limitaciones o el peligro. Alta tolerancia a la incertidumbre y el desconocimiento.

- Extremadamente — 56%
- Moderadamente — 24%
- Ligeramente — 12%
- Muy poco o nada en absoluto — 8%

Hostilidad

Irritable, irascible, antipático, maleducado, arisco o ruin. Contestar con enfado a desprecios e insultos menores.

- Extremadamente — 56%
- Moderadamente — 24%
- Ligeramente — 11%
- Muy poco o nada en absoluto — 9%

Agresividad

Malo, cruel, abusivo, humillante, degradante, agresivo o vengativo. Inclinación a adoptar un comportamiento violento. Uso de la dominación y la intimidación para controlar a otros.

- Extremadamente — 55%
- Moderadamente — 26%
- Ligeramente — 11%
- Muy poco o nada en absoluto — 8%

Las características predominantes según los participantes de la encuesta fueron la manipulación y el engaño; un 90 por ciento y un 88 por ciento de los encuestados, respectivamente, dijeron que los individuos eran "extremadamente así". La siguiente característica de mayor prevalencia fue la insensibilidad, con un 81 por ciento seleccionando "extremadamente así". El orden de prevalencia de las características sociopáticas fue casi idéntico en la Encuesta sobre la pareja sentimental de Lovefraud, llevada a cabo un año después.

Curiosamente, las características que la gente asocia generalmente con los sociópatas y psicópatas (agresión, hostilidad y temeridad) no fueron características dominantes en la encuesta. El 55 por ciento de los encuestados dijo que sus parejas eran extremadamente agresivas, y un 56 por ciento dijo que los sociópatas eran extremadamente hostiles y temerarios. Son chicos y chicas ofensivos, eso está claro. Pero ésta es una evidencia más de que la idea común del comportamiento sociopático es sólo parcialmente correcta. Es más probable que los sociópatas adopten un comportamiento engañoso a uno agresivo.

Dado el nivel en el que los participantes de la encuesta seleccionaron "extremadamente así" o "moderadamente así" en casi todas las características para describir así a las personas con las que salían, diría que la mayor parte de esos individuos eran sociópatas.

Generalmente, los profesionales de la psicología y la salud mental dicen que las personas sin formación, como los encuestados, no deberían realizar un diagnóstico. Yo estoy de acuerdo, las personas no expertas no pueden hacer un diagnóstico que pueda usarse en terapia o en un proceso judicial. Pero, ciertamente, cualquiera puede — y debería — usar la información sobre el comportamiento sociopático para evaluar si una persona es capaz de mantener una relación sentimental. Cualquiera que se dé cuenta de que el comportamiento de un cónyuge o pareja sentimental coincide con la lista de características sociopáticas, debería acabar su relación.

El problema es distinguir las características. La información sobre cuándo se dieron cuenta los encuestados de cada una de las características demostró lo que casi todos los blancos experimentan: los sociópatas no muestran su personalidad real y destructiva de inmediato. De hecho, si quieren, pueden hacer que la farsa de amor, afecto y respetabilidad dure por un largo tiempo.

¿Entonces, cuándo se desenmascaran los sociópatas? Considerando las respuestas sobre las nueve características y haciendo un promedio con ellas, vemos aquí cuándo se dieron cuenta los encuestados de los comportamientos negativos:

Cuándo reconocieron los encuestados las características sociopáticas
• Inmediatamente — 7%
• Durante el primer mes — 14%
• Durante los primeros seis meses — 29%
• Durante el primer año — 19%
• Después de un año — 30%

La información nos ayuda a explicar por qué las personas se estancan en relaciones con sociópatas. Tan sólo un 21 por ciento de los encuestados vieron características sociopáticas al principio de la relación; durante el primer mes. Por otro lado, un 30 por ciento no reconoció ningún comportamiento peligroso hasta después de haber estado saliendo juntos un año o más.

Examinemos, por ejemplo, el rasgo del engaño. Aunque fue una de las características más identificadas en la encuesta, un 36 por ciento de los encuestados no supieron que los sociópatas estaban mintiendo hasta por lo menos un año después de estar juntos. Así que, como no habían sido conscientes de este tipo de comportamiento durante un año o más tiempo, cuando finalmente vieron las mentiras, los blancos pensaron que las falsas declaraciones eran anormalidades, y no características reales de sus parejas sentimentales.

Llegado ese momento, claro está, los encuestados habían creado ya vínculos emocionales con los sociópatas. Como planteé en el capítulo anterior, las vinculaciones emocionales humanas están diseñadas para resistir durante los primeros indicios de problemas, así que incluso cuando los blancos se dieron cuenta de que existían problemas en sus relaciones, siguieron en ellas.

Indicios de problemas en las relaciones

Entonces, ¿cuáles son los indicios de problemas? La encuesta hacía preguntas sobre comportamientos que, si los participantes fuesen capaces de ver con objetividad, indicarían claramente que un individuo no es apropiado como pareja sentimental. Aquí abajo se muestran los porcentajes de los encuestados que afirmaron que sus parejas adoptaron este comportamiento:

El comportamiento inaceptable de las parejas
• Desaparecía durante largos periodos sin ninguna explicación — 43%
• Me manipulaba para que pagase cuando salíamos y cuando hacíamos algo juntos — 47%
• Prometía salidas u ocasiones especiales, pero nunca se materializaban — 50%
• Conectaba y desconectaba su conducta afectiva — 57%
• Después de palabras o acciones dolorosas, se comportaba como si no hubiese pasado nada — 73%

"Vivian" experimentó todos estos comportamientos por parte de "Dan", pero, por supuesto, no al principio de la relación. Dan fue a ver a Vivian en su lugar de trabajo; ella tenía un título de maestría y trabajaba como bibliotecaria. Dan, bueno, hablaba mucho, y trabajaba de vez en cuando.

Dan se convirtió en el compañero de natación de Vivian y en su amigo. «Él me mimaba», dijo Vivian. «Me traía comida y regalos al trabajo que impresionaba a mis colegas. Aparecía en el aparcamiento de mi trabajo o en mi casa, con o sin preaviso. Se cercioraba de que me sentaba erguida, me hizo un reposacabezas para mi desplazamiento diario al trabajo, insistiendo en que lo usase, incluso ponía la sal en mi comida. Me sentía dominada, pero lo racionalizaba diciendo que era afecto».

Dan reflejaba las ideas que Vivian tenía sobre la lealtad, fidelidad y compañía. Él dijo que eran almas gemelas. En menos de un mes, declaró que se estaba enamorando de ella.

«Dan apoyaba mis sueños de maternidad y de conseguir un trabajo mejor», dijo Vivian. «Él era un manitas, y al principio quitó el peso que existía en mi vida atareada, así dejé caer mi coraza por él. Usaba muchas palabras, hablaba con convicción, compartía mis valores, hacía de todo para apoyarme y convencerme de que estaba "de mi parte" y de que me quería, necesitaba y deseaba».

A Vivian, Dan le resultó seguro de sí mismo, resoluto, muy inteligente y culto. Admite que él era "extremadamente excéntrico"; otras personas pensaban que era desagradable. A la madre de Vivian no le gustó lo rápido que Dan se le había insinuado, y su padre dijo que el hombre tenía "enormes problemas".

Pero Vivian se mantuvo leal a su novio. «Estaba convencida de que ellos no podían ver lo que yo veía, y que yo sería la única persona que creía en él», dijo ella. «Me sentía increíblemente apegada».

Estuvieron en una relación romántica durante seis años y medio, aunque la relación empezó a deteriorarse después de un año. Al pasar dos años, Dan desapareció, pero luego regresó, y Vivian decidió amarle más que nunca. En el quinto año, Dan desapareció durante tres semanas.

«Emocionalmente, esto me hizo caer de bruces, como si algo estuviese intentando adentrarse en mi consciencia para decirme que algo iba mal», dijo Vivian. «Perdí mis emociones. Él me dijo que todo iba bien. Yo pensaba, ¿cómo puedo ayudarle? ¿Qué es lo que va mal? ¿Por qué estoy sufriendo tanto? ¿Por qué estoy tan confundida? ¿Por qué es él quien determina mi sensación de bienestar? Mi cuerpo se colapsaba por el estrés. Cuando intentaba romper, él no quería».

Durante el sexto año de su relación, mientras Vivian conducía a través del ajetreado tráfico de la hora del almuerzo, Dan activó repentinamente el sistema de control de velocidad del coche. Vivian se puso histérica, y a Dan le daba lo mismo. Una vez más, desapareció, aparentemente provocado por su estresante manera de reaccionar. Vivian no podía comprender la indiferencia hacia sus sentimientos.

«Después de un mes, se presentó en mi lugar de trabajo sin avisar, y entró en la sala para empleados, donde me encontraba a solas», dijo Vivian. «Me dijo: '¿Qué pasa, Viv?', y yo le abracé y lloré. Él no derramó ni una lágrima. Yo estaba desconcertada. Me sentía tan abandonada. Él me dijo que nadie me había abandonado. Además, durante esta época empezó a llamarme 'mierdecilla' o 'hija de puta' cuando me negaba a hacer algo que él quería que hiciese, como darle las llaves de mi coche cuando íbamos a dar un paseo. ¿Qué estaba sucediendo? Le dije que no me gustaba lo que estaba diciendo, la manera en la que estaba actuando. Me dijo que si me iba, le daba la espalda al amor».

«Mi cuerpo rebosaba adrenalina, en más de una ocasión», continuó Vivian. «Sabía que debía alejarme. Ya no podía ni razonar, pero mi cuerpo entendía cosas para las que mi mente no estaba preparada. Él odiaba mis preguntas. Odiaba mis sospechas en aumento. Odiaba que me comportase de forma diferente a la que él esperaba».

Resultaba que durante más de cinco años, Dan había estado viviendo con otra mujer, a la que estaba estafando junto con Vivian. Estaba también gorroneando de una madre soltera, quien tenía un fondo fiduciario. El propio Dan no tenía una dirección postal mas que una en un refugio para personas sin hogar. Cuando desaparecía, era muy probable que estuviese pasando tiempo con las otras mujeres, luego volvía con Vivian como si no hubiese hecho nada malo.

Los sociópatas son infieles profesionales

En la Encuesta sobre la pareja sentimental de Lovefraud, el 75 por ciento de los participantes dijo que los sociópatas con los que salían fueron infieles. No obstante, es posible que tú, como le pasó a Vivian, nunca lo sepas.

Lovefraud recibió una vez un correo muy amable de la editora de una página web, sugiriendo que uno de sus artículos sobre cónyuges infieles podría interesar a los lectores de Lovefraud. Aunque el artículo proporcionaba información que sería útil en la mayoría de las relaciones normales, o cuasinormales, éste describía la infidelidad llevada a cabo por principiantes, no sociópatas.

De acuerdo con el artículo, todos los puntos a continuación deberían suscitar sospechas en una mujer, ya que su chico podría estar siendo infiel:

1. Mejora su imagen personal.
2. Encuentra defectos en ti.
3. Vuestra vida sexual cambia.
4. Usa un nuevo teléfono u otras nuevas tecnologías.
5. Tu intuición te dice que algo va mal.
6. Su rutina cambia, o tiene nuevos intereses.
7. Sus hábitos de trabajo o económicos cambian.
8. Encuentras indicios de otra mujer.1

Aquí la clave está en que hay algo en el comportamiento del chico que es diferente. Estoy segura que esto es lo que sucede cuando un hombre (sin trastorno de personalidad) que está aburrido o es infeliz se desvía. Éste no es el caso de los sociópatas. Para los sociópatas, la infidelidad es un tipo de vida, de forma que no se observa ningún cambio.

Los sociópatas, tanto hombres como mujeres, son infieles, mentirosos y manipuladores profesionales. Entonces, echémosle un vistazo a la lista en el contexto de un sociópata.

1. Probablemente, no se produzca un cambio en la imagen personal. O bien están constantemente obsesionados con su apariencia, o dependen de sus habilidades de seducción.

2. Antes o después, tras los halagos iniciales para engancharte, un sociópata empezará a encontrar defectos en ti. Con el tiempo, el sociópata te culpa de ser la causa de

todos los problemas.

3. Los sociópatas tienen siempre muchas artimañas sexuales y un increíble aguante, así que, si así lo desean, continuarán teniendo sexo contigo, incluso si se están acostando con otra persona al mismo tiempo.

4. Un nuevo teléfono es sencillamente un nuevo juguete, y a los sociópatas les encantan los juguetes. De hecho, harán que tú les compres esos juguetes.

5. Probablemente tu intuición te haya estado siempre diciendo que algo no va bien. Pero los sociópatas tienen tantas explicaciones elocuentes que ya no confías en tu propia percepción.

6. Los sociópatas están siempre en movimiento, y empezando algún nuevo proyecto. Después de un tiempo, lo aceptas como algo normal.

7. Un sociópata es siempre irresponsable. Los trabajos y el dinero sencillamente desaparecen. Esto, también, se convierte en algo normal.

8. Cuando encuentras pruebas directas de infidelidad, el sociópata o bien procede a dar un explicación, o te acusa de ser paranoico.

El problema de salir con un sociópata es que él o ella son siempre erráticos, y tú te encuentras siempre en vilo. Así que es difícil reconocer las señales de la infidelidad, especialmente cuando el sociópata continúa profesando su amor y cariño por ti.

De hecho, podría ser que no averigües el grado de su infidelidad hasta que el sociópata se deshaga de ti. Sólo entonces, cuando el sociópata ya no se moleste en continuar con su trama de engaños, podrás llegar a descubrir lo que estaba pasando en realidad.

Pero mientras sigas siéndole útil, el sociópata te mantendrá cerca, ejerciendo poder y control sobre ti. Las estrategias que utilizan incluyen una comunicación constante, la posesividad, el aislamiento, además de intentar hacerte enloquecer.

Llamadas por teléfono, correos electrónicos y mensajes constantes

Una de las *Alertas rojas de estafa amorosa* es el bombardeo de amor: atención constante, elogios, halagos y declaraciones de amor. Los sociópatas llevan a cabo el bombardeo de amor cuando están físicamente contigo. También llevan a cabo el bombardeo de amor a través de diferentes medios de comunicación, abrumándote con llamadas telefónicas, mensajes de texto, e incluso métodos más antiguos como cartas y tarjetas. Algunos de los participantes de la encuesta de Lovefraud declararon haber sido contactados 20, 30 o más veces en un día.

Cuando los sociópatas hacen esto parece, por lo menos al principio, que derrochan afecto. Te dicen lo maravilloso que eres y cuánto te quieren. Te llaman sólo para oír tu voz. Te hacen un brillante retrato verbal sobre el maravilloso futuro que compartiréis. Todo suena tan atractivo, y tú te crees que los sociópatas están expresando los sentimientos más profundos en sus corazones. Pero lo que están haciendo en realidad es ejercer el control.

Los sociópatas te inundan de llamadas y mensajes para mantenerte bajo vigilancia. Por ejemplo, cuando "Patty" tenía 19 años, conoció a "Vince", quien aseguraba tener 26 años, aunque en realidad tenía 30 y estaba casado. «En lo único en lo que estaba interesada yo era en una amistad informal», dijo Patty. «Él tenía otros planes».

«Vince se obsesionó conmigo inmediatamente, llamadas de teléfono frecuentes, cartas encantadoras, notas, tarjetas, y me llamaba y dejaba mensajes de voz, aunque le advirtiese de que no estaría disponible a ciertas horas», continuó ella. «Aseguró estar soltero y sentirse solo. Me dio pena. Me sentía halagada y pensé que podía manejar lo que estaba sucediendo. Él parecía un buen chico en general, así que ignoré su comportamiento obsesivo. Después de unas cuantas semanas, declaró que me amaba y que quería estar conmigo. Yo me mostré muy reticente, y me dio la impresión de que él no desistiría».

Y no lo hizo. Patty, quien resultaba tener una vida familiar tóxica y disfuncional, se dejó llevar por la atención y los halagos.

«Vince era muy persistente, y me dejó muy claro el hecho de

que me deseaba», dijo Patty. «El acoso empezó casi desde el comienzo, y yo no sabía cómo manejar la situación, así que negué la realidad y las cosas empeoraron. La relación era como el juego del gato y el ratón. Me persiguió hasta que me rendí».

Patty salió con Vince durante más de 10 años. Incluso cuando quería romper, no podía.

«Yo me sentía muy mal, estaba agotada emocionalmente, deprimida y, en un momento dado, tuve pensamientos suicidas», dijo Patty. «Cuando mencionaba mis sentimientos, y esperaba poder hablar sobre ellos con él como si le importasen, me decía que estaba 'loca', 'pirada', que era 'débil' y necesitaba 'ver a un loquero'. Se dieron muchas ocasiones en las que terminé la relación, y su obsesión y acoso se volvieron muy alarmantes. Normalmente comenzaba a cortejar a otra persona, y aun así seguía acosándome e intentando conseguirme. Ahora me doy cuenta de que se ponía en contacto conmigo frecuentemente y de forma obsesiva para derribarme emocionalmente, y funcionaba. Acabábamos volviendo juntos, tras una gran cantidad de disculpas vacías, promesas, súplicas y, por supuesto, sexo».

Al final, Patty consiguió salir de la relación. Reconoció al verdadero Vince: quien utilizaba el acoso, la persecución y la violencia física contra ella y otras personas. Poco antes de que Patty completase la Encuesta sobre la pareja sentimental de Lovefraud, averiguó aún más: Vince había aparecido en las noticias locales acusado de asesinato en primer grado.

La posesividad no es amor

Para un sociópata, tú no eres nada más que un objeto. De forma que, mientras tú piensas que estás construyendo una relación, cuidando de tu pareja y creando un vínculo emocional, él o ella te considera una posesión, como por ejemplo un televisor de pantalla plana.

Las posesiones, claro está, no son sólo funcionales sino que dan estatus. A los sociópatas les gusta la idea de tener una pareja atractiva y exitosa, porque para ellos esto transmite estatus. De hecho, justamente al tener pareja pueden hacerse pasar por miembros normales de la sociedad, lo cual representa una imagen útil que les ayuda a sacar sus engaños adelante. Así que es posible que hasta cuiden de ti y de tu familia (proporcionándote una casa, comida y otras necesidades, incluso lujos), considerando tales esfuerzos como parte del mantenimiento de su propiedad. Tal y como un encuestado escribió: «Me trataba como una valiosa posesión. Estúpidamente, yo pensé que eso era amor».

Los sociópatas te mantendrán cerca de ellos siempre y cuando te consideren útil. Pero cuando deciden que ya no eres interesante, o quieren cambiarte por un modelo más moderno, sienten que tienen todo el derecho a deshacerse de ti, como lo harían con cualquier otra posesión.

Igualmente, sus hijos no son nada más que posesiones. Los sociópatas no quieren a sus hijos. No les importa el bienestar de sus hijos, su crecimiento o felicidad. Puede que se sientan complacidos si sus hijos son atractivos o dotados, pero sólo porque esto les hace aparentar ser el padre o la madre del año.

No obstante, los niños ofrecen algo especial a los sociópatas: una herramienta para controlar a sus parejas, tanto si permanecen juntos como si no. Muchos profesionales de la salud mental piensan que los sociópatas abandonan a sus hijos, y algunos de ellos así lo hacen. Pero muchos sociópatas, tanto hombres como mujeres, se aferran a sus hijos, utilizándolos para atormentar a sus parejas o exparejas durante años — incluso durante el resto de sus vidas.

Ella ha estado usando a mi hijo como a una marioneta desde el día en el que nació.

Me asaltó a mí y a nuestra hija físicamente, luego, cuando solicitó custodia exclusiva, me echó la culpa (lo consiguió, luego el Departamento de Servicios de Protección al Menor le quitó a nuestra hija)... pero ganó la niña, el objeto. Todo el mundo es un objeto para el entretenimiento de este hombre.

Fue a por nuestros hijos pequeños y no paró ante nada hasta que los consiguió 5 años y medio después. Yo no tenía ni idea de que era capaz de tan pura maldad.

Tampoco me había dado cuenta de lo bien que se le daba mentir. Contó historias horribles sobre mí, consiguió que me arrestasen, me acosó y persiguió, usó a nuestros hijos como marionetas, y nunca, nunca mostró ni una pizca de arrepentimiento o culpabilidad; de hecho, se mostraba insolentemente indignado y con derecho a comportarse así de mal, ¡¡¡¡¡¡¡y nadie excepto yo parecía darse cuenta!!!!!!!! ¡Me ha hecho lo suficiente como para que me sorprenda la idea de aún seguir aquí! Estoy intentando seguir adelante, pero él tiene a los niños y yo tuve que irme del estado para intentar reconstruir algo que se asemeje a una vida para mí misma. Me arruinó en todos los aspectos. Los juegos psicológicos no han acabado por completo.

Aislamiento sistemático

Para hacer que sea más fácil controlarte, los sociópatas te aíslan sistemáticamente de tu familia, amigos y red de apoyo. En la Encuesta sobre la pareja sentimental de Lovefraud, el 61 por ciento de los participantes declaró que el sociópata les separó de las personas que formaban parte de su vida.

¿Cómo lo hacen? Los sociópatas son desagradables, antipáticos u ofensivos con tus amigos y familiares, de forma que las personas que has conocido durante toda tu vida ya no quieren estar cerca de ti. Los sociópatas mienten para provocar una ruptura entre tú y toda la gente que conoces. Se ponen muy celosos si hablas con alguien del sexo opuesto, o a veces tan sólo con que hables con otra persona. Si les plantas cara y pasas tiempo con tus amigos y familia, ellos contraatacan haciéndote la vida imposible.

Aquí vemos cómo algunos encuestados describieron las campañas de aislamiento llevadas a cabo por sus parejas:

Se deshizo de todos mis amigos, no me permitía tener amigos, intentó tener sexo con mis amigos, lo cual hizo que ellos se alejasen.

Ella no quería estar alrededor de mis amigos ni de mi

familia. Una vez me dijo: «PERMITO que tu familia venga». Era mi casa, la construí en 2001, y me dice que PERMITIÓ que mi familia viniese a visitar. Recuerdo otras 2 ocasiones en las que insistió en que yo NO saliese y viese a mis amigos. Una vez con un amigo cuya mujer era amiga de mi primera mujer. La otra se trataba de una reunión con amigos del instituto (mi hermana gemela y su marido estaban ahí), pero yo no pude ir. Supongo que podría haber ido, pero el infierno que viviría después hizo que no mereciese la pena.

Él fue diciéndole a diferentes personas que no me caían bien. Me dijo que yo no gustaba a otras personas, y dejó claro que si yo lo cuestionaba, la otra persona negaría tal información, de tal forma que yo no ganaba nada intentando dialogar con la persona en cuestión.

La estrategia de aislamiento funciona, con el tiempo, todos tus amigos y familia dejan de formar parte de tu vida. El deprimente resultado es que cuando finalmente has tenido suficiente y te das cuenta de que debes acabar la relación con el sociópata, él o ella ha quemado todos tus puentes. En el momento en el que precisas de mayor ayuda, para escapar del depredador, sientes que no tienes a nadie a quien recurrir.

Enloqueciendo mediante engaños: ¿Te estás volviendo loco?

El hacer que una persona enloquezca mediante engaños (gaslight, en inglés) significa manipularle hasta que ésta cuestione su propia cordura. Ésta es una manera sutil de que alguien se vuelva loco. 2

El término en inglés es una referencia a la película de 1944 *Gaslight* (en español: *Luz de Gas*), protagonizada por Ingrid Bergman, Charles Boyer, Angela Lansbury y Joseph Cotten. La película se desarrolla en el Londres eduardiano, donde una popular cantante es misteriosamente estrangulada en su casa. El crimen es descubierto por la joven sobrina de la cantante, Paula

Alquist (Ingrid Bergman).

Diez años después, Paula se enamora profundamente de un pianista guapo y agradable, Gregory Anton (Charles Boyer), y se casan al poco tiempo. La pareja vuelve a la casa de Londres, que Paula ha heredado. Luego Gregory inicia una lenta y calculada campaña para hacer que Paula crea que se está volviendo olvidadiza, luego histérica, luego loca.

Gregory cambia cosas de lugar y luego le pregunta a Paula qué ha hecho con ellas. Cuando, como es comprensible, Paula se muestra confundida (después de todo, ella no cambiado nada de lugar), él finge preocuparse, mientras hace que más y más objetos desaparezcan. Luego pone a su mujer en evidencia delante de los sirvientes, y gradualmente les convence de que algo no va bien con ella, la señora de la casa. En sociedad, deja claro que Paula no está bien, y se las ingenia para que su mujer tenga una crisis nerviosa en público.

A lo largo de la película, Gregory muestra raptos de ira, luego cambia rápidamente a la manipulación solícita. Se hace más y más dominante, diciéndole a Paula qué hacer y dónde sentarse, mientras su mujer se desmorona. Éste es un comportamiento que muchos de los lectores de Lovefraud reconocen.

En varias críticas de la película, se califica al villano, Gregory, de psicópata. A decir verdad, la mayoría de las películas supuestamente sobre psicópatas no consiguen representarlos adecuadamente. No obstante, *Gaslight* lo hace bastante bien. Aunque el comportamiento trastornado de Gregory parezca teatral, algunos de los sociópatas en la vida real hacen exactamente lo mismo que él. Aquí vemos algunos ejemplos de la Encuesta sobre la pareja sentimental de Lovefraud:

> *Ella movía mis cosas del lugar donde yo las dejaba y me decía que era olvidadizo. Casi siempre, cuando en ocasiones yo hablaba sobre nuestras experiencias juntos, ella me decía que yo me equivocaba y que nada de eso había sucedido. También negaba el haberme dicho ciertas cosas en el pasado.*

La realidad de la relación

Él tenía una máscara que se ponía en público, luego se la quitaba en privado, convirtiéndose en un monstruo. Mentía todo el rato, escondía mis llaves en secreto, luego aseguraba que yo estaba mentalmente enferma porque seguía "perdiéndolas". Me insultaba ofensivamente en mitad de una conversación normal y corriente, sin razón alguna y de forma completamente inesperada, luego lo negaba y decía que estaba loca y que "oía cosas".

Los sociópatas hacen que enloquezcas mediante engaños (luz de gas), haciendo que cuestiones tus propias percepciones, y luego tu cordura. ¿Por qué? Porque cuando piensas que estás perdiendo la cabeza, eres más maleable y fácil de controlar.

Ejercer el poder y el control

El control que los sociópatas ejercen sobre sus blancos adopta varias formas: colman al blanco de afecto y luego adoptan un comportamiento extremadamente cruel, creando un desequilibrio emocional. Mantienen a sus blancos atrapados reteniendo dinero. Amenazan con llevarse a los niños si la pareja tiene la osadía de marcharse. A través de la manipulación psicológica, hacen que sus blancos se sientan desamparados e incapaces de vivir por cuenta propia.

Los participantes de la Encuesta sobre la pareja sentimental de Lovefraud experimentaron todas estas tácticas. Así es como algunos describieron la manipulación:

Me engañó y me hizo pensar que existía algo especial entre nosotros; y luego, cuando ya estaba enganchada, me atacó sexualmente hasta que yo me rendí psicológicamente, de forma que podía explotarme completamente para conseguir una gratificación egoísta y sexual sin que le importasen mis sentimientos o necesidades. Una vez que hubo "ganado" y me hubo utilizado, se deshizo de mí como un pedazo de basura y dijo cosas malas sobre mí a mis espaldas cuando yo comencé a tomar represalias. Le dijo a la gente que yo tenía problemas mentales y baja autoestima (lo mismo que había dicho sobre su mujer) y consiguió que la gente me evitase como si no significase nada para nadie. Me separó de mis amigos y familia divulgando mentiras e insinuaciones, y a su vez mintiéndome a mí profusamente a la cara, diciéndome que me "amaba" y que quería que volviese con él.

Conectaba y desconectaba su amor; durante los periodos de desconexión yo recobraba la sobriedad, como quien dice, y empezaba a ver las cosas con mayor claridad y ganaba valor para acabar con la relación, pero luego él regresaba y me colmaba de afecto, regalos, promesas de que cambiaría, etc. ¡Era un yoyó! Con el tiempo, él ganaba control sobre mí de una forma u otra, esforzándose por intentar someterme, haciendo que creyese que dejarle no era posible. Yo dependía de él y no podía valérmelas por mí misma. Según fue pasando el tiempo, las cosas se hicieron más intensas y las circunstancias empeoraron más y más. El punto límite al final fue el maltrato psicologico y las amenazas de muerte públicas, usando a un compañero de instituto como ejemplo por haber matado a su familia.

A ti estas anécdotas te pueden parecer una exageración, como algo salido de un thriller psicológico. Pero esto es justamente lo que pasa en muchas relaciones con sociópatas. Recuerda, éste es el mismo trastorno que crea líderes de cultos. Ellos saben instintivamente cómo manipular a las personas, incluso cómo lavarles el cerebro. Los sociópatas causan un increíble daño psicológico a sus víctimas.

Es por eso por lo que tantas víctimas consideran seriamente el suicidio. Lo he oído por parte de familiares de víctimas que, por causa del sociópata, acabaron suicidándose.

Agresividad y violencia

La agresividad y la violencia no son, según los estudios de Lovefraud, las características distintivas de la sociopatía; las car-

La realidad de la relación

acterísticas distintivas son la manipulación y el engaño. Aun así, mucho sociópatas son agresivos. En la Encuesta sobre la pareja sentimental de Lovefraud, el 57 por ciento de los participantes dijo que el sociópata era "extremadamente" agresivo, y un 24 por ciento adicional dijo que la persona era "moderadamente" agresiva. Por lo tanto, el 81 por ciento de los sociópatas descritos en la encuesta mostraba un comportamiento agresivo, incluyendo el "cometer actos de violencia premeditada e intencionalmente".

Cuando se les pidió que describiesen el comportamiento antisocial que habían presenciado en sus parejas, el 15 por ciento mencionó el abuso y la violencia doméstica, y un 20 por ciento mencionó el acoso, la violencia y las amenazas de muerte. Los participantes declararon haberse sentido intimidados, haber sido amenazados, dominados, apaleados, golpeados, pateados, estrangulados, agredidos sexualmente, y haber sido apuntados con pistolas.

"Julia", por ejemplo, era dueña de una tienda, y "Tim" era un banquero que trabajaba justo cruzando la calle. Tim continuaba yendo a su tienda, incluso apareciendo por ahí cuando Julia trabajaba tarde para ayudarla a mover algunos artículos. Era atento, amable, generoso, excitante y guapo.

«Tim comenzó a llamar constantemente, a mandar flores, dejar notas y regalos», dijo Julia. «Muy persistente. Actuaba como un verdadero caballero, abriendo puertas, encendiendo cigarrillos y siendo muy adulador. Era como un cuento de hadas y él era mi príncipe».

Tim le pidió en matrimonio después de seis meses de relación, pero Julia acababa de salir de un matrimonio que había durado 20 años, así que no quería precipitarse. Salieron juntos durante cuatro años antes de casarse, pero durante el noviazgo no llegaron a vivir juntos, de forma que ella nunca había llegado a ver al verdadero Tim. Le esperaba una gran sorpresa.

«Tres meses después de casarse con él, empezó a estrujarme la cabeza con sus dos manos para hacerme daño sin dejar marca», relató Julia. «Él era un culturista, así que tenía mucha fuerza. Cuando empecé a defenderme, me dio un puñetazo en el ojo. Yo corrí y cogí una pistola, con la cual le apunté. Él se marchó y yo llamé a la policía. Cuando llegaron yo estaba histérica, y él estaba con el vecino, tranquilo y sereno. Yo parecía una lunática y me llevaron a la cárcel».

«Cuando salí al día siguiente, me marché del estado en mi coche, entonces él me llamó. Le grabé gritándome y diciéndome que me iba a meter en el maletero de un coche y hacerme desaparecer. Le llevé la grabación al fiscal y todos los cargos contra mí fueron retirados».

Éste resultó ser uno de muchos incidentes. Cada vez que Tim se ponía violento y Julia rompía con él, él activaba su encanto nuevamente, diciéndole algo que sabía la atraería hacía él una vez más, como que entregaba su vida a Dios. Incluso empezó a leer la Biblia e ir a la iglesia.

Pero no cambió, y después de 10 años de ira, manipulación y violencia, Julia se divorció de él.

"Ernest" y "Athena"

Las sociópatas también pueden ser violentas, como se ilustra en el caso de "Ernest" y "Athena". Los dos eran profesionales que trabajaban en el mismo departamento, y empezaron a ir al trabajo juntos en coche. Empezaron a salir juntos después del trabajo, y poco a poco su relación se volvió más estrecha.

Athena admitió haber tenido problemas legales y económicos en el pasado, pero estaba ansiosa de volver a empezar su vida, con nuevas esperanzas y sueños. «Estaba intentando hacer algo con su vida, después de revelar el haber tenido una mala infancia, y un penoso matrimonio previo», dijo Ernest. «Supuestamente teníamos mucho en común, como el que ambos estuviésemos intentando ascender profesionalmente».

Se casaron, pero la luna de miel se terminó a los seis meses. «Tuvimos unas cuantas discusiones que hicieron que nos separásemos por unos cuantos días», dijo Ernest. «Luego nos separamos por seis meses, intentando volver juntos después. Finalmente, nos separamos durante dos años, y luego intentamos volver juntos una vez más».

No funcionó. «Athena comenzaba discusiones sin motivo, luego lanzaba objetos y se ponía violenta», dijo Ernest. «Le contaba mentiras a la policía para construir una acusación contra mí, ya que el estado en el que vivo es antihombre cuando se trata de casos de abuso doméstico». Después de más de cinco años, Ernest se divorció por fin de ella.

Con los sociópatas, el daño es inevitable

Los sociópatas son las personas más destructivas en el planeta. Si sales con un sociópata, tarde o temprano te das cuenta de esta realidad.

Desde el comienzo de la relación con mi exmarido, James Montgomery, me sentía estresada. Llevábamos saliendo tan sólo un par de semanas cuando empezó a pedirme dinero. Por supuesto, no lo pidió como quien busca limosna, presentó la petición como una inversión para nuestro futuro. Luego quiso que pagase por un viaje de dos semanas de Nueva Jersey a Australia con mis tarjetas de crédito, prometiendo que me devolvería el dinero en cuanto llegasen las facturas. Eso nunca sucedió, y sus inversiones comerciales — esquemas del tipo "hágase rico rápidamente" — nunca dieron resultado. Se gastó hasta el último centavo de mis ingresos y mis ahorros, e incrementó mis deudas. Mis finanzas, en su día estables, se desintegraron.

Montgomery quería un sitio donde vivir, sexo con el que poder contar, y alguien que financiase sus sueños de grandeza. Todas sus notas de amor, sus pequeños regalos, sus promesas de un para siempre, estaban diseñados para que yo le proporcionase lo que él quería. Funcionó. Dos años y medio después, cuando acabó de utilizarme, siguió por su camino.

La magnitud de su traición fue impactante. Cada día, mientras yo empezaba a aclarar lo que realmente había sucedido, descubría nuevas mentiras, nuevas traiciones. Intenté hacer frente a las consecuencias legales y económicas lo mejor que pude, pero, emocionalmente, no pude evitar derrumbarme. Fue doloroso. Fue desagradable.

Todas las relaciones con sociópatas son dañinas. Como mínimo, si tienes la suerte de alejarte rápidamente, te ves salpicado. En el peor de los casos, pierdes todo tu dinero y todas tus pertenencias, tu estabilidad emocional y psicológica, tus hijos y tu propia vida. Sí, algunos sociópatas son homicidas.

Alertas Rojas *de* Estafa Amorosa

Los participantes de la Encuesta sobre la pareja sentimental de Lovefraud catalogaron el daño que habían sufrido. Un impactante 76 por ciento perdió dinero, desde unos cuantos cientos de dólares hasta más de un millón. Pero esto era sólo el inicio del dolor.

Daño causado por los sociópatas, según lo declarado por los encuestados de Lovefraud:

Problemas de salud
• Se pusieron nerviosos o estuvieron deprimidos — 92%
• El estrés de la relación les hizo enfermar — 77%
• Sufrieron síndrome de estrés postraumático — 65%

Pérdidas económicas y de propiedad
• Perdieron dinero — 76%
• Incurrieron en deudas — 60%
• Perdieron sus hogares — 27%
• Perdieron sus trabajos — 26%
• Perdieron sus negocios — 11%
• Se declararon en quiebra — 10%

Problemas sexuales
• El individuo fue infiel — 75%
• El individuo consumía pornografía en secreto — 46%
• Las exigencias sexuales les hacía sentir incómodos — 40%
• Contrajeron una enfermedad de transmisión sexual — 20%

Violencia
• Consideraron o intentaron suicidarse — 38%
• Maltratados físicamente o lesionados — 36%
• Amenazados de muerte — 34%
• Individuos que amenazaron con suicidarse o que se suicidaron — 21%
• Mascotas heridas o muertas — 14%

Problemas legales
• Demandas presentadas en su contra — 19%
• Cargos criminales presentados en su contra — 12%

Aunque esta lista de estadísticas sea impactante, no alcanza a comunicar el trauma que realmente se vive al estar con un sociópata. Desde que se lanzó Lovefraud.com en 2005, he hablado con cientos de personas enzarzadas en este tipo de relaciones abusivas, y he escuchado historias realmente espantosas. Aun así, no estaba preparada para las tragedias que la gente narró en la Encuesta sobre la pareja sentimental de Lovefraud.

A continuación, tres de esas historias:

"Andrea" y "Scott"

Tanto "Andrea" como "Scott" eran profesionales de veintitantos cuando se conocieron. Scott era carismático y encantador, y sorprendió a Andrea con entradas a espectáculos, obras de teatro y cenas románticas. Ella disfrutaba de su compañía, su naturaleza tranquila y su estilo de vida sofisticado.

Con el tiempo, se casaron, y una vez lo hicieron, Andrea descubrió que su marido esperaba absolutamente obtener lo que quería. Cuando alguna noche "salían" juntos, Scott llevaba a Andrea de vuelta a casa para que la niñera pudiese irse, y luego salía de nuevo para escuchar música en vivo. Eso fue lo que hizo cuando trajo a Andrea a casa del hospital, después de que fuese intervenida quirúrgicamente de urgencia. Se quejó al tener que ir a buscar sus prescripciones, le dijo que le arruinaba su precioso tiempo, y luego salió por ahí. «Hizo lo mismo la noche que nació nuestra tercera hija», dijo Andrea. «Podías sentir cómo le hervía la sangre de rabia, y el silencio incómodo tras decirme: "Ya sabes tú, la cosa pierde importancia a la tercera"».

Scott, en sus esfuerzos por controlar a Andrea, leía su correo postal y electrónico. Luego, cuando ella tomó medidas para proteger su privacidad y contrató un buzón situado en una oficina de correos, Scott fue y metió la mano ahí también. Cuando Andrea se oponía a algo, Scott la ignoraba durante un mes. Luego, cuando Andrea no estaba de acuerdo con él, Scott se volvía físicamente abusivo.

A los cinco años de matrimonio, Scott tuvo una aventura. «Lo pillé en todo», dijo Andrea. «El ser descubierto lo enfurecía, y sólo mostraba remordimientos de forma superficial. La ira se apoderó de él, e intentó estrangularme. Pero cuando entró la niñera, se levantó y la saludó como si no pasase nada».

Scott fue arrestado y Andrea se fue con los niños. Se separaron; él se fue a vivir a unos 5.000 kilómetros de distancia. No obstante, antes de irse, pinchó el teléfono de Andrea y le vació la cuenta bancaria, dejándola sin un centavo. Regresó a los dos años, y manipuló a Andrea para que rescindiese el acuerdo de divorcio, pero la relación era inestable. Fueron a terapia.

«Él "sedujo" a todos y cada uno de los terapeutas manteniéndose tranquilo y resaltando todas las pequeñas molestias que yo le causaba», dijo Andrea. «Le dijo al terapeuta que sufría de depresión posparto, que me mostraba taciturna y que todo me disgustaba, cuando en realidad lo que me disgustaba era su egoísmo, y que ni aceptase las críticas positivas. Me hacía sentir como una niñera».

Las cosas empeoraron. «Durante una discusión, intenté irme de casa y él sacó, uno a uno y a empujones, a los niños del coche; arrancó los cables del teléfono de la pared, y me dijo que no volvería a ver a mis hijos nunca más», dijo Andrea. Scott fue arrestado y se le impuso una nueva orden de alejamiento. Se fue por más de un año.

Cuando volvió, Andrea encontró sus mamografías entre sus pertenencias. Las había estado buscado frenéticamente, porque debido a su historial familiar, tenía un riesgo más elevado de padecer cáncer de mama. Scott aseguró no saber cómo las mamografías habían acabado en su poder. Luego, Andrea descubrió que tenía cáncer de mama. Los padres de Scott estaban visitándoles cuando ella recibió la terrible noticia, pero Scott no quiso que hablase del tema porque esto les arruinaría la visita. Cuando Andrea perdió el cabello debido a la quimioterapia, Scott la llamó lesbiana.

Más tarde, cuando Andrea consiguió una nueva orden de alejamiento contra él, Scott allanó su casa. Andrea había cambiado las cerraduras, lo que le hizo enfurecer. La policía se lo llevó una vez más.

Un año y medio después, tras pasar por terapia una quinta vez, se divorciaron. «Él intentó intoxicar todas mis relaciones: con

mi familia, mis hijos, mi empleador», dijo Andrea. «Amenazó con que yo "caería con fuerza, con mayor fuerza de la que creía posible", si no le daba nuestra propiedad vacacional».
La relación le costó a Andrea más de $500.000.
Después del divorcio, cuando la hija mayor de Andrea vino a casa de la universidad, las otras niñas estaban con Scott. «No permitía que viese a sus hermanas, la echó físicamente de la casa y le dijo que, si no se marchaba, llamaría a la policía y les diría que le había herido», dijo Andrea. «Luego, comenzó a gritar: "Oh, me haces DAÑO... ¡Para!" Renegó de ella, diciendo que le recordaba a su madre. Nuestros hijos no pueden mencionar mi nombre en su casa».

"Valerie" y "Katrina"

"Valerie" y "Katrina" tenían ambas treinta y tantos cuando se conocieron en un sitio de citas por internet. Valerie era atractiva y segura de sí misma, pero consideraba que Katrina era excepcionalmente guapa. «En cualquier lugar al que entraba, todos, hombres, mujeres y niños se fijaban», dijo Valerie.
«Describí lo que quería en una persona y ella describió exactamente lo mismo y dijo: "Debemos ser almas gemelas"», recordó Valerie. «Decidimos quedar. A los 30 minutos de habernos conocido, Katrina sacó su teléfono y envió un mensaje a una buena amiga para decirle que había encontrado por fin a la mujer con la que quería pasar el resto de su vida».
Las dos mujeres parecían tener mucho en común, aunque Katrina había vivido algunos momentos difíciles. Claro que, cuando Valerie supo eso, ya había sido cautivada; y estaba dispuesta a ayudar.
«No podía creerse el haber conocido a alguien dispuesto a ayudarla a reorganizar su vida», dijo Valerie. «Le dije que podía mudarse conmigo hasta que volviera a ser estable por su cuenta, y le di dos mil dólares para comenzar, y quedó en que me lo devolvería, pero nunca lo hizo. ¡Éste fue el principio de miles!»
Siete meses después, las historias de Katrina no eran congruentes. Valerie le hizo preguntas a Katrina, pero sus respuestas no tenían sentido, así que siguió investigando. «Cuanto más investi-

gaba y más preguntas hacía, más violenta se ponía esta persona», dijo Valerie. «Durante un periodo de dos años en los que yo "investigué" sobre sus asuntos, me fracturó la espalda en dos lugares, me arrastró con su coche 30 metros por la vía de acceso de mi casa, y me puso los dos ojos morados. En ninguna ocasión intenté denunciarla, hasta la última vez que me pegó».

Cuando Katrina le dio un puñetazo en el ojo, Valerie llamó a la policía. Pero en ese momento, Valerie no tenía heridas visibles, mientras que Katrina tenía un rasguño en un dedo. Los policías les dijeron que se calmasen y que durmiesen en habitaciones diferentes.

Al día siguiente, Valerie tenía los dos ojos morados, y ella se puso como loca. Lívida, irrumpió en el cuarto de invitados, donde dormía Katrina. Katrina ignoró su presencia, así que Valerie le agarró la cara y la obligó a que mirase sus ojos amoratados. Luego Valerie se fue a trabajar, y Katrina llamó a la policía, declarando que había sido atacada.

«¡Resultó que le atendió un policía gay, el cual emitió una orden de captura en mi contra!» dijo Valerie. «Yo no tenía ni idea... Ese día me fui del trabajo a la hora de comer y llamé a la comisaría para decir que todavía quería presentar cargos porque tenía los ojos morados. El policía con el que hablé me dijo que cambiase las cerraduras de todas las puertas excepto la de la entrada y la habitación en la que dormía ella. Así lo hice, y llamé a una amiga para que sacase fotos de mis ojos amoratados. El cerrajero estaba en mi casa, así como la amiga que me estaba sacando fotos, cuando llegó Katrina. Con unos papeles en la mano dijo: "¡Ya verás lo que estoy haciendo contigo! ¡Vas a ir a la cárcel!" Yo dije: "¿Qué?" Ella dijo: "Sí, hay una orden de captura en tu contra"».

Valerie se puso histérica. Katrina fingió ponerse histérica. Katrina dijo que no quería que Valerie fuese a la cárcel, y añadió: «Corramos». A Valerie, quien nunca había visto el interior de una cárcel, le entró el pánico y se fue con ella.

Tras permanecer sentadas en un coche en el aparcamiento de una iglesia durante dos horas, Valerie y Katrina volvieron a casa; entonces apareció la policía. Se escondieron; Katrina abrazaba a Valerie, ambas sentadas en el suelo de la cocina, donde no podían verlas. Pero Valerie se había cansado de correr de un lado para otro. Sacó $3.000 de su tarjeta de crédito para su fianza y llamó a la comisaría, dispuesta a entregarse.

Katrina llevó a Valerie a la comisaría en coche. «El policía me echó un vistazo y dijo literalmente: "Oh, mierda, tienes un ojo morado. Hablaremos sobre tus opciones más tarde"», dijo Valerie. «Yo estaba esposada. En la entrada, el policía me preguntó: "¿Por qué estás yendo a la cárcel? ¡Eres tú quien tiene el ojo morado!" Mi respuesta fue: "¡Es extraño cómo funciona vuestro sistema!"»

Valerie fue puesta en libertad tres horas después, el caso nunca fue a juicio, y Katrina se marchó (hasta que decidió volver).

Valerie se fue a otro estado a trabajar, y ocho meses después, acercándose la fecha de San Valentín, Katrina la llamó, queriendo reanudar la relación. Valerie accedió, y Katrina prometió coger un avión y visitarla.

«Yo sabía que estaba saliendo con otra persona, ¡pero me dijo que yo era su corazón!», dijo Valerie. «El día de San Valentín llegó y pasó, y luego le contó que la 'otra chica' había aparecido y que no la había rechazado. ¡¡¡Le dije que me dejase en paz para siempre!!!»

Valerie descubrió por amigos en común que Katrina había comprado una casa con otra mujer. Valerie miró el perfil de Facebook de la nueva presa y sintió lástima. Había publicado: "¡¡¡SOY LA PERSONA MÁS AFORTUNADA DEL MUNDO POR HABER ENCONTRADO A MI NOVIA!!!"

Valerie se sintió mal por esa nueva mujer. «Katrina me fue infiel siete veces», dijo. «Ésta era su premisa: Yo volvía a casa del trabajo, y si ella quería f*llar con otra persona, empezaba una pelea, dando en mis puntos sensibles, y conseguía resultados siempre. Se iba y hacía lo suyo, y luego volvía junto a mí como si nada hubiese pasado».

Valerie estaba segura de que la nueva mujer descubriría esto tarde o temprano.

"Charlotte" y "Juan"

"Juan" se parecía al padre de "Charlotte" cuando se conocieron, pero lo importante era que Juan no se comportaba como él. «De hecho, yo temía el temperamento de mi padre, y este chico nunca peleaba conmigo, por lo que pensé que era amable», recordó Charlotte.

Tanto Charlotte como Juan tenían veintitantos y eran profesionales con trabajo. Durante varios meses, Juan sedujo a Charlotte para que saliese con él. Con el tiempo, se casaron y Charlotte se quedó embarazada. Entonces fue cuando vio el Juan abusivo (aunque normalmente era sutil).

Juan no volvió a llevar a Charlotte a sitios en plan cita, pero a veces solía ir a algún evento, si ella lo planificaba — o lo echaba a perder. «Si alguna vez venía a alguno de mis actos, solía provocar peleas», dijo Charlotte. «Me hacía llegar tarde, o amenazaba a mi mascota o hijos; amenazaba con tirarlos del coche en marcha. Luego, la mayoría de las veces, se reía y decía que era una broma; así que nunca sabías lo que iba a pasar».

Juan utilizaba el enfado para hacer que Charlotte caminase en la cuerda floja. Si ella hacía preguntas, él explotaba, así que dejó de hacer preguntas. Ahora ella sabe que Juan llevaba una doble vida; seduciendo a otras mujeres y tomando drogas. Siempre tenía una amante por ahí; fue incluso a por la mejor amiga de Charlotte y a por su madre.

«Mi madre estaba teniendo una larga aventura extramatrimonial», dijo Charlotte. «Mirando hacia atrás, creo que ella deseaba a mi marido y le estaba usando como su gigoló personal, viajando con él. Nunca pude imaginar que romperían con ese patrón de conducta y empezarían una relación más allá de lo platónico. Fui ingenua».

Charlotte trabajaba duro para criar a sus hijos, y Juan saboteaba sus esfuerzos. Cuando Charlotte intentaba acostar a los niños, él empezaba a jugar con ellos, estimulándolos y dejando de lado su hora de irse a la cama. O, cuando Charlotte preparaba a los niños para ir al colegio y le decía a su hijo que se pusiese los pantalones, Juan encendía la televisión para hipnotizar al niño, así que no se vestía y llegaban tarde al colegio. «Era una sabotaje a todo nivel, pero tan delicado que me ha llevado años llegar a entender buena parte de ello», dijo Charlotte.

Una vez, cuando Juan insistió en vigilar a los niños, lo único que Charlotte le pidió fue que les mantuviese alejados de las rocas. Pero en cuanto Charlotte se hubo marchado, su hijo se golpeó la cabeza contra una roca, y ella tuvo que correr a urgencias por una conmoción cerebral y para que le pusiesen puntos.

«En ese momento tuve que considerar que éste y muchos otros incidentes no eran más que 'accidentes' o 'negligencias'», dijo Charlotte. «Procuraba que los más severos no ocurriesen a menudo, de forma que el hospital no fuese una ocurrencia diaria. No podía ni imaginar que esto fuese intencional, hasta años después, cuando admitió ciertas cosas. Pude ver un patrón. Él no intentaba esconder sus intenciones respecto a ciertas cosas, sino que, a estas alturas, intentaba asustarme y aterrorizarme abiertamente.»

Charlotte se figuró que ninguno de los incidentes había sido accidental. Todos habían sido planeados cuidadosamente, aunque a veces incluso de forma oportunista. Y 20 años después, Juan seguía en ello.

«Ahora usa la custodia para asegurarse de que cada plan que hacemos los niños y yo, cualquier cosa que sea importante para nosotros, sea arruinada, saboteada. Aunque sólo sea que nos lleve a juicio o llame al sheriff para poner una queja falsa, lo que hace es invalidar nuestras vacaciones o evento familiar», dijo Charlotte. «Me intimida la idea de planear algo, porque sé que encontrará la manera de arruinarlo. ¡Mis hijos no se han atrevido a celebrar un cumpleaños en años!»

Sin corazón, conciencia ni remordimientos

Como ilustran estas historias, no existe tal cosa como una relación normal con un sociópata. Incluso los eventos cotidianos del día a día son oportunidades para la astucia, la explotación y a veces la violencia.

Ésta es la verdad sobre los sociópatas: no tienen corazón, conciencia ni remordimientos. Si estás saliendo con un sociópata, nunca verás un crecimiento real ni una mejoría. Oh, podrían darse cambios transitorios, en los que el sociópata vuelve a usar el comportamiento de bombardeo de amor, sólo para mantenerte cerca hasta que haya acabado contigo. Pero una vez que los sociópatas son adultos, no cambian.

Si tu relación suena como la información que acabas de leer, la única solución es salir de ella. En el próximo capítulo te diré cómo.

Resumen

Las estrategias sociopáticas para establecer poder y control
• Comunicación constante
• Posesividad
• Aislamiento
• Enloquecimiento mediante engaños (luz de gas)

Daño causado por los sociópatas
• Problemas de salud
• Pérdidas económicas y de propiedad
• Problemas sexuales
• Violencia
• Problemas legales

Capítulo 8

Escapar del sociópata

Todos creímos haber encontrado el amor. Cuando mi exmarido me pidió en matrimonio, creí haber encontrado el amor. Cuando sus "almas gemelas" irrumpieron en sus vidas, los lectores de Lovefraud creyeron haber encontrado el amor. Nuestras parejas sentimentales fueron a por nosotros, embelesados, nos prometieron el feliz futuro comprometido que siempre quisimos, declararon fervientemente que nos querían como nunca antes habían querido.

Sabemos lo que sentimos. Todo parecía tan real; pero no lo era. ¿Por qué?

Para contestar a la pregunta, analicemos primero el concepto "amor romántico" desde un punto de vista psicológico. Los Doctores Philip R. Shaver y Mario Mikulincer, investigadores de psicología social, han explicado el amor romántico de una manera que es útil para aquellas personas que salen con sociópatas.

Los psicólogos han llegado a la conclusión de que los seres humanos poseen sistemas motivacionales innatos, los cuales han evolucionado a lo largo de los siglos para ayudar en la supervivencia de la especie. Shaver y sus colegas sugieren que tres de estos sistemas están involucrados en el amor romántico. Se trata de los sistemas de comportamiento referentes al apego, el sexo y el cuidado desinteresado.1

Ya hemos hablado del apego: el deseo de buscar proximidad con una persona en particular. Este comportamiento inicia cuando somos bebés, cuando queremos estar con nuestras madres y otras figuras de consuelo. Shaver sugirió que el amor romántico es una versión adulta de esa misma necesidad innata.

Por supuesto, el sexo es un componente del amor romántico, tanto por la proximidad que genera entre una pareja como para concebir hijos.

Luego está el sistema del cuidado desinteresado. Los seres humanos son animales sociales, y el cuidado desinteresado evolucionó para ayudar a que el grupo sobreviviese. No sólo cuidan los padres de sus hijos, sino que estamos todos biológicamente predispuestos a reaccionar ante otros que necesitan ayuda.

Estos tres sistemas participan en el amor romántico: apego, sexo y cuidado desinteresado. Esto es lo que debes saber: Los sociópatas sólo son capaces de experimentar dos de estos sistemas.

Los sociópatas sienten apego; quieren estar cerca de ti, por lo menos durante un tiempo. Y, desde luego, los sociópatas quieren sexo. Pero el sistema del cuidado desinteresado no funciona en el cerebro de un sociópata. Nunca sentirán empatía por ti. Nunca se preocuparán por tu bienestar. Nunca pondrán tus necesidades por delante de las suyas, a menos que estén preparando el terreno para explotarte después. Y no importa lo que hagas, no podrás jamás corregir esto.

Tu experiencia con un sociópata no es amor real, sino amor vacío. El amor de verdad —apego, sexo y cuidado desinteresado— no es posible con un sociópata. Por lo tanto, si te das cuenta de que estás saliendo con un sociópata, lo saludable es dejar la relación.

A la espera de la rehabilitación mágica

Incluso cuando sabes que te están tratando mal, y te das cuenta de que tu pareja tiene problemas, puede que pienses que este problema tiene solución. Esto sucede a menudo cuando sales con alguien que bebe y se droga. Tú sigues esperando, rezando y creyendo que cuando llegue el día en que la persona esté limpia y sobria, todo mejorará.

Si la persona es un sociópata, eso no sucederá.

Recuerda, las características principales de la sociopatía incluyen la temeridad y la necesidad de emociones. Por esta razón, los sociópatas buscan siempre emociones, y normalmente las encuentran yendo de fiesta. Como resultado, muchos sociópatas desarrollan una adicción al alcohol y las drogas.

Los adictos y los sociópatas se comportan de manera similar. Son crueles. Tienen un bajo control de los impulsos. Se sienten con derecho a hacer lo que quieren y entregarse a sus adicciones, sin importar a quién dañan. Pero cuando las personas adictas que no son sociópatas se recuperan, sus comportamientos negativos disminuyen, y pueden realmente llegar a ser cariñosos y afectuosos. Cuando los sociópatas vencen sus adicciones — y algunos llegan a hacerlo — siguen siendo sociópatas.

Incluso cuando están limpios y sobrios, los sociópatas siguen siendo deshonestos, manipuladores y crueles. El comportamiento abusivo que emplean cuando usan drogas o alcohol probablemente continuará. Lo único que cambia es la excusa. Antes podían culpar a las drogas o al alcohol de su comportamiento. Una vez sobrios, es muy probable que sencillamente te culpen a ti de su comportamiento.

"Leslie" aprendió esto de "Gary" de la peor manera. Ambos tenían veintitantos, y ambos tenían hijas, cuando se conocieron. «Él era "todo" lo que yo quería ... apariencia perfecta, encanto, imagen de "chico malo"», dijo Leslie. «Yo iba a ayudarle a convertirse en un hombre formidable ... sin problemas de adicción ... ¡¡¡Qué equivocada estaba!!!»

En lo más profundo de sí misma, Leslie supo desde el inicio que Gary no le convenía. Pero se vio a sí misma como la "chica buena" con el gran corazón. Imaginó que podía arreglarlo, ayudarlo a vencer sus adicciones a las drogas y al alcohol. Luego, con sus respectivas hijas, se convertirían en la familia perfecta y vivirían felices para siempre. «Él necesitaba a alguien que le "mostrase el camino"», dijo Leslie. «Así que seguí durante años, esperando poder "cambiarle"... ¡Me perdí a mí misma en el proceso!»

Leslie había sido educada para ver siempre lo bueno de las personas, así que eligió no ver lo malo: la adicción que se apoderaba de la vida de Gary. Aunque le habían advertido sobre el temperamento violento de Gary, se casó con él, y dio y dio durante 17 años, sin esperar nada a cambio. Eso es exactamente lo que recibió: nada. Gary era emocional y físicamente abusivo. Robaba para financiar su adicción a las drogas. Y nunca renunció a sus adicciones.

«No puedo ni contar el número de veces que le dejé y volví con él, esperando que "abriese los ojos"», dijo Leslie. «¡¡¡Eligió la adicción y los amigos en lugar de elegirme a mí!!!»

Si estás saliendo con alguien que tiene problemas de adicción, analiza con cuidado las otras *Alertas rojas de estafa amorosa*. Si ves indicios que sugieran que la persona es sociopática, no tiene sentido esperar a que llegue ese día sobrio y sin sustancias. Incluso si tu pareja consigue vencer la adicción, él o ella no te ofrecerá nunca la relación afectuosa y devota que tú deseas y mereces. Cuanto antes logres salir de la relación, mejor.

La gran batalla durante una ruptura es contigo mismo

Normalmente, lo más difícil al romper con un sociópata es lidiar con tus propios sentimientos. Recuerda, tú has creado un vínculo psicológico con esta persona. Aunque el sociópata no formase realmente parte de la relación, tú sí lo hacías. El sociópata no creó un vínculo emocional. Tú sí.

Empezó al inicio de la relación, cuando te atraía el carisma, encanto, magnetismo, o el aspecto del sociópata (cualquiera que fuese el motivo de la atracción). Luego, cuando el sociópata expresó su interés por ti, o correspondió tu interés, conseguiste el objeto de tus deseos, lo cual te hizo sentir placer. Tu placer aumentó cuando el sociópata te trató como a una deidad, te colmó de atenciones, proclamó un amor para siempre. Te apegaste al sociópata, sintiendo una compulsión por estar con tu nuevo hombre o mujer de tus sueños. Te viste inundado de todas esas sustancias químicas liberadas durante la intimidad y el sexo: endorfinas, dopamina y oxitocina. El vínculo de afecto psicológico consolidado.

Tú, en ese momento, no te diste cuenta de que el sociópata no era capaz de amar. Así que cuando el sociópata se retiró, desapareció o fue infiel, sentiste ansiedad y miedo, lo que tuvo el perverso efecto de fortalecer el vínculo emocional. Luego, cuando los dos os reconciliasteis, sentiste alivio, os acostasteis juntos, y el ciclo empezó una vez más. Y con cada ciclo, el vínculo se hacía más y más estrecho. Al final, te sentías adicto a la relación, y desde el punto de vista de tu cerebro, lo eras.

Eso fue lo que le pasó a "Laurie". Ella y "Ed" tenían veintitantos, y trabajaban juntos en el campo de la medicina. Ed era guapo, gustaba a la gente, e hizo que Laurie se sintiese viva. Ella escribió:

«Nos conocimos, salimos juntos, me acosté con él, me dejó, descubrí que me había quedado embarazada, él me ignoró hasta el final del embarazo, cuando declaró que me amaba y me convenció de dar al bebé en adopción y ser feliz para siempre viviendo con él, me quedé embarazada otra vez, me pidió que abortase o se suicidaría, aborté, nos casamos, él mintió, fue infiel, manipulador y abusivo, nos divorciamos, regresó declarando haber cometido un error, nos volvimos a casar, él volvió a mentir, fue infiel, manipulador y abusivo, volvimos a divorciarnos... Estoy intentando superar 20 años de convivencia con él y las secuelas de mi relación con él».

La relación dio vueltas y más vueltas. «Desde que nos comprometimos, él mentía, era infiel y yo le dejaba», dijo Laurie. «Al principio, rogaba y lloraba, intentando así conseguirme de vuelta. Esto duró años. En un momento dado, dejó de reaccionar cuando me iba, porque sabía que tenía un control total sobre mí y que yo regresaría ya que era completamente incapaz de vivir sin él. Esto sucedió por lo menos 100 veces... hace que suene patética, pero realmente eran vaivenes constantes, cientos de mujeres, etc. De alguna manera, me hizo creer que ellas no significaban nada para él y que yo era su alma gemela, y que al final, si yo era lo suficientemente paciente, quizás este comportamiento cesaría».

Laurie era adicta a la relación. Al empezar a salir juntos, Laurie fue advertida sobre Ed. Sus compañeros de trabajo sabían de su pasado con otras empleadas. Pero Laurie creyó que el amor podía cambiarlo todo. Ignoró las advertencias.

Ignorar las advertencias

Muchos de los participantes de la Encuesta sobre la pareja sentimental de Lovefraud sintieron lo mismo que Laurie. Creían en el amor, en la bondad de las personas, que el cambio era posible. La mitad de las personas que completaron la encuesta admitieron haber sido advertidas por alguien de que no debían tener relación con el sociópata. El 21 por ciento dijo haber ignorado la advertencia. ¿Por qué?

A continuación se listan las razones dadas por los participantes:

Malinterpretados — 14 por ciento

Los encuestados creyeron que sus parejas sentimentales eran malinterpretadas, y que ellos las conocían mejor que nadie. Defendieron al sociópata y racionalizaron su comportamiento.

Decisión propia — 9 por ciento

Los encuestados no querían que se les dijese lo que tenían que hacer. Pensaron que podían manejar la situación y querían tomar sus propias decisiones. Cuando se les advertía sobre el sociópata, se enfadaban, se ponían a la defensiva y pedían a la gente que se mantuviesen alejados de sus asuntos.

Negación — 7 por ciento

Las advertencias eran demasiado intolerantes. Los participantes no creyeron lo que se les dijo; sencillamente, los sociópatas no podían ser tan malos.

Celos — 7 por ciento

Los participantes creyeron que aquellos que les advirtieron estaban celosos, que mentían o tenían algún otro motivo.

Yo puedo ayudar — 7 por ciento

Los participantes creyeron poder cambiar al sociópata. Quizás el individuo habían tenido problemas en relaciones anteriores, pero el amor entre ellos era diferente a todos los demás. O los participantes admitieron que existiesen problemas, pero creyeron que la relación mejoraría.

Estoy enamorado — 7 por ciento

Los encuestados escucharon las advertencias y, aun así, continuaron con la relación. Estaban enamorados, se habían vuelto adictos o disfrutaban del sexo. El dominio del sociópata era demasiado fuerte para marcharse.

¿Por qué sucedió esto? ¿Por qué tantas personas escucharon advertencias y las ignoraron? Porque no sabían lo que era un sociópata.

No nos enseñan sobre los depredadores humanos. No nos enseñan que hay personas en este mundo que parecen y actúan exactamente igual que nosotros, pero que se pasan la vida explotando a otros. He hablado con cientos de personas que han sido el blanco de un sociópata. Me han dicho, una y otra vez: «No sabía que semejante maldad existiese».

Los participantes de la encuesta de Lovefraud recibieron atención y adoración por parte de los sociópatas. No vieron el comportamiento perverso descrito por quienquiera que tratase de advertirles. Al no entender que los sociópatas existen, y al no ser conscientes de sus patrones de comportamiento, las advertencias no tenían sentido.

Cambiar la forma en la que vemos la vida

Todos nosotros tenemos un cierto *Weltanschauung*, una palabra tomada del alemán que significa "la forma de ver la vida". Tenemos ideas y creencias sobre cómo funciona el mundo, la naturaleza de las cosas, y la naturaleza de las personas. Quizás seamos idealistas respecto a poder ayudar a los demás, hacer que el mundo sea un lugar mejor. Puede que pensemos que "las personas son esencialmente buenas", "todo el mundo merece una oportunidad", "el amor puede cambiarlo todo". Estos son prismas bajo los que interpretamos todo lo que vemos y las experiencias que vivimos. A su vez, estos son los prismas bajo los que abordamos nuestras relaciones.

Muchos de nosotros comenzamos relaciones con personas que resultan ser sociópatas al dar por hecho que, si existe un exterior abusivo, debe haber un "pobre niño no amado" que se esconde en el fondo de la persona. Intentamos apoyar a ese individuo interior, ofreciendo un amor incondicional; para luego descubrir que bajo la cáscara realmente no hay nada. La persona está vacía por dentro. Se revela la verdad, y nos damos cuanta de que nuestra pareja sentimental nunca nos quiso; de hecho, todo lo que pensábamos sobre él o ella es mentira.

Cuando esto sucede, experimentamos mucho más que la pérdida de una relación. Nos han traicionado completamente. Los primas bajo los que veíamos el mundo se hacen añicos, y quedamos conmovidos hasta lo más profundo de nuestro ser. Cuestionamos todas nuestras creencias, tan profundamente arraigadas, sobre las personas, la vida, y cómo ésta debe vivirse. Nos han engañado y estamos destrozados emocionalmente, y nos vemos forzados a admitir que la visión que tenemos del mundo contiene muchos fallos.

Sí, nuestras experiencias con los sociópatas son devastadoras. Pero no creo que tras toparnos con estos depredadores tengamos que renunciar a nuestros ideales. No obstante, debemos reconocer que nuestros ideales no pueden abarcar a todo el mundo.

Hay algunas personas que han tenido muy mala suerte, y con conocimiento y asistencia consiguen cambiar el rumbo de sus vidas. Ellos merecen nuestros esfuerzos. Sin embargo, los sociópatas seguirán haciendo lo suyo, sin importar con cuánta perseverancia intentemos ayudarlos, salvarlos, reformarlos.

Debemos aprender a distinguir entre las personas que tienen corazón y conciencia y aquellas que no tienen. Luego podremos prodigar nuestro tiempo, amor e idealismo a aquellos que puedan beneficiarse de nuestros esfuerzos. A los otros, los dejamos atrás.

Desaparecer

A veces son los sociópatas quienes acaban con la relación. Normalmente, la rutina del ciclo de "devaluación y descarte" – simplemente deciden que ya no eres necesario en sus vidas y, te dejan o te echan – es emocionalmente brutal. Tiempo atrás te acomodaste en un pedestal, con el sociópata cantándote alabanzas. Luego, de repente, ni mereces que te devuelvan la llamada.

Quizás, cuando esto sucede, los problemas hayan estado solidificándose en tu relación por un tiempo. Podrías haber estado haciéndole frente al abuso. O, quizás, se te estaba agotando el dinero y exigiste al sociópata que cumpliese todas sus promesas y te devolviese el dinero.

A veces, sin embargo, no tienes ni idea de que tu pareja está insatisfecha. Un participante de la Encuesta sobre la pareja sentimental de Lovefraud escribió sobre su marido: «Se marchó, después de nueve años, sin decir ni una palabra ... Yo volví a casa, después de haber estado fuera tan solo 45 minutos, y encontré su armario vacío».

Generalmente, cuando un sociópata desaparece sin aviso, él o ella ha sido infiel durante un tiempo y decide concentrarse en su nuevo blanco. Si tú has estado proporcionando el apoyo económico y se te han agotado los recursos, probablemente esa nueva alma gemela tenga más que ofrecer. O la razón del sociópata sea algo tan endeble como que desea cambiar de ambiente, lo que significa un cambio de pareja.

¿Qué debes hacer? Si el sociópata te deja, y no te contacta nunca más, deja que él o ella se vaya y da gracias. Por dolorosa que sea su desaparición, cuanto antes tengas al parásito fuera de tu vida, mejor.

A veces, no obstante, la desaparición no es permanente. Puede que los sociópatas se marchen, y luego, meses o incluso años después, vuelvan a ponerse en contacto. Te dicen que dejarte fue el mayor error de sus vidas. Después de haber estado separados, se han dado cuenta de cuánto te han echado de menos, te dicen que lo sienten muchísimo y te preguntan si puedes, por favor, perdonarles e intentarlo de nuevo.

Que quede bien claro: es solo otra estafa. No importa lo que digan, los sociópatas no son en realidad capaces de cambiar de actitud. Probablemente, su interés amoroso más reciente les haya echado y necesiten una nueva fuente de dinero, sexo y alojamiento. Están investigando si pueden chuparte la sangre de nuevo.

No te creas esas nuevas palabras mejoradas sobre amor y remordimiento. Son palabras vacías, como lo fueron siempre.

Romper y volver juntos

Muchos blancos intentan acabar sus relaciones con sociópatas, pero siguen siendo atraídos. La Encuesta sobre la pareja sentimental de Lovefraud pidió a los participantes que describiesen cualquier historia sobre ruptura y reconciliación con esa persona a la que ahora identificaban como sociópata. Un 17 por ciento de los participantes describió una interminable montaña rusa, un ciclo continuo de rupturas y encuentros. Así fue como lo explicó una mujer:

> *El drama era constante. Su mal humor estallaba y yo me marchaba o intentaba dejarle. Él se agarraba a mi coche y lloraba. A veces era difícil marcharse. Yo siempre tenía un plan de huida, pero no siempre funcionaba. Estos episodios venían seguidos por una gran cantidad de disculpas por su parte y súplicas de perdón. Él siempre prometía que cambiaría. Por supuesto, él no era capaz de mantener un cambio positivo, así que era un ciclo constante de abuso y disculpas. Me desgastaba.*

A menudo, los sociópatas quieren aferrarse a ti; no porque te quieran realmente, sino porque aún te están usando. Así que cuando tú te separas, ellos inician una campaña para recuperarte. Te presionan directamente o van a tu familia y amigos, actuando de forma consternada ante la posibilidad de perderte, y queriendo que ellos "hablen contigo". Normalmente, los sociópatas emplean algunas o todas estas estrategias: llorar y rogar, hacerse la víctima, echarte la culpa, amenazar con violencia y amenazar con el suicidio.

Tácticas para recuperarte

Postrándose de rodillas, con lágrimas reales corriendo por sus mejillas; los sociópatas que suplican otra oportunidad son capaces de ofrecer actuaciones dignas de un Óscar. Sollozan, se disculpan y prometen, todo para lograr astutamente entrar de nuevo en tu vida. El 11 por ciento de los lectores de Lovefraud han visto esta actuación. Así es como algunos lo describieron:

Ella me pedía volver constantemente, prometiendo que las cosas serían diferentes. Nunca lo eran. Empeoraban.

Él miente, engaña, yo lo descubro, tenemos una pelea, vamos a terapia, él miente al terapeuta, yo dejo de ir, él llora y suplica y declara que será un "nuevo hombre" y que nada de "esto" volverá a pasar... y, por supuesto, siempre vuelve a pasar.

Él era muy sensible, extremadamente, y después de romper activaba las lágrimas y se comportaba como un perro con el rabo entre las piernas. Cuando se daba cuenta de que se le había perdonado, la "actuación" llegaba a su fin.

Los sociópatas parecen estar sufriendo tanto, y su malestar parece tan genuino que puede que te den pena. Date cuenta de que este es su objetivo. Quizás, al principio de la relación, hacen que te enganches haciendo que te den lástima. Si funcionó una vez, dan por sentado que funcionará de nuevo.

Algunos sociópatas, cuando intentas marcharte, contraatacan echándote la culpa de todos los problemas en la relación. Te culpan incluso de su espantoso comportamiento. «Él me decía que era yo quien iniciaba siempre las peleas y que sabía lo que decir para molestarle y entonces él perdía el control», escribió una mujer encuestada.

La mujer había sido sometida a amenazas de violencia y asalto físico. Asombrosamente, las amenazas de violencia son una poderosa herramienta, no para ahuyentar a alguien, sino para conseguir que el blanco permanezca en la relación. ¿Por qué? Por el miedo.

"Cecelia" aprendió esto de "Kenny" de la peor manera. Los dos tenían cuarentaitantos cuando se conocieron por Facebook. Después de un mes, se conocieron en persona, y Kenny hizo que la relación fuese acelerada y dinámica. «Le conocía de un día y ya quería comprarme ropa interior», dijo Cecelia. «Kenny se pasó todo el fin de semana cortejándome intensamente, haciendo cosas — como ir al cine — que nunca volvimos a hacer».

Tras ese primer fin de semana, Kenny se mudó para estar cerca de Cecelia. En realidad, ella se sentía incómoda con la situación, pero se dijo a sí misma que eran sólo nervios. «Me sentía físicamente enferma», dijo, «pero luego aprendí a controlar mis nervios bebiendo algo antes de que él llegase a mi casa».

Cecelia debería haber escuchado a su cuerpo, y a sus amigos, quienes odiaron a Kenny de inmediato. Con el tiempo, descubrió que Kenny tenía un largo historial penal, y ella sabía que debía acabar la relación.

«Hubo muchas rupturas», dijo Cecelia. «Yo escapaba, pero él usaba la culpabilidad y las lágrimas para conseguirme de nuevo. Hubo varias rupturas y a menudo usó amenazas violentas contra mi familia, amigos, mi casa, etc., diciendo que JAMÁS me permitiría tener una vida sin él. Tenía tanto miedo que pensaba que esto era cierto y temía por la seguridad de mis amigos y mi familia, así que volví con él».

Al final, Cecelia consiguió librarse de Kenny. La pesadilla duró menos de un año.

Amenazas de suicidio

Si intentas terminar la relación, algunos sociópatas amenazan con suicidarse.

Esto es lo que le pasó a "Janet" con "Will". Las amenazas fueron inesperadas, porque lo que ella había encontrado increíblemente atractivo en Will desde un principio era "su pasión por la vida y magnetismo". Describió el inicio de la relación como "apasionado, intenso, rápido, absorbente".

No obstante, después de tan solo cuatro meses, empezó a cambiar. «Will era muy abusivo, emocional y físicamente», dijo Janet. «Comenzaba peleas que duraban hasta ocho horas, no me dejaba dormir y decía cosas horribles. Nunca llegó a pegarme, pero la cosa era rozaba el maltrato físico, con agarrones y empujones. Arrojaba objetos en mi dirección y golpeaba la pared al lado de mi cara.

«Rompimos por lo menos cinco veces, pero siempre conseguía

que volviese, con sus juegos psicológicos, sus amenazas de suicidio, y promesas de que cambiaría», continuó Jane. «Finalmente, conseguí escapar. Mientras me iba, amenazó con matar a nuestras mascotas».

En lo que se refiere a amenazas de suicidio, la mayoría de la gente las interpreta como señales de un alma afligida, alguien tan lleno de desesperación que no puede seguir adelante. Normalmente, esto es cierto. Estudios muestran que el 98 por ciento de las personas que llegaron a suicidarse sufrían de, por lo menos, un trastorno mental. Los trastornos del estado de ánimo, como la depresión, representaban el 30 por ciento de los diagnósticos, seguido por problemas de abuso de sustancias con un 18 por ciento, y la esquizofrenia con un 14 por ciento. Las personas diagnosticadas con trastornos de personalidad, incluyendo trastorno de personalidad antisocial, representaban un 13 por ciento de los suicidios.2

No obstante, cuando un sociópata comete suicidio, no lo hace porque se encuentra abrumado por el dolor de la vida. Los sociópatas quieren morir con las botas puestas o suicidarse en un acto final de superioridad despectiva.

Steve Becker, LCSW (trabajador social clínico con licencia, por sus siglas en inglés), explicó esta actitud en un artículo en el Blog de Lovefraud:

"Déjame empezar con un poco de lógica ordinaria y brutal: para muchos sociópatas, como ya sabemos, la vida es como un juego; por lo tanto, cuando finaliza el juego, finaliza la vida. Si ya no hay juego, ¿qué queda? Puede que la respuesta sea: nada".

"Aunque quizás no sea tanto 'desesperación' y 'depresión' lo que le queda al sociópata una vez que se cierra el telón de su actuación, como el hecho de que se niega a seguir aceptando una existencia que sabe que no le ofrecerá las satisfacciones a las que se ha acostumbrado, o quizás vuelto adicto y, ciertamente, favorecido".

"Entonces, ante este gigantesco problema, el sociópata, con su infame inclinación a huir de situaciones inconvenientes, podría considerar 'irse al otro barrio' —

suicidarse — cuando la vida, también, se vuelve irresoluble e inconveniente".

"Algunos sociópatas, reconociendo que su carrera de explotación ha terminado, podrían usar el suicidio como un último acto de rebelión y desprecio, como para decir: '¡Ves! Puede que tú me hayas detenido, ¡pero mira! Me mataré, ¡y así volveré a escapar! Nadie me atrapa a mí. ¡Nadie puede hacerme rendir cuentas! Yo a quien le rindo cuentas es a mí mismo, y ahora decido desaparecer, de forma permanente. ¡Ja!'"3

Así que, si estás saliendo con un sociópata, y él o ella amenaza con suicidarse cuando tú intentas dejar la relación, ¿qué es lo que debes hacer?

Márchate de todos modos.

Identifica lo que la amenaza de suicidio es en realidad: una declaración brutal para ejercer control sobre ti. Ve e informa a la policía o a una organización de salud mental adecuada sobre la amenaza de suicidio, pero no regreses.

Si la persona es realmente suicida, debes dejar que sean las personas capacitadas para abordar este tipo de situaciones las que solucionen. Pero si el sociópata cumple con su amenaza, ten presente que él o ella no languidecía de amor; la intención de su acción fue herirte y hacer que te sintieses culpable. No es culpa tuya. El sociópata tomó la decisión, y él o ella puede morir llevándose su determinación consigo.

La violencia doméstica

Entre las relaciones más difíciles de acabar están aquellas en las que existe violencia doméstica. Esto parece difícil de creer; ¿por qué querría alguien continuar con una relación cuando está siendo agredido físicamente? La respuesta radica en la progresión sociopática de manipulación y control.

Tanto hombres como mujeres cometen delitos de violencia doméstica. Un estudio sobre jóvenes — entre18 y 28 años — llevado a cabo por los Centros para el Control y Prevención de Enfermedades, descubrió que la violencia estaba presente en casi un

24 por ciento de las relaciones sexuales, y en la mitad de este porcentaje la violencia era recíproca, lo que significa que ambas personas usaron la fuerza física. En las relaciones donde solo una persona era violenta, fueron mujeres las perpetradoras en más del 70 por ciento de los casos. No obstante, es mucho más probable que sean los hombres quienes causen lesiones.4

Los hombres que usan la violencia durante las relaciones sexuales suelen ser sociópatas. Según la Dra. Liane Leedom, «estudios sobre perpetradores varones de violencia de género revelan que un 50 por ciento son sociópatas y otro 25 por ciento presentan características sociopáticas pero no tienen el trastorno completo».5

Las relaciones que se vuelven físicamente abusivas no son así al inicio. Cuando las parejas abusivas son sociópatas, las personas se muestran siempre encantadoras y carismáticas al principio. Derrochan atención. Están en constante contacto. Si el blanco se da cuenta de que están siendo un poco posesivos, el comportamiento es interpretado como una señal de amor, no control.

"Bonnie" y "Sid", por ejemplo, trabajaron juntos cuando ella tenía 15 años y él 18. Sid era todo un partido: guapo y divertido. Empezaron a salir juntos.

«Él me trataba bien, me invitaba a salir mucho, me compraba regalos, era buen bailarín y muy teatral, lo cual me encantaba porque yo era bailarina», dijo Bonnie. «Él quería que nuestra relación fuese exclusiva, y eso hizo que me enamorase. Era muy posesivo, ¡pero a los 15 años de edad pensaba que eso significaba que me amaba y me quería solo a mí!

Bonnie se sentía halagada por la afectuosa atención de Sid; especialmente porque su vida doméstica, con una madre narcisista, era miserable. Unos cuantos meses después de empezar a salir, Sid le dijo a Bonnie que quería casarse con ella. Cuando tenía 18 años, en parte para escapar de su madre, Bonnie fue y se casó con Sid.

«Él se volvió frío e indiferente HORAS después de habernos casado», dijo Bonnie. «Durante nuestra luna de miel de UNA única noche en un bonito motel, se paró a comprar dos sándwiches italianos de camino al motel y dijo: 'Van a poner una película buena esta noche, ¡¡¡así que NO ME MOLESTES!!!' ¿Te lo puedes imaginar? Estaba sorprendida y muy herida, ¡y ATRAPADA! No tenía a dónde ir, así que tuve que quedarme y aguantar».

Bonnie aguantó 10 años. «Sid era antisocial conmigo, con nuestros dos hijos, vecinos, amigos, la gente fuera de nuestro círculo, agentes de policía, jueces, abogados, la gente que camina por la calle, y con las mascotas, incluidas las de los vecinos», dijo ella. «Era verbal, emocional, psicológica y físicamente destructivo CONMIGO. Incluso destruyó objetos que conseguí o gané en el colegio: trofeos, anuarios, etc. ¡¡¡Tenía muy mal genio y cada semana rompía objetos alrededor de la casa y daba puñetazos en la pared!!! ...Se comportó de forma abusiva en el juzgado cuando estábamos en trámites de separación y, posteriormente, de divorcio. Fue horrible. Pero se salía con la suya».

Al final, Bonnie consiguió huir; ¿pero por qué se quedó durante tanto tiempo? No contaba con la ayuda de una familia, así que estaba atrapada, no tenía a dónde ir. Quizás Sid la eligiese justo por esa razón. Los sociópatas quieren control y, al no tener a nadie que la ayudase, Bonnie fue un blanco fácil.

Otra participante de la Encuesta sobre la pareja sentimental de Lovefraud contó una historia similar, pero mucho peor, con manipulación extrema, lavado de cerebro y maltrato físico.

A los 20 años "Sheila" fue a un baile con su prima, donde conoció a "Leon", quien tenía veintitantos. «Él era muy guapo y estaba en forma, y le gustaba hacer surf, como a mí», recordó Sheila.

Después de pasar toda la noche bailando, Leon le pidió a Sheila que saliese con él. «Él fue un tanto agresivo con el tema», dijo Sheila. «Porque yo me estaba tomando mi tiempo para decidir, para no dar la impresión de ser demasiado ansiosa, pero él exigió que tomase una decisión en ese mismo momento».

Sheila dijo que sí. Debería haber dicho que no.

Salieron juntos, se casaron. El día después de la boda, Leon le dijo a Sheila que odiaba a las morenas y que no sabía por qué había salido con una. Sheila tenía el pelo negro y le llegaba hasta la cintura. Leon exigió que se lo tiñese. Ella lo hizo, y Leon le dijo que no era lo suficientemente rubio. El pelo se volvió frágil y empezó a quebrarse desde la raíz al peinarse, así que Leon cogió las tijeras y se lo cortó hasta la barbilla. Éste era solo el principio de su comportamiento controlador.

Escapar del sociópata

Leon empezó a pegar a Sheila en el primer mes de matrimonio. «Me sentía tan avergonzada que no podía contárselo a nadie», dijo ella. «Él siempre aseguraba que era culpa mía, porque le molestaba cuando sabía que había estado bebiendo». Todo lo que salía mal era por culpa suya. «Si le daba la bienvenida al llegar con abrazos y besos, decía: "Me pone enfermo cómo me baboseas"».

Leon se volvió cada vez más abusivo físicamente. Con el tiempo, Sheila tuvo un ataque al corazón en el trabajo. Su jefe la llevó a la sala de emergencias del hospital local. «Mis brazos y piernas se pusieron negros hasta los codos y rodillas porque mi corazón había dejado de latir», dijo Sheila. «Tenía palpitaciones nerviosas tan severas que todo mi cuerpo temblaba. Los doctores me hicieron pruebas sin poder encontrar la causa, hasta que uno empezó a hacerme preguntas, y descubrió que estaba tan tensa que había, literalmente, hecho que mi propio corazón dejase de latir».

Leon exigía que Sheila no gritase o llorase cuando le hacía daño. Había desarrollado un dominio propio tan fuerte, para evitar más palizas, que no podía liberar su tensión de ninguna otra manera que no fuera una crisis emocional o un colapso físico, que fue lo que ocurrió cuando se le paró el corazón.

Siguiendo el consejo del doctor, Sheila dejó a Leon, e intentó liberar las lágrimas para deshacerse de la tensión. Pero tres meses después tuvo un accidente de coche. En el hospital, Leon consiguió su nueva dirección, y usó todo tipo de artimañas para manipularla emocionalmente y hacerla volver. Luego convenció a Sheila de que sus padres estaban avergonzados de ella, y dudaban sobre su cordura.

«Estaba tan destrozada que me tragué hasta el último tranquilizante que el doctor me había prescrito, así como analgésicos y antibióticos», dijo Sheila. «No es que realmente quisiese morir, pero no podía ver ninguna forma de escapar del tormento de sus crueles palabras, y el que siempre me buscase, encontrase y acosase. Perdí el conocimiento por 36 horas, y me alegré tanto de despertar y estar aún viva. Me prometí a mí misma que nunca más dejaría que alguien me hiciese sentir tan mal».

Así que cuando Leon trató de engañarla para que volviese, ella aguantó.

«Durante esos nueve años tuvimos tres hijos; cuando no me pegaba una paliza y me provocaba un aborto. Perdí unos 30 embarazos», dijo Sheila. «Seguía aferrada a la esperanza de que sus llantos y ruegos y sus palabras de que cambiaría y dejaría de hacerme daño fuesen verdad esta vez. "Dios no te lo perdonará jamás si no me das otra oportunidad". Utilizó todo tipo de palabras conmigo, e iba a mis amigos y familia con una llantina desgarradora, "honesta", arrepentida, y le decía a todo el mundo cuánto me quería, y los demás ponían mucha presión, porque "¿cómo puedes alejar a tres niños pequeños de su padre?"»

Con el tiempo, Sheila se dio cuenta de que cualquier tipo de reacción emocional a sus crueles palabras o maltrato físico sólo conseguía excitar más a Leon. «Me convertí en una página en blanco y me mantenía completamente tranquila mientras él me hacía rebotar entre paredes y alacenas. De esa manera, su furia decaía rápidamente», dijo Sheila. «Sólo el tener una pila de pañales limpios doblados en el salón era suficiente para hacerle saltar, cuando volvía a casa después de haber estado en el bar bebiendo con sus amigos. Yo estaba aislada de amigos y familia, a menos que él quisiera visitarles para conseguir una comida gratis».

«Nadie sabía lo que estaba pasando, ya que yo tenía demasiado miedo de revelarlo, porque él sabía mentir y encubrir sus acciones, y me castigaba si decía algo», continuó Sheila. «Sabía cómo doblarme los brazos y hacerme muchísimo daño sin dejar marcas. Él pegaba con cuidado de no causar moratones en zonas que no estuviesen cubiertas por ropa, donde se verían. Cargaba su rifle y lo apuntaba contra mí, y me decía que a veces sucedían accidentes, y que le diría a la policía que él estaba limpiando su pistola cuando ésta se disparó sola. Amenazó con matarme de alguna manera en la que nadie llegaría a saber lo que había sucedido».

Sheila recibía constantemente descargas eléctricas de aparatos electrodomésticos. Una mañana, preparándole tostadas y café a su marido, se electrocutó con el hervidor. La carga corrió a través de su brazo y hasta el fregadero, y fundió la cadena metálica del tapón con el fregadero de acero inoxidable. Sheila llevaba chanclas de goma puestas, porque Leon nunca le daba dinero para comprar zapatos. Éstos la salvaron.

Ese día, ella llamó al inspector de electricidad estatal para que revisase su casa. Éste descubrió que el cable de tierra de la cocina estaba cortado e introducido en la cavidad de un ladrillo. La lavadora no tenía puesta a tierra, y la aspiradora tenía una puesta a tierra defectuosa.

«El inspector dijo que, si no se equivocaba, ¡juraría que alguien estaba tratando de matarme!» dijo Sheila.

«Invité a que una vecina viniese a tomarse un café a la hora en la que sabía volvería mi marido a casa», continuó. «Estaba muy enfadado de que alguien estuviese en casa, pero sólo nos lanzó una mirada de odio a ambas, y ella se sintió incómoda. Yo le conté alegremente sobre la visita del inspector, y lo que me había dicho. Dije: "Tú eres electricista y más te vale repararlo todo o PARECERÁ que ESTÁS intentando matarme"».

A Leon le entró el pánico y lo arregló todo ese mismo día.

Finalmente, se divorciaron, pero incluso entonces Leon no dejaba en paz a Sheila. Usaba los tribunales para acosarla, intentando quitarle los niños. En una ocasión, después del divorcio, Sheila pasó la noche en casa de un amigo. Cuando volvió a casa, descubrió que su pequeño caniche había sido aporreado hasta morir, golpeado tirando de su correa contra una valla hasta que todos sus huesos estuvieron rotos. La policía estaba horrorizada, e hicieron que la compañía de teléfonos conectase un teléfono ese mismo día para que Sheila pudiese llamarles si lo necesitaba.

Leon todavía tenía visitas con sus hijos y, durante 14 años, continuó acosándola cada vez que los recogía o devolvía, incluso cuando vivía con otra mujer. «Cada vez que tenía a los niños, se dedicaba a envenenar sus mentes contra mí para que estuviesen resentidos conmigo y me echasen la culpa de que su padre no pudiese vivir con ellos», dijo Sheila. «Mientras se iban haciendo mayores, perfeccionaba su lavado de cerebro, para que los niños no notasen la manera sutil en la que manipulaba sus pensamientos. Volvían después de unas vacaciones de tres semanas con él y me trataban de una forma terrible. Luego, con el tiempo, se daban cuenta de la realidad, y se sentían mal, se disculpaban y pedían que les perdonase. Les molestaba que él les hubiese contado mentiras».

Ciclo de abuso

Lo que aguantó Sheila fue violencia doméstica. Toda la literatura sobre violencia doméstica dice que lo que quiere la pareja abusiva es poder y control. Esto es, por supuesto, exactamente lo que quiere un sociópata. Por lo tanto, la violencia doméstica es un comportamiento sociopático llevado a un extremo abusivo.

La gente que inflige violencia doméstica usa todas las estrategias sociopáticas típicas: enloquecimiento mediante engaños, coacción, intimidación, reproches, culpa y todas las formas de abuso: verbal, psicológico, emocional, económico, sexual y físico. Normalmente, la relación se vuelve un patrón predecible, descrito por primera ver por la Dra. Lenore Walker en su libro de 1979: *The Battered Woman (La mujer maltratada)*.6 El ciclo de abuso comienza con una acumulación de tensión amontonándose, la cual estalla y se convierte en actos de maltrato, a los que sigue la reconciliación, tras la cual se instaura un periodo de tranquilidad; hasta que la tensión vuelve a acumularse.

Fundamentalmente, este es el mismo patrón que crea vínculos psicológicos, como se explicó en el capítulo 6; salvo que, cuando los perpetradores provocan miedo y ansiedad, lo hacen con el abuso y la violencia. Debido a que el ciclo de abuso crea unos vínculos tan fuertes, y la manipulación psicológica debilita las fuerzas internas de la víctima, a menudo les resulta extremadamente difícil marcharse.

Si te encuentras en una situación de violencia doméstica, ten en cuenta que probablemente estás tratando con un sociópata. Los sociópatas nunca cambian. Si quieres tener una vida o, según el caso, si quieres salvar tú vida, debes escapar. Si tienes la sensación de que no puedes hacerlo por tu cuenta, pide ayuda.

Cómo acabar la relación: No Tener Contacto

Una vez que te das cuenta de que debes acabar la relación, ¿cómo lo haces? Borra al sociópata de tu vida. Esto significa no contestar llamadas, correos, mensajes, y desde luego no quedar en persona. Significa No Tener Contacto.

Hay situaciones en las que esto es difícil, como en el caso de que trabajes con el sociópata, o si tenéis hijos juntos. En estos casos, debes cumplir el No Tener Contacto como mejor puedas. Pero hablemos de las situaciones en las que es posible deshacerse de la persona, como en una relación sentimental. ¿Cuál es la mejor manera de imponer el No Tener Contacto? Clara, firme y permanentemente.

Un libro fantástico llamado *The Gift of Fear (El Valor del Miedo)*, de Gavin de Becker, dedica varias páginas al tema de cómo rechazar a los pretendientes indeseados, y éstas son unas de las páginas más provechosas de todo el libro.

De Becker habla del momento en el que una mujer decide que ya no quiere seguir estando con un hombre. El mismo consejo es relevante también para los hombres que necesiten acabar una relación con una mujer. El autor dice de no preocuparse sobre cómo decepcionarlos benévolamente. Esto es lo que escribe:

> "Se debe aplicar una regla a todas estas persecuciones no deseadas: No negocies. Una vez que una mujer ha tomado la decisión de que no quiere estar en una relación con un hombre en particular, debe decirse una sola vez, explícitamente. Casi cualquier contacto después del rechazo parecerá negociación".[7]

¿Entonces, qué significa esto? Después de decirle a la persona una vez — repite, *una vez* — que no quieres una relación con él o ella, abandonas todo tipo de contacto.

Ten por seguro que los sociópatas intentarán recuperarte. Cuando esto suceda, no entables ninguna conversación con ellos. No continúes diciéndoles que no quieres hablar, porque, ¿sabes qué?: aunque estés diciendo "déjame en paz", *estás hablando con ellos*. No ignores 40 mensajes de texto y luego conteste al mensaje número 41 con un "¡deja de mandarme mensajes!" Acabas de darle al sociópata lo que quería: una respuesta. Continuarán mandándote mensajes hasta conseguir otra respuesta.

Aunque vaya en contra de tu naturaleza, si estás tratando con un sociópata, es posible que debas ser cruel. Suavizar tu mensaje es contraproducente. Si intentas ser agradable y delicado, los sociópatas podrían ver tu amabilidad como una vía para atraparte. No expliques por qué no quieres una relación. Una explicación tan sólo ofrece al sociópata algo que cuestionar, y a ellos les encanta discutir. Si dices: "Ahora mismo no quiero una relación", el sociópata seguirá intentándolo contigo hasta que cedas.

Pegarse como una lapa

Es importante ser firme, porque los sociópatas son capaces de persecuciones persistentes. En la Encuesta sobre la pareja sentimental de Lovefraud, el 12 por ciento de los participantes dijo que el sociópata les convenció de empezar una relación básicamente con persecución y perseverancia.

"Rachel", por ejemplo, fue a una primera cita con "Marco", pero no quería volver a verle. «Le dije por teléfono que no quería una segunda cita», dijo Rachel. «Él me dijo: "Quiero que me lo digas a la cara", así que vino donde trabajaba y se sentó afuera hasta que salí. No le negué una segunda cita».

Marco era guapo y extrovertido. Rachel se veía como una chica corriente, así que estaba sorprendida de que un hombre guapo, como lo era él, la eligiese a ella. «Luego supe que era desagradable por dentro, pero me sentía incapaz de dejarle», dijo.

Tan sólo cinco días después de empezar la relación, Marco proclamó su amor. Tras lo cual no dejó a Rachel en paz. «Él era como una lapa», dijo ella. «No me dejaba ni un segundo libre para respirar y evaluar la relación».

Rachel no tenía mucha familia, y pronto Marco la aisló de sus amigos. Se topó con una exnovia de Marco, quien le preguntó: "¿Te ha pegado ya?" En ese momento, aún no lo había hecho, pero más tarde sí que lo hizo.

Rachel no puede explicar cómo empezó una relación con Marco. «Yo creía que era una mujer fuerte», dijo. «Él me quitó esa fuerza». ¿Entonces qué sucedió? Rachel contó su historia:

«Me mudé con él después de cinco meses, me fui pero seguimos saliendo juntos, me quedé embarazada, volví a mudarme con él. Me fui con el bebé. Rompimos por tres días, luego volví a sucumbir ante él. Me quedé embarazada y lloré. Nos casamos en el juzgado y volví a mudarme con él, sintiéndome estúpida y atrapada. Compramos una casa juntos, él perdió su trabajo por culpa de la bebida y por amenazar a un compañero, mientras la casa se encontraba en plica. Yo era el sostén de la familia, con dos hijos pequeños. Él jugaba al golf y pagó a una niñera para que cuidase de los niños, todos los días por nueve meses. Tres años y medio después, ahorré el dinero suficiente a escondidas para dejarle y mudarme más cerca del trabajo. A partir de ahí comenzó la batalla por la custodio».

No te acuestes con un sociópata

La historia de Rachel toca un punto importante: si te das cuenta, o tan sólo sospechas, que estás saliendo con un sociópata, no te acuestes con la persona.

Como escribí en el Capítulo 6, no existe eso de "sólo sexo". El sexo libera todas esas sustancias químicas que aumentan tu confianza en el sociópata, refuerza el vínculo de afecto psicológico y reprograma tu cerebro. El sexo hace que sea más fácil que te introduzcas en la maraña de engaños tejida por el sociópata, y que te sea más difícil escapar.

Una de las consecuencias del sexo, obviamente, son los hijos. Tener hijos con un sociópata es una pesadilla que puede ocasionarte problemas durante el resto de tu vida.

Si tienes mucha suerte, el sociópata te abandonará a ti y a los niños, y los tendrás que criar por tu cuenta. Si no tienes suerte, los niños te atarán al sociópata para siempre, y él o ella los utilizará para manipularte, explotarte y controlarte.

Hay algo más que también hay que considerar. El trastorno de personalidad sociopática es altamente hereditario. Lo cual significa que, cuando tienes hijos con un sociópata, éstos podrían heredar una predisposición genética a convertirse ellos también en sociópatas. El que desarrollen o no el trastorno está influenciado por el ambiente de su infancia y la forma en la que son educados.

Los sociópatas son terribles como padres. En el mejor de los casos, abandonan a sus hijos. En el peor de los casos, intentan enérgicamente convertir a sus hijos en copias en miniatura de ellos mismos. Si el sociópata continúa formando parte de la vida de los hijos, te será extremadamente difícil criarlos con el fin de que lleguen a ser adultos sanos.

El no tener contacto rompe con la adicción

Cuando tienes una relación con un sociópata, los vínculos sexuales y de afecto psicológico cambian la química y la estructura de tu cerebro, de una manera muy parecida a como lo hace la adicción al alcohol o la droga. Por lo tanto, debes considerar que la ruptura de la relación es como acabar con una adicción. Al eliminar al sociópata de tu vida, debes redoblar tu fuerza de voluntad y cortar en seco.

De eso se trata el No Tener Contacto. No aceptes ver al individuo por motivo alguno. No contestes a sus llamadas. La mayoría de la gente piensa que deben conseguir un número de teléfono nuevo para eludir las llamadas no deseadas. No obstante, en *El Valor del Miedo,* Gavin de Becker recomienda una estrategia diferente: no cambies tu número de teléfono, pero consigue uno adicional. Da tu nuevo número de teléfono a personas con las que quieres hablar, y haz que todas las llamadas al antiguo número vayan directamente al buzón de voz. De esta manera, el sociópata no sabe que tienes un nuevo número de teléfono, pero sí que sabe que no estás respondiendo a sus llamadas.8

Puedes aplicar una estrategia similar con tu correo electrónico. Crea una regla en tu programa de correo electrónico — como Microsoft Outlook — para que los correos de la dirección de correo electrónico del sociópata vayan directamente a un archivo especial, sin tener que verlos siquiera. Claro está, es fácil conseguir nuevas direcciones de correo electrónico, y los sociópatas suelen hacer esto, por lo que es posible que tengas que seguir añadiendo direcciones a tus reglas de filtro de correo. Sencillamente hazlo, y no le respondas.

Eliminar el contacto con el sociópata permite que los cambios que la relación produjo en tu cerebro se vengan abajo. Cuanto más tiempo mantengas el No Tener Contacto, más te recuperas, y más fuerte te haces.

¿Qué sucede si llevas el No Tener Contacto a medias? ¿Qué sucede si te rindes y le respondes al sociópata? Es como un alcohólico que vuelve a darle a la botella: tendrás que empezar el proceso de recuperación desde cero.

Esto es lo que le sucedió a "Lenore", quien contó su historia en una carta enviada a Lovefraud.

Yo debía, literalmente, contar los días que pasaban en los que me negaba a contactarle, y celebré el Día 120, porque me sentí recuperada. Pues bien, él me mandó un correo el Día 121 y yo, en contra de lo que me aconsejaba mi sentido común, le contesté. Me contó que había ido a terapia, que se había dado cuenta de lo que había hecho mal, que estaba bajo medicación.

Yo me mostré cauta y precavida, y decidí, en medio de las alarmantes advertencias de mis amigos y familiares, que quizás podríamos trabajar para crear una amistad nuevamente. Intentamos ser amigos durante unas cuantas semanas, y todo iba genial. Sentía que tenía el control de la situación.

Luego, sus antiguos comportamientos empezaron a entrar a hurtadillas. Instaló una aplicación de GPS en mi teléfono para poder seguir mis movimientos. Comenzó a llamarme y a mandarme mensajes incesantemente, y se ponía como loco si no le contestaba de inmediato. El abuso verbal y psicológico había empezado de nuevo. Por suerte, en esa ocasión no llegó hasta maltrato físico. Empezó a mentir de nuevo, intentando hacerme enloquecer mediante engaños y actuando irresponsablemente, y además empezó a ver a otras mujeres. Ayer por la noche, todo volvió a ser demasiado y le dije que no me contactase de nuevo porque ni mi corazón ni mi espíritu podían soportar más dolor, y sus contradicciones afectan a mi hijo.

De manera que hoy inicia el Día Uno sin él una vez más. Te escribo hoy para decirte que tu consejo sobre No Tener Contacto fue el mejor de los consejos y no lo seguí. Estuve sin él por 120 días. Me llevó su tiempo, pero en el día 90 me sentía feliz, libre y en paz. Ahora estoy empezando desde cero.

El No Tener Contacto es el camino hacia la recuperación después de una implicación con un sociópata. Cuanto más fuerte puedas ser respecto a No Tener Contacto, más rápidamente te recuperarás.

Si vives con el sociópata

Los sociópatas no quieren perder el control. Si vives con el sociópata, y él o ella ha sido abusivo, escapar de la relación puede ser difícil y peligroso.

Quizás la casa sea tuya, y fuese tuya mucho antes de que empezase la relación. Puede que le pidas al sociópata que se vaya, y él o ella se niegue rotundamente. Algunos sociópatas se informan sobre exactamente cómo establecer su residencia legal en tu casa, y sobre cómo las leyes locales les protegen contra el desalojo. Luego usan la ley en tu contra.

No permitas que el individuo se quede; haz todo lo necesario para expulsar al sociópata. Si es necesario, inicia los procedimientos de desahucio. Una de las participantes de la Encuesta sobre la pareja sentimental de Lovefraud, a quien llamaremos "Nanette", describió medidas más drásticas todavía.

Nanette, quien tenía cincuentaitantos, era viuda desde hacía dos años cuando conoció a "George" en un sitio de citas por internet de carácter religioso. George tenía también cincuentaitantos y era viudo. «Hubo química desde el primer momento», dijo Nanette. «Me hacía sentir como la persona más especial del planeta».

Fue un idilio arrollador; demasiado bueno para ser cierto, pensó Nanette, pero dejó a un lado sus dudas. Cuando su familia y amigos urgieron precaución, Nanette les dijo: «Simplemente no le conocéis como yo. Cuando lo hagáis, entonces veréis lo estupendo que es él en realidad».

Se casaron tras poco tiempo, y George se mudó a la casa de Nanette; levantando sospechas entre los familiares de Nanette, quienes pensaban que lo único que él quería era su casa y su coche. Aparentemente, tenían razón, porque después de un mes, la luna de miel se terminó, y George se convirtió en un monstruo controlador.

La relación duró menos de un año. ¿Cómo se resolvió? «Mis

hijos vinieron y me separaron de él a punta de pistola», dijo Nanette.

Puede que los hijos de Nanette supiesen lo que todos los expertos de violencia doméstica saben: Las víctimas de abusos corren un mayor peligro cuando dejan a sus agresores. Algunos sociópatas reaccionan con furia cuando sus blancos dejan la relación. ¿Se convertirá la furia en violencia? Según el Dr. J. Reid Meloy, autor del libro *Violence Risk and Threat Assessment (Riesgo de violencia y evaluación de la amenaza)*, el mejor indicador de si habrá violencia en el futuro es si existió violencia en el pasado.9

Si sabes que el sociópata a quien estás dejando tiene un pasado violento, sé extremadamente cauto. Ten mucho cuidado aunque no haya sido nunca violento contigo. Considera cualquier tipo de violencia hacia cualquier persona, animal o propiedad como una señal de advertencia de que podría suceder de nuevo.

Cuando decidas que te vas a ir, no reveles tus planes. De hecho, deberías hacer café y activar tu encanto — lo que sea necesario para mantener al individuo tranquilo — hasta que estés listo para marcharte. Planifica tu fuga con cuidado; deberás ser más astuto que el sociópata. Piensa a dónde puedes ir; ya sea a un refugio para la violencia doméstica o a casa de un amigo o familiar que el sociópata no conozca. Quizás quieras contactar a la policía.

Organiza una maleta para tu fuga. Supervivientes del abuso recomiendan incluir lo siguiente:

• Dinero en efectivo.
• Llaves de repuesto de la casa y coche.
• Medicamentos, copias de tus prescripciones, varias gafas.
• Varias mudas de ropa.
• Documentos importantes: tu certificado de nacimiento y el de tus hijos, pasaporte, carnet de conducir, tarjeta del seguro médico, hipoteca, números de teléfono y todo lo demás que se te ocurra. Si no puedes coger los originales sin levantar las sospechas del agresor, haz copias.

El mejor momento para marcharse es cuando el sociópata no

esté en casa. Si es posible, intenta evitar una confrontación. Pero si el sociópata monta en cólera y sabes que la cosa irá mal, puede que debas irte con tan sólo la ropa que llevas encima. No vaciles. Siempre que sigas con vida, puedes resolver el resto más tarde.

¿Deberías advertir al siguiente blanco?

Muchas, muchas personas, al darse cuenta de haber estado saliendo con un sociópata, están horrorizadas. Han sido engañadas y traicionadas. Han perdido dinero, sus trabajos, sus casas. El sociópata irrumpió en sus vidas como un ariete; y, con aire despreocupado, éste se ha ido a por su siguiente blanco.

Muchos lectores de Lovefraud no quieren que nadie más sufra lo que ellos han sufrido. Así que me preguntan, ¿debería advertir al siguiente blanco? Si estás considerando advertir a otros sobre el sociópata, estos son algunos factores en los que debes pensar:

1. ¿Puedes advertir de forma segura?

La primera cosa a considerar es, claramente, tu seguridad física. Si el sociópata con el que estuviste tiene un pasado violento, ten cuidado.

Pero la seguridad significa algo más que preocupaciones sobre violencia. Considera tu situación legal y económica. Si te encuentras en medio de un divorcio o de una batalla con tu ex por la custodia, no querrás hacer nada que ponga en peligro tu caso, tu trabajo, o cualquier otra cosa que él pueda dañar por medio de acusaciones. Sin importar lo mal que te sientas por ese siguiente blanco, debes antes preocuparte de ti mismo.

2. ¿Cuál es tu estado emocional?

Las relaciones con los sociópatas ocasionan severos daños emocionales y psicológicos. Como expliqué antes, para escapar y recuperarse del daño, debes No Tener Contacto con el sociópata.

Seguir las acciones de un sociópata puede ser gratificante porque ya no estás bajo su engaño. Has visto más allá de la máscara. Sabes cuáles son las intenciones de él o ella y, de alguna forma, esto ayuda a tu autoestima pisoteada. Si fueras sincero contigo mismo, probalemente tendrías que reconocer tu deseo de saborear la venganza, arruinando el juego del sociópata.

Pero, incluso si no estás hablando con el sociópata o mandándole correos, recuerda que vigilarle, seguirle por Internet o advertir a otros son formas de contacto. Como dicen los lectores de Lovefraud, el depredador sigue viviendo en tu cabeza.

Así que, antes de hacerlo, piensa dónde te encuentras en el proceso de recuperación. ¿Puedes advertir al siguiente blanco y continuar cicatrizando?

3. ¿Te afectará la reacción del blanco?

Tú sabes lo eficaz que es el sociópata, porque consiguió engañarte a ti. Piensa en cómo el sociópata describió sus relaciones sentimentales antes de estar contigo. ¿Dijo que sus exmujeres tenían trastornos mentales? ¿Dijo que su exmarido era un acosador? Pues bien, puedes estar seguro de que el sociópata está ahora diciendo las mismas cosas sobre ti.

El sociópata ha puesto ya una campaña de calumnias en marcha para desacreditar cualquier cosa que digas. A su vez, el sociópata está llevando a cabo un bombardeo de amor con su nuevo blanco. Su nueva conquista está preparada para no creerte. Si intentas advertir al nuevo blanco y éste te ignora, ¿puedes sencillamente alejarte?

Mi opinión personal es: si puedes advertir a la nueva víctima sin poner en peligro tu propia seguridad y recuperación, creo que deberías por lo menos intentarlo.

He oído sobre casos en los que la siguiente víctima se mostró agradecida por la advertencia y dejó la relación. He oído sobre casos en los que la víctima se negó a escuchar y se quedó con el sociópata. Y he oído sobre casos en los que la víctima se quedó por una temporada, luego empezó a ver el mal comportamiento, recordó la advertencia y dejó la relación.

Sé que desde que publiqué la información sobre mi exmarido, James Montgomery, en Lovefraud.com, por lo menos siete mujeres me han contactado para darme las gracias por la advertencia. Introdujeron su nombre en Google, encontraron mi historia y le dejaron. Esto me hace feliz.

No obstante, James Montgomery está en el otro extremo del

mundo. Yo me he recuperado y he seguido adelante. Él no puede hacerme daño.

Así que si sientes que debes advertir a los demás, recuerda esto: tu obligación principal es contigo mismo. Haz lo que tengas que hacer en pos de tu propia recuperación. Si puedes ayudar a otros sin hacerte daño a ti mismo, major aún.

Lo más importante, usa lo que has aprendido sobre los sociópatas para protegerte en el futuro. En el próximo capítulo explicaré cómo.

Resumen

Respuestas en relación a las advertencias sobre los sociópatas
1. Pensaron que el sociópata era malinterpretado
2. Querían tomar sus propias decisiones
3. Negación
4. Pensaron que las advertencias eran por celos
5. Pensaron que podían ayudar al sociópata
6. Demasiado enamorado para escuchar

Cómo intentan resistir los sociópatas:
• Llorando y rogando
• Haciéndose la víctima
• Echándote la culpa
• Amenazando con violencia
• Amenazazando con el suicidio

Cómo acabar una relación con un sociópata:
• No Tener Contacto

Capítulo 9

Protegerse de los depredadores

Los sociópatas son nocivos para tu salud: tu bienestar físico, emocional, psicológico, económico y espiritual. Cualquier relación sentimental con uno de estos depredadores humanos tiene el potencial de dañarte y, posiblemente, destruirte. Entonces, ¿cómo puedes protegerte del peligro? ¿Cómo evitas empezar una relación con ellos en primer lugar?

Protegerse de los sociópatas supone dar tres pasos y, al leer este libro, has dado ya los dos primeros.

Paso 1 — Saber que el mal existe.

Aunque queramos creer que todas las personas son esencialmente buenas, esto, sencillamente, no es cierto. Existen personas en el mundo desprovistas de cariño por otros seres humanos. Existen personas en el mundo que viven sus vidas explotando a otros. Se les denomina "sociópatas", viven entre nosotros y son malos.

Paso 2 — Reconocer las señales de un comportamiento sociopático.

Las *Alertas rojas de estafa amorosa* son señales de advertencia de que alguien que está intentando convertirse en tu pareja sentimental es, en realidad, un sociópata. Obviamente, una o dos señales no hacen que sea un depredador. Si conoces a alguien que sea encantador y sexy, siéntete libre de conocerle; a menos que el individuo además mienta, intente darte lástima, culpe a los demás de todo, te mire fijamente como si fueses su próxima comida e intente conquistarte con rapidez. Cuando un individuo presente casi todas o todas las *Alertas rojas de estafa amorosa*, mantente en guardia.

Paso 3 — Confiar en la intuición.

El instinto, la intuición, los presentimientos — como quieras llamarlo, todos tenemos un sentido innato, perfeccionado a lo largo de varios milenios, que nos permite saber algo al instante, sin saber cómo lo sabemos. A veces nos permite saber algo corriente, como quién está al otro lado del teléfono antes de ver el identificador de la llamada. Pero es cuando realmente necesitamos información, cuando nos enfrentamos a un peligro inminente, cuando nuestra intuición es más fuerte y eficaz.

El punto principal en el libro de Gavin Becker, *El Regalo del miedo,* es que el miedo es la alarma más fuerte en la naturaleza para nuestra supervivencia, y esta se basa en la intuición. Tu intuición está diseñada para alertarte contra los depredadores. Tu intuición te advertirá, casi siempre, si alguien es peligroso o, como mínimo, te dirá que no te fíes.

La Encuesta sobre la pareja sentimental de Lovefraud hizo las siguientes preguntas: «Al principio de tu relación, ¿tuviste un presentimiento o intuición de que algo no encajaba en la persona o la relación?» Un increíble 71 por ciento de los participantes respondieron que sí.

Quiero repetir este punto: *Un 71 por ciento de los participantes de la encuesta sabían, en el fondo de sus corazones, que el sociópata era un problema.* La mayoría de ellos, sin embargo, siguió con la relación.

Algunas de las advertencias intuitivas eran obvias, viscerales y dramáticas. Por desgracia, las advertencias fueron ignoradas.

Por ejemplo, "Janice" y "Carl" eran ambos estudiantes en una ciudad universitaria cuando se conocieron en el trabajo. Carl parecía ser amable, inteligente, sincero y modesto. Aun así, Janice se mostraba reacia a salir con él. Carl siguió tras ella incansablemente.

«Tenía un sentimiento de fatalidad inminente, aunque remoto», dijo Janice. «Sentía que si no conseguía evitar enamorarme de él, me arrepentiría».

Efectivamente, ella se enamoró, y estuvo casada durante 20 años. Se arrepintió.

El sexo era extraordinario y se llevaban bien, hasta que tuvieron un hijo. Entonces Carl se volvió pasivo-agresivo, emocionalmente abusivo y empezó a enfadarse seriamente. «Abusaba de mí verbalmente continuamente, en privado y en público, incluso cuando nuestro hijo podía oírle», dijo Janice.

Al final, Janice sufrió un trastorno de estrés postraumático. Perdió su negocio, su casa y más de $100.000. Incurrió en deudas y se declaró en quiebra. Consideró el suicidio.

«Carl me chantajeó y me destruyó económica y emocionalmente durante el divorcio», dijo Janice. «Él consiguió una nueva familia y ahora es muy rico. La situación es muy difícil para mi hijo y para mí».

"Amanda" y "Josh"

"Amanda" y "Josh" eran ambos estudiantes en la universidad y se conocieron en una fiesta. Josh insistió en acompañarla a casa. Eso fue todo lo que Amanda le permitió hacer; ni siquiera le dio su número de teléfono. Josh lo consiguió a través de un amigo en común y fue a por ella.

Josh era cariñoso y halagador. Al final de la segunda semana de estar saliendo juntos, le dijo a Amanda que nunca había estado con alguien como ella, y que quería estar con ella para siempre. Josh dijo que eran almas gemelas.

Todo sonaba muy bien, pero Amanda tuvo una dura premonición de que la realidad no era esta.

«Recuerdo que ví una foto de él al principio de nuestra relación», dijo. «Tenía un semblante tenebroso en medio de un grupo de personas felices. Esto me asustó. Inicialmente, quise escapar, y me enfermaba la idea de pasar el resto de mi vida con él».

Amanda ignoró esa súbita sensación intuitiva, completamente visceral, y continuó saliendo con Josh. Tres semanas después de empezar la relación, se puso enferma. Como apenas se conocían, Amanda le pidió a Josh que le diese espacio. Él fue a verla de todas formas. Ella le pidió que no fumase en su casa, porque esto la ponía enferma. Él fumaba igualmente. Ella le pidió que no bebiese cerveza, porque el olor la ponía enferma. Él bebió igualmente. Tras una semana de tanta desconsideración, ella comenzó a ignorar a Josh.

Luego Amanda averiguó que estaba embarazada. Se lo dijo a Josh, y él le hizo un sinfín de promesas; le prometió una casa hermosa y seguridad económica. Pero al mismo tiempo, reinició la relación con su exnovia, y continuó viéndose con ella durante el periodo en el que Amanda estuvo embarazada. Cuando Amanda dio a luz, Josh volvió, decidido, a prometerle seguridad.

«Yo nunca quise estar con él, pero me aterraba ser madre soltera tan joven», dijo Amanda. Una vez más, ignoró sus propios sentimientos y se casó con él.

La familia de Josh se sentía agradecida de que Amanda estuviese con él. «Su madre solía decirme muy a menudo lo agradecida que estaba de que él me hubiese encontrado», dijo Amanda. «Solía darme las gracias por estar con él, mientras me explicaba que las cosas eran y serían duras. Solía ponerse muy intensa con este tema y, muy a menudo, lloraba».

La madre de Josh debía saber que su hijo tenía serios problemas, los cuales Amanda descubriría inmediatamente al mudarse con él. A pesar de sus promesas de unión, Josh trataba a Amanda y al bebé con ira y desprecio, y les echaba la culpa por todo. Amanda aguantó durante cinco años, hasta que encontró la fuerza para dejarle.

"Elena" y "Craig"

"Elena" estaba en el trabajo cuando "Craig" entró en su oficina con una rosa en la mano. «Por decisión unánime», dijo «esto es para la secretaria más solitaria de Broadway».

Elena se quedó helada, petrificada por el miedo.

Craig se marchó, y Elena se reprendió a sí misma por su reacción ilógica. «Me dije a mí misma que había reaccionado exageradamente y que debía tener más compostura», dijo ella.

Al día siguiente, Craig volvió y le pidió a Elena que saliese con él. Ella le rechazó, pero él siguió llevándole café y flores. Así que salieron juntos.

A la familia de Elena le gustó, ya que era realmente encantador. La familia de Craig era amable con Elena; excepto su padre. «Tuve un solo encuentro con él, y mi corazón latió a mil por hora durante todo el tiempo que pasé en su casa», dijo Elena. «Fue horrible. Él era un señor mayor y casi no dijo nada. Parecía ser solo un objeto que respirase. Mis instintos intentaron alertarme. Yo, por supuesto, ignoré mis instintos y lo atribuí a mi propia fobia social».

Elena y Craig estuvieron casados durante 25 años. Aunque no lo supo hasta bastante tiempo después, los instintos de Elena habían sido acertados. Craig era un depredador.

«Déjame contar de qué manera», dijo ella. «TODO LO QUE HACÍA tenía que ser ilegal, incluso cuando el haber hecho ciertas cosas legalmente hubiese sido mucho más fácil. Vendía drogas, compraba prostitutas, violaba a niños, cometía asesinatos organizando accidentes, convencía a otros de que infringiesen la ley por él, luego los mataba. Su maldad no tiene límite. Yo no sabía lo que estaba haciendo en realidad porque creía las historias que me contaba. Todo mentiras».

Ignorar las advertencias internas

Del 71 por ciento de los encuestados que sintieron advertencias intuitivas alertándoles para que evitasen al sociópata, un 40 por ciento decidió ignorarlas.

«¡Ignoré las alertas rojas, silencié las alarmas, destruí las luces rojas!» escribió "Rita" sobre su relación con "Paul".

Cuando se conocieron, Rita estaba casada, pero se sentía emocionalmente abandonada por su marido. Paul entró a lo grande, nadie había prestado tanta atención a Rita antes.

«¡Parecía completamente extasiado de haber encontrado el amor gracias a mí! (arcadas)», escribió Rita. «Era muy inteligente, divertido, ingenioso y su encanto era cautivador. A mí me pareció sofisticado y sensato y me sentí inmensamente halagada de recibir su atención, sus cumplidos; según él, ¡yo era la mujer más fantástica, sexy, inteligente, increíble del mundo! (vomitivo). Me prometió, pues eso, ¡el mundo! (arcadas). Amor, una nueva vida para todos nosotros (yo tenía una hija pequeña; hmmm), lejos de donde vivíamos».

«Esta persona declaró su amor por mí pronto y con frecuencia», continuó Rita. «Me dijo que estaría siempre "a mi lado" para lo que necesitase, que cuidaría de nosotras (escalofrío). Yo estaba deprimida, sola y perdida. ¡Él entró en nuestras vidas y nos arrastró hacia una inolvidable (lamentable) aventura!»

Rita dejó a su marido, se casó con Paul, y estuvieron juntos más de cinco años. Durante ese tiempo, ella perdió su casa, sufrió abusos psicológicos, fue amenazada de muerte, sufrió un trastorno de estrés postraumático, y consideró el suicidio. Descubrió además la verdad sobre Paul:

«Un mentiroso patológico», escribió Rita. «Cleptómano. Usaba nombres falsos. Utilizó mi identidad para realizar transacciones comerciales. Divulgó rumores sobre mí, maliciosos y falsos. Fraude. Asalto. Acoso. Amenazó con dañar a otras personas».

Entonces, ¿por qué Rita y tantas otras personas ignoran sus propias recomendaciones internas de dejar al sociópata? Algunos se sentían sencillamente incómodos escuchando su intuición. «Lo ignoré ya que no tenía ejemplos concretos», escribió uno de los encuestados. «Lo ignoré, lo racionalicé diciéndome a mí mismo que no podía basar mi decisión en un mero presentimiento», escribió otro.

Sí, puedes tomar decisiones en función de tus instintos y presentimientos. Presta atención — este es uno de los puntos más importantes de este libro: Cuando se trata de evaluar peligros, las decisiones racionales están altamente sobrevaloradas. Si alguien es un depredador, tu intuición te lo dirá inmediatamente, o muy pronto. La intuición funciona muy bien. Hazle caso.

Ciertamente, "Anna" hubiese preferido haber escuchado sus propias dudas sobre "Henry". Se conocieron en la universidad. Anna se había criado en un ambiente abusivo y no contaba con ningún apoyo externo. Henry le llevaba comida y, como Anna no tenía coche, él la llevaba y traía del trabajo.

«Él me proporcionaba ayuda física cuando yo la necesitaba», dijo Anna. «Iba a la iglesia habitualmente, no bebía ni fumaba, parecía tener todo lo que yo quería en una pareja». Aun así, su intuición le dijo que algo fallaba.

«Lo escribí», dijo Anna. «Luego destruí los escritos, ya que estos parecían concentrarse en presentimientos, y a mí me habían enseñado a descartarlos».

Anna se casó con Henry, y la luna de miel acabó, literalmente, la noche de la luna de miel. Henry la violó. «Intenté conseguir ayuda para dejarle, pero todos mis amigos seguían las mismas creencias religiosas y hacían lo que la iglesia les decía. Estaba atrapada de por vida».

Anna se quedó con él más de 10 años. Henry descuidaba a sus hijos y al mismo tiempo obligaba a Anna a trabajar y respaldar económicamente a la familia. Ella perdió dinero, su casa y su negocio, sufrió abusos físicos, fue amenazada de muerte, consideró el suicidio, Henry amenazó con suicidarse, incluso las mascotas fueron heridas o murieron.

«Todo sucedía en secreto y lejos del escrutinio público», dijo Anna.

Anna había incluso escrito lo que sus instintos le dijeron en su día sobre Henry. Si se hubiese escuchado a sí misma, su vida hubiese sido muy diferente. En la Encuesta sobre la pareja sentimental de Lovefraud, muchas de las personas que ignoraron advertencias internas contra el sociópata explican el porqué. A continuación se listan algunas de sus razones:

Dudaron de sí mismos — 18 por ciento

La razón principal por la que la gente ignoró su propia intuición, según el 18 por ciento de los participantes, fue que dudaron de sí mismos. Estos participantes hicieron caso omiso de sus inquietudes, dando por sentado que eran ellos mismos quienes tenían problemas: fobias sociales, dolor residual de relaciones pasadas, paranoia.

Me dije a mí misma que estaba siendo paranoica, y que tenía que abrirme y confiar plenamente en él si deseaba que me quisiese como yo le quería.

Ignoré mis presentimientos porque le quería. Después de una temporada, me convenció de que YO no estaba bien y me convenció para que tomase antidepresivos. Las drogas me relajaron y esa sensación desapareció.

Lo reprimí. Soy yo la que tengo el problema, me dije. Es a mí a quien le acaban de romper el corazón, y no debería renunciar por esto a las cosas maravillosas que podría tener en mi vida; las cosas que, en realidad, siempre quise. Nunca se me ocurrió tratar estos sentimientos como alarmas de advertencia.

Concedieron el beneficio de la duda — 12 por ciento

Estos participantes justificaron, racionalizaron o excusaron el comportamiento peculiar o dañino del sociópata. Dieron segundas, terceras o cuartas oportunidades — una multitud de oportunidades, de hecho — porque opinaban que todo el mundo merece el beneficio de la duda.

Lo dejé de lado porque creo que toda persona tiene una parte buena en ella. Y que toda la gente merece una segunda oportunidad. En aquel momento, él me hacía tan feliz.

Lo ignoré porque cuando él se ponía en su rol de "enamorado genuino", nuestra relación parecía un sueño hecho realidad. Nunca se me ocurrió que todas esas personas, que le juzgaban tan duramente, pudieran tener razón. Yo le veía a él como a la víctima.

Yo reaccioné intentando saber más, siendo paciente y comprensiva, siendo tolerante, para ver si se curaba todo lo que hubiera en él que pareciese ser dañino o me diese miedo pudiese curarse. Ignoré mis presentimientos y lo racionalicé todo usando mi imaginación.

Cuestionaron al sociópata — 11 por ciento

Muchos participantes expresaron sus preocupaciones sobre la relación ante el sociópata. Algunos sociópatas respondieron a estas preocupaciones con explicaciones aparentemente verosímiles. Otros sociópatas se enfadaron o se mostraron dolidos, haciendo que los encuestados se sintiesen culpables por haber tocado el tema.

Hablé con ella sobre mis dudas, ella me dijo que estaba siendo increíblemente paranoico debido a mis relaciones pasadas y que debía confiar en ella, así que eso hice.

Le mencioné mis preocupaciones diciendo: «Quizás esto no sea lo mejor para mí; creo que debo tomármelo con más calma». Él se enfadó muchísimo — insultándome y tirándome cosas — diciendo que yo le había hecho confiar en mí y ahora le estaba abandonando. Acabé pidiéndole perdón y sintiéndome horrible por haberle "herido". Después de esto, ignoré mis presentimientos.

La tercera o cuarta vez que salimos a cenar juntos, y lo recuerdo perfectamente, le pregunté directamente: «¿Qué es lo que quieres?» Ella me miró alarmada y yo proseguí, «Todo parece demasiado bueno para ser cierto; debes querer sacar algo de mí». Ella no reaccionó ásperamente, sino que se recuperó rápidamente y explicó con dulzura que lo único que quería era estar conmigo, etc., etc. Tras lo cual, mi objetividad se derrumbó y no volvió a resurgir hasta que fue demasiado tarde. Mis instintos me dieron la oportunidad de combatir, pero yo la desperdicié.

Querían creer — 9 por ciento

Algunos de los encuestados querían creer en el sociópata, creer en la relación y creer en el amor. De modo que eligieron aceptar las explicaciones, pasar por alto los puntos negativos y concentrarse en lo positivo.

Lo enterré bajo una tonelada métrica de amor, por la persona que yo pensaba que él era.

Con mi ciego optimismo trato siempre de pensar que toda persona tiene algo de bueno. Una de mis debilidades, supongo. Seguí dándole oportunidades y esperando que las cosas mejorasen.

Quería que las cosas fueran como él las pintaba; pero no eran así.

Si los participantes de la Encuesta sobre la pareja sentimental de Lovefraud hubiesen confiado en su intuición, es posible que hubiesen evitado completamente la dañina interacción o, por lo menos, se hubiesen echado atrás mucho antes de lo que lo hicieron.

La enseñanza que conviene extraer es que es crucial que nos escuchemos a nosotros mismos.

Pero, ¿debemos escuchar a otras personas, como a familiares y amigos? La respuesta a esta pregunta no es tan obvia.

Lo que dicen tus familiares y amigos

En la Encuesta sobre la pareja sentimental de Lovefraud se preguntó: «¿Cuál fue la reacción de tus amigos y familiares hacia este individuo?» Sorprendentemente, la división es casi equitativa. Un 25 por ciento de los participantes dijeron que a sus familiares no les gustó el sociópata, que no les causó una buena impresión y que no confiaban en él. «Mi madre, la cual se estaba muriendo, le odiaba», escribió una mujer. «Me llamaba todos los días para rogarme que le dejara». «A ninguno de ellos les gustaba», escribió otra mujer. «Todos pensaban que acabaría matándome».

Por otro lado, un 23 por ciento dijo que a sus familiares les gustaba el sociópata. «TODOS pensaban que era maravilloso», escribió una mujer. «Caía bien a todos los que le conocían, y todos ellos pensaban que era un chico realmente agradable. Era así de convincente». Otra participante dijo con asombro: «Consiguió engañarlos a TODOS, a todos sin excepción. Cuando le digo a la gente que me estoy divorciando y doy los motivos, algunos amigos no me creen y se quedan conmocionados. Cuando les enseño pruebas, como por ejemplo correos electrónicos y otra información, solo entonces empiezan a verlo desde mi punto de vista y la verdad de los hechos».

Los participantes de la encuesta describieron unos cuantos patrones más en las opiniones de sus amigos y familiares:

- Les gustó el individuo, luego les desagradó — 8 por ciento
- Toleraron al individuo por mí — 8 por ciento
- Opiniones mixtas: el individuo les cayó bien a algunos y a otros no — 6 por ciento
- Pensaron que el individuo era inmaduro, extraño o repulsivo — 6 por ciento
- No dijeron nada hasta más tarde — 5 por ciento
- Indiferentes, impasibles, neutrales — 4 por ciento

Luego estaban aquellos sin opinión alguna. Un 9 por ciento de los encuestados dijo que sus familiares y amigos no sabían en realidad quién era el sociópata porque nunca le conocieron. En algunos casos esto fue algo intencional; el sociópata mantuvo al encuestado aislado. Un hombre explicó: «Ella era increíblemente maleducada y distante con mis padres, y creó inmediatamente una brecha entre mi familia y yo. Estaba tan loco por ella que no me di cuenta de lo que estaba pasando». Otro participante dijo: «Algunos de mis amigos le llamaban 'el fantasma' porque nunca lo veían».

Otro grupo de encuestados, un 11 por ciento, dijo que sus familiares y amigos se mostraron sorprendidos, escépticos y preocupados a causa de la relación. "Jason", por ejemplo, conoció a "Debra" mientras jugaba a un videojuego por internet. Debra le dijo a Jason que tenía 26 años, que era soltera, que no tenía hijos y que trabajaba como contable. «Parecía estar muy interesada en mí», escribió Jason. «Llamaba todos los días. Quería hablar con mis amigos y familiares por internet, aunque la mayoría de ellos se negaron».

Con el tiempo, Jason se enteró de que Debra tenía 10 años más de los que decía tener, estaba casada, tenía hijos y no tenía un trabajo. «Aseguró que su marido abusaba de ella y que quería dejarle pero que no podía permitírselo económicamente porque, aunque en su día le había dicho lo contrario, en realidad no tenía trabajo», escribió Jason. «Quería protegerla. Le compré un billete de avión, alquilé un apartamento de una sola habitación y le pedí que se mudase conmigo».

La familia de Jason organizó una intervención. Puesto que Jason no conocía a Debra en persona, querían que ella se mudase a una casa por su cuenta, y así él la fuese conociendo poco a poco. «Yo me obstiné aún más», dijo Jason. «Dejé que se instalase en mi casa nada más dejar el aeropuerto».

La relación entre la familia de Jason y Debra empezó con mal pie, y fue empeorando. «A mis amigos y a mi familia les preocupaba mucho todas sus mentiras y su obsesión con querer saber siempre dónde estaba yo, y no creerme cuando le daba una respuesta», dijo Jason. «Intentaron conocerla mejor, pero sus constantes mentiras hicieron que esto fuese algo difícil. Básicamente, la aguantaron para hacerme feliz a mí; excepto mi cuñada, la cual me dijo que la dejase ya que era abusiva».

«Nadie apoyaba nuestra relación, pero la mayoría se mantuvo al margen», continuó él. «La gente me contaba las cosas que ella les decía o hacía, pero cuando yo la confrontaba ella siempre me convencía de que estaban contando mentiras ya que la odiaban y estaban intentando hacernos romper».

Debra, mientras tanto, amenazaba a Jason con dejarle, con mudarse de nuevo al estado de donde era o con suicidarse. «Yo seguía volviendo a su lado, intentando mantenerla feliz», dijo Jason. Las preocupaciones de su familia estaban justificadas, pero su intervención fracasó.

Entonces, la conclusión es que, a menudo, familiares y amigos ven las características sociopáticas antes de que tú lo hagas, aunque no siempre. Algunos sociópatas intentan deslumbrarte, a ti y a todos a tu alrededor, y lo consiguen.

Lo que dicen los familiares y amigos del sociópata

La Encuesta sobre la pareja sentimental de Lovefraud preguntó: «¿Qué te dijeron los amigos y familiares del individuo acerca de él? ¿Apoyaron tu relación con él o ella?» Las respuestas se dividen en tres categorías. Primera: los participantes nunca llegaron a conocer a la familia o amigos del sociópata. Segunda: la familia y amigos del sociópata no apoyaron la relación, y algunos incluso intentaron dar advertencias. Tercera: la familia y amigos del sociópata apoyaron la relación, a menudo bastante activamente.

Un 18 por ciento de los encuestados respondió que nunca llegó a conocer a la familia y amigos del sociópata. Unos cuantos encuestados dijeron que el sociópata no tenía amigos, solo conocidos de negocios.

Otros alegaron que el sociópata no les había dejado tratar con la gente que le conocía. Cuando están concentrados en un blanco, los sociópatas dedican mucho tiempo y esfuerzo al crear la imagen perfecta de sí mismos, y no quieren que sus familiares y amigos arruinen la situación con la verdad. «Nunca conocí a ninguno de sus familiares o amigos durante el tiempo que estuvimos juntos», escribió una mujer. «Él dijo que no tenía ningún amigo y que su familia vivía fuera de la provincia cuando, de hecho, vivía en la misma casa que él».

Algunos sociópatas incluso crean amigos, familiares y socios de negocios imaginarios para que respondan por ellos y apoyen sus historias. Esto puede hacerse de manera muy fácil por correo electrónico: lo único que el sociópata tiene que hacer es abrir una cuenta de correo electrónico gratuita, como muchos encuestados descubrieron. «El único contacto que tenía con sus familiares era por correo electrónico, ya que, supuestamente, vivían en otro estado», escribió uno. «Acabé buscando el origen de los correos una vez que supe la verdad, y lo más probable es que fuese él quién los escribió todos desde aquí mismo, u otra persona mandada por él».

Si estás en una relación con alguien que no tiene familia ni amigos, o quiere mantenerte alejado de ellos, considera esto como una gran señal de advertencia. Otra señal sería si la familia no quisiese saber nada del individuo, como declaró un 4 por ciento de los participantes. Estas son indicaciones de que el individuo no es capaz de forjar conexiones humanas normales, no hace amigos, y podría haber hecho daño a personas.

Puede que los sociópatas digan que están solos porque acaban de llegar a la ciudad, pero esto no es una excusa. Todo el mundo tiene un pasado. Y ten presente que los sociópatas suelen mudarse con frecuencia; a menudo para escapar de los problemas que crearon en el lugar en el que vivían. Puede que esa sea la razón por la que acaban de llegar a la ciudad.

De forma que no importa con cuánta insistencia él o ella proclame su amor por ti, si el individuo no tiene un historial de relaciones afectivas, puedes estar seguro de que todas las promesas están vacías.

Advertencias de los familiares y amigos del sociópata

En la Encuesta sobre la pareja sentimental de Lovefraud, un 18 por ciento de los participantes dijo que la familia y los amigos del sociópata intentaron advertirle, aunque no siempre de forma directa. Comentarios indirectos, bromas sin gracia, insinuaciones negativas y miradas raras. «Me hablaron sobre él y sobre su personalidad entre bromas», escribió una mujer. «Pero trataban el asunto como si fuese una broma, así que yo hice lo mismo».

Por otro lado, algunas advertencias, especialmente por parte de familiares, fueron directas y descaradas. «Su madre me dijo que me marchase y no mirase nunca atrás», escribió una mujer. Otro encuestado escribió: «Decían que él era un vago, un negativista desafiante, un mentiroso, y estaban sorprendidos de que fuese a casarse con una chica "buena"».

"Alice", por ejemplo, debería haber escuchado las advertencias. Tenía cuarenta y tantos y estaba en trámites de divorcio cuando "Eric" la llamó por teléfono al trabajo — una llamada de ventas. «Este hombre era muy interesante», dijo Alice. «Eric estaba totalmente obsesionado con hablar conmigo. Me llamaba cada cinco minutos, ¡literalmente! Era extremadamente encantador y carismático. Su voz era muy atrayente y era muy simpático. Tenía una energía indescriptible. Me sentí inmediatamente atraída por él».

Eric continuó llamando a Alice y, aunque vivía en otro estado, quería conocerla. Estaban destinados a conocerse, dijo él, era karma. Así que se conocieron: el inicio de un idilio arrollador.

Alice tuvo sus dudas, pero no les dio importancia. «Pensé que estaba siendo demasiado precavida», dijo. «Realmente no quería escuchar a mi instinto, ¡porque quería una relación! No quise creer que hubiese algo malo en él. Me sentía demasiado atraída por él».

Con el tiempo, Eric admitió tener problemas legales, pero dijo que otras personas estaban intentando timarlo. También dijo que el gobierno quería que pagase impuestos atrasados, pero que él ya los había pagado.

A la familia de Alice no le gusto Eric desde el primer momento. «Era muy arrogante y mi padre adivinó sus intenciones inmediatamente», dijo Alice. «El primer día que conoció a Eric, mi padre pidió a las agencias de información crediticia que le avisasen en caso de que detectasen algún tipo de actividad inusual en sus cuentas».

Luego estaba la madre de Eric.

«Su madre dijo que yo era lo mejor que le había sucedido a Eric», dijo Alice. «Ella quería estar segura de que él me lo había contado todo a cerca de sí mismo y de que yo sabía las cosas de antemano. Cuando empezó a mentir, a manipular y a consumir drogas, la llamé. Ella me dijo, 'Coge todas tus pertenencias y vete lo más lejos posible de él, ¡antes de que te arruine la vida!'»

Alice no se marchó.

Ella y Eric tenían un negocio juntos, y cuando él comenzó a consumir drogas, el dinero empezó a desaparecer de la cuenta bancaria. Robó la tarjeta de crédito de Alice y sacó anticipos. Robó su carnet de conducir y cobró un cheque de su cuenta bancaria mientras ella estaba durmiendo.

Al final, Alice perdió más de $100.000, su casa y su negocio. Contrajo deudas. Eric le fue infiel. Alice sufrió abusos físicos y fue amenazada de muerte.

La familia del sociópata apoya la relación

Un 25 por ciento de los encuestados respondió que la gente que conocía al sociópata estaba a favor de la relación.

Resultó que algunos de ellos no tenían ni idea sobre la verdadera naturaleza de los individuos trastornados. Un 7 por ciento de los participantes dijo que la familia y amigos del sociópata, aparentemente, le creían y querían. «Él estaba engañándolos a ellos también», escribió una mujer. «Creí que estaban siendo honestos cuando me decían lo fantástico que era él, porque nunca llegaron a saber quién era él en realidad».

Pero otras personas tenían otro tipo de intenciones. Un 13 por ciento de los participantes dijo que la familia y los amigos sabían cómo era el sociópata, pero que le encubrían, permitían su comportamiento y retenían información. Algunos familiares temían al sociópata y no querían hacer nada que pudiese hacer que éste se enfadase. Otros familiares estaban tan trastornados como el propio sociópata. La sociopatía es, después de todo, hereditaria, así que suele darse en familias.

> *Sus amigos eran conscientes de todo y no me dijeron nada. Eran parecidos a él, aunque no tan malos. Sus hijos y padrastro tampoco dijeron nada. Creo que tenían miedo.*

> *Nadie me dijo nada negativo sobre mi ex, incluso cuando sus hermanos supieron mucho antes de que yo le conociese o me casase con él que era un adicto al sexo. Por supuesto, ellos se reservaron esta información, en gran parte porque este tipo de comportamiento era aceptable en su familia. Tanto su padre como sus hermanos sostenían conductas sexuales pervertidas.*

> *Ellos apoyaban todo lo que él decía. Más tarde averigüé, por medio de una de sus hijas, que para poder permanecer en la vida de su padre habían aprendido desde muy temprana edad a no decir "nada", a tan solo "asentir" y a estar de acuerdo con cualquier cosa que él dijera. (Eran mujeres adultas). Él había expuesto que, de lo contrario, no formarían parte de su vida. Ella me dijo que él era el único padre que tenía... bueno o malo, que él seguía siendo "su padre", así que aceptaba sus reglas. Más adelante, me lo contó todo.*

Convertirse en la "influencia positiva"

En la Encuesta sobre la pareja sentimental de Lovefraud, un 8 por ciento de los encuestados — casi todo mujeres — declaró haber sido recibido por la familia y amigos del sociópata como una "influencia positiva". Estas personas fueron calificadas como fuertes y solícitas, se tenía la esperanza de que llegasen a enderezar al sociópata, y a convencerle a que se reformara y cambiara su forma de vida. En algunos casos, las esperanzas de la familia del sociópata eran auténticas, aunque equivocadas.

«No me contaron nada excepto cosas que parecían apoyar sus historias. Todos ellos me aceptaron», escribió una encuestada. «Algunos miembros de su familia me contaron más tarde que no habían dicho nada porque yo era "su última esperanza" — esa persona por la que, según lo que ellos pensaban, él cambiaría».

Sin embargo, otros casos fueron mucho más insidiosos. Muchas de las familias de los sociópatas sabían perfectamente cómo eran estos individuos: crueles, poco fiables, a menudo inútiles para trabajar, una carga. Los familiares, cansados de soportara estas sanguijuelas, quisieron pasarle el problema a su nueva e ignorante pareja. Estos familiares querían que los participantes de la encuesta de Lovefraud se responsabilizasen del sociópata.

Una encuestada escribió que no le gustó a la madre del sociópata hasta que ésta descubrió que provenía de una familia muy rica. «Después de esto, me adoraba», escribió la mujer. «El día de mi boda me dijo que estaba muy contenta de que me casase, porque ahora él (mi marido) sería 'mi problema' y no el suyo, tras lo cual se rió».

"Virginia" y "Walter"

Un caso particularmente atroz fue el de "Virginia", quien conocía a "Walter" de manera informal por internet. Walter comenzó a prestar atención a Virginia y pronto empezó a decir que ella era todo lo que él estaba buscando.

Walter era un profesor universitario europeo, lo cual gustaba a Virginia; ella había vivido en Europa. Los dos tenían cuarenta y tantos y tenían muchos intereses en común, como leer, viajar y la música barroca. Él parecía ser serio, estable y fiable. Nunca discutían; cualquier desacuerdo era resuelto con discusiones breves y calmadas.

Walter presentó a Virginia a sus padres, y pronto ella se convirtió en un miembro más de la familia. Más tarde, ella descubrió el porqué.

«Los padres "encubren" a su hijo y buscan a una mujer que "contenga" a su hijo», escribió Virginia. «Me estafaron haciéndome creer que él era la persona que aparentaba ser: un hombre infinitamente razonable y gentil, un profesor universitario de tiempo completo altamente formado».

Seis meses después de conocerse, Virginia y Walter se casaron. Inmediatamente tras la boda, Walter se volvió abusivo. Cuatro meses después, él exigió el divorcio. Esto marcó el tono para el resto de la duración de su matrimonio.

«Una vez al mes, posteriormente dos, él montaba en cólera y exigía el divorcio», dijo Virginia. «Luego venía el castigo del silencio durante tres días. Después se calmaba. El ciclo se producía cada 7-10 días. Luego se daba un episodio de abuso verbal, emocional y psicológico. Yo me fui cuando empezó el maltrato físico».

Virginia averiguó después que el matrimonio había sido una estafa. «Me enteré de que las historias de su vida, todo lo que me había contado, era pura mitología fabricada», dijo. «Se casó conmigo para conseguir el dinero que yo había heredado, para comprar una casa por encima de sus medios económicos. Una vez conseguido su permiso de residencia (por medio del trabajo), su plan era divorciarse de mí, ir al banco y refinanciar la casa».

Virginia dijo que los padres de él habían mentido para conseguir que fuese ella quien cuidase de su hijo. «Pintaron a su exmujer como villana», dijo. «Más tarde, después de dejarle, la conocí; ella era también una víctima. Ella me dijo que sus padres sabían todo lo que él hacía: las mentiras, su interés por el sadomasoquismo (nunca había sabido hasta qué punto) y que era homosexual (no me había dado cuenta de eso tampoco). Sus padres ayudaban con la máscara del profesor universitario razonable y bien formado. Olvidaron mencionar su historial de inestabilidad psiquiátrica antes de cumplir los 30, lo cual había conducido al diagnóstico de los trastornos bipolar y de personalidad. Supe eso por su exmujer».

"Lana" y "Simon"

"Lana" conoció a "Simon" en una clase en la universidad que

exploraba las barreras ocultas de la justicia social para las minorías, incluyendo, irónicamente, las mujeres maltratadas. Resultó que Lana corrigió un examen sorpresa que Simon suspendió. Lana obtuvo un 100 por ciento y le ofreció tutorías.

«Más tarde, Simon me dijo que él sólo elegía personas con buena predisposición a ser victimizadas, y que mi oferta me había posicionado en esa categoría: disposición para servirle», dijo Lana. Sin embargo, al principio, Lana no era consciente de esto. Ella sabía que Simon era brillante intelectualmente, culto y que sus padres eran músicos. Como ella era pianista, le encantó conocer a alguien que tenía afición por la música. Lana y Simon empezaron además a compartir opiniones políticas y ambiciones para sus vidas y carreras.

«En realidad, Simon me dijo desde un principio que no creía en las relaciones o en el amor, pero que nunca había conocido a alguien como yo», dijo Lana. «Este tipo de honestidad me convenció de que posiblemente esto no fuese completamente verdad».

Lana habría podido recibir más advertencias todavía, si tan solo las hubiese sabido reconocer. «La familia y los amigos de Simon me dijeron que él no experimentaba sentimiento alguno excepto ira y hambre», dijo Lana. «Ansiaban y rezaban por que yo fuese la solución que pudiese ayudarle, y así lo creyeron por una temporada, mientras él fingía estar 'mejor'».

Lana y Simon se casaron; y pronto el matrimonio se convirtió en el típico ciclo de abuso. «Él hacía algo realmente inadmisible, y ni siquiera pedía perdón por ello», dijo Lana, «pero esperaba por un tiempo hasta que yo estuviese sufriendo muchísimo, y luego me decía las cosas que yo necesitaba escuchar para hacerme volver».

Simon era un desarrollador de software extremadamente próspero, de forma que se esforzaba mucho en proteger su imagen. Aunque Simon intentaba ocultar su comportamiento antisocial, su terapeuta le diagnosticó trastorno de personalidad antisocial. Posteriormente, su trastorno fue identificado como psicopatía por la PCL-R.

«Intentó catalogarme como desequilibrada mental y evitar cualquier tipo de obligación económica, como la pensión alimenticia, o consecuencia social negativa, como el exponer las infidelidades y abusos», dijo Lana. Finalmente, Simon intentó asesinar a Lana para poder continuar su vida con su amante.

¿Qué pensó la familia de Simon sobre esto? «Respaldaron mi relación con él cuando yo le apoyaba y ayudaba a construir una carrera y vida increíblemente prósperas», dijo Lana. «Mientras que, cuando volvió a su mal comportamiento comenzó a regresar, su familia pensó que esto debía ser el resultado de algo que yo había hecho. Entonces empezaron activamente a intentar romper la relación. Cuando intentó asesinarme, y luego lo reconoció, su familia me dijo que hubiera sido lo correcto y que debería haberlo hecho hace tiempo».

¿Un asesinato es algo correcto que debería haberse hecho hace tiempo? Este comentario muestra que la lealtad propia de los clanes es posible entre sociópatas. A veces, las familias apoyan a los suyos sin importar lo que los sociópatas hayan hecho. Así que, además de querer que te responsabilices tú del sociópata, es posible que cuando el comportamiento de estos sea malo, incluso inadmisible, las familias te den la espalda en lugar de ofrecerte ayuda o apoyo.

Cuando te digan quiénes son, créeles

Algunos sociópatas revelan, con cierta honestidad, la desagradable verdad sobre quiénes son, pero al no saber nada sobre este perverso trastorno de personalidad, sus blancos no se toman dicha revelación con seriedad.

"Stella" tenía cuarenta y tantos, se había separado hacía poco tiempo y estaba disfrutando de una noche fuera de casa cuando conoció a "Jeff", quien tenía cincuenta y tantos. «Esa primera noche me dijo que podía ser una pesadilla», dijo Stella. «Yo solo pensé: "Bueno, tendrá un pequeño problema para controlar la ira", sin darme cuenta de que me estaba contando la verdad literalmente. También le pregunté por qué había roto con su exmujer, la cual era nada menos que 20 años más joven que él. Su respuesta fue, "Ya no me gustaba"».

«Esa misma noche me fui a la cama pensando cómo podía haber dicho algo así, y diciéndome a mí misma que debió de haber querido decir otra cosa», continuó ella. «No sabía que él funciona de una manera completamente diferente. No conseguía entender su forma de pensar».

Así que Stella comenzó a salir con Jeff. Era engreído, arrogante, seguro de sí mismo y tenía mucho dinero. Se comportaba como si quisiese casarse, y Stella pensó que cuidaría de ella. Stella estuvo con él siete años. Jeff no cuidó de ella en absoluto; de hecho, fue tacaño y le fue infiel. Stella se puso enferma por culpa de la relación, sufrió un trastorno de estrés postraumático y perdió su trabajo.

La intuición de Stella le había advertido al inicio. «Sentía estar en la presencia de algo demoníaco, pero era capaz de descifrar qué era», dijo Stella. «Las alertas rojas eran sus mentiras e intrigas».

Stella cometió el error que muchos de nosotros cometemos: asumió que Jeff era, básicamente, el mismo tipo de persona que ella, con unas pocas diferencias aquí y allá. Cuando somos gentiles y afectuosos, anticipamos que todas las personas a las que conocemos por nuestros círculos sociales serán también gentiles y afectuosas, de forma que cuando se autodescriben como personas frías, impasibles o hipócritas, pues bien, asumimos que están bromeando.

Es mejor asumir que no son así. Cuando alguien te dice qué tipo de persona es, y esta descripción es muy diferente de como eres tú, cree al individuo y mantente alejado.

Investigar a la nueva pareja sentimental

Es siempre una buena idea obtener una mejor perspectiva de la persona con la que estás pensando empezar una relación sentimental. Esto es especialmente importante cuando el individuo no vive cerca.

Un 22 por ciento de los encuestados en la Encuesta sobre la pareja sentimental de Lovefraud mantuvieron en relaciones a distancia; las personas que resultaron ser sociópatas vivían a una distancia de más de dos horas en coche. Tal y como este grupo de encuestados descubrió, la distancia geográfica hizo que los sociópatas pudiesen mentir, engañar y vivir una doble vida fácilmente.

Investigar activamente a tu pareja sentimental es importante en todas las relaciones, pero lo es más aún en las relaciones a distancia. Estas son cuatro formas de hacerlo:

Estrategia de investigación nº1:
Pregunta y verifica.

Para descubrir todo lo que puedas sobre la persona que podría llegar a ser el hombre o la mujer de tus sueños: hazle preguntas. Puedes hacer esto dentro de una conversación, como por ejemplo: «Cuéntame, ¿a qué universidad fuiste? ¿Cuándo fuiste? ¿Qué carrera hiciste?» Luego llama a la universidad para verificar que sus registros concuerdan con la historia. Si el individuo dice ser un profesional, como un abogado, contable o incluso un fontanero, llama a los organismos del estado que otorgan licencias o a las asociaciones profesionales para comprobar si él o ella aparece en la lista.

Si tu nuevo novio — como muchos otros aspirantes — asegura ser un Navy SEAL, he aquí un consejo: Pregúntale cuál era el número de su clase. Si el chico expresa la más mínima duda al dar su respuesta, está mintiendo. Un SEAL de verdad no olvidaría nunca el número de la clase.

Puede que tu nuevo interés amoroso ponga reparos a contestar a tus preguntas, con excusas como: «Eso pasó hace mucho tiempo; hablemos de ti». Considera una respuesta de este tipo una advertencia. Muchos sociópatas son evasivos sobre el pasado. Por supuesto, como se descubrió en la Encuesta sobre la pareja sentimental de Lovefraud, muchos cuentan también historias elaboradas; historias que deberías verificar.

Estrategia de investigación nº2:
Lleva a cabo una búsqueda por internet.

Hoy en día, esta es una norma cultural: Cuando conozcas a alguien que podría convertirse en un nuevo interés amoroso, lo primero que debes hacer es buscar a la persona en internet.

Casi todo el mundo tiene un cierto de grado de presencia en internet, desde aparecer sencillamente en un listado de directorios hasta un considerable uso de Facebook. Introduce el nombre de la persona y cualquier dato de identificación que tengas a tu disposición en tu buscador favorito y observa qué es lo que aparece. Si el nombre de la persona es común, es posible que debas abrirte paso a través de unas cuantas páginas irrelevantes como resultado de la búsqueda. Es fastidioso, consume mucho tiempo, pero hazlo. Nunca se sabe lo que puedes encontrar.

Uno de mis objetivos al crear Lovefraud.com era revelar la verdad sobre mi exmarido, James Montgomery, para que se supiese que era un depredador. No quería que nadie más pasase por lo que yo había pasado. He hablado con mucha gente que quiso hacer lo mismo: cuando se dieron cuenta de que estaban saliendo con un depredador, quisieron advertir a los demás. Hicieron esto publicando información en internet. Muchas páginas web sirven para ayudar a que diferentes personas revelen la verdad sobre las mentiras e infidelidades de sus exparejas. Si tienes cualquier duda acerca de tu nuevo novio o novia, haz una búsqueda en bases de datos sobre infieles. Recuerda, sin embargo, que el no encontrar a la persona no significa que él o ella no sea infiel. Podría sencillamente significar que nadie ha publicado información en la base de datos en la que has hecho la búsqueda.

Estrategia de investigación n°3: Conoce a la familia y amigos de tu potencial nueva pareja.

Insiste en conocer a la familia, amigos y, si él o ella los tiene, a los hijos del hombre o la mujer de tus sueños, si él o ella los tiene. Puedes ser sutil al respecto, pero asegúrate de que esto sucede.

Si el individuo no tiene amistades iniciadas años atrás — y no quiero decir socios de negocios — esta sería una muy mala señal.

Si el individuo no quiere que conozcas a familiares y amigos, o hace planes a menudo para quedar con ellos pero estos son cancelados en el último momento, pues bien, estas son también muy malas señales.

Cuando conozcas a familiares y amigos, presta suma atención a las bromas, indirectas o historias que alguien empiece a contar y pare de forma repentina, especialmente tras una mirada de odio por parte de tu nuevo novio. Muchas veces lo que se calla es más hace más impresión que lo que se dice.

Por supuesto, como has averiguado por las experiencias de los participantes de la encuesta de Lovefraud, relatadas anteriormente en este capítulo, obtener información de los familiares no es algo infalible. Si tu nuevo interés amoroso es un sociópata, es posible que sus amigos y familiares realmente no tengan ni idea sobre el trastorno y crean todo lo dicho por el sociópata. O puede que sean cómplices en el engaño. Muchas familias quieren que el sociópata sea problema tuyo, no suyo.

De hecho, yo experimenté ambas situaciones. Viajé de los Estados Unidos a Australia para conocer a la familia de mi exmarido. Fueron extremadamente amables y acogedores. Ellos tampoco tenían ni idea de que era un sociópata; incluso cuando su hermano y su cuñada tenían doctorados en psicología.

También hablé por teléfono con un viejo amigo y socio de negocios de mi exmarido, y le conocí posteriormente. Pues bien, este hombre era también un estafador. Sabía todo sobre el historial de estafas a mujeres de James Montgomery, así que él respondió por mi prometido. El amigo acabó también costándome casi $5.000.

Estrategia de investigación n°4: Pide la opinión de tu propia familia y amigos.

Presenta al hombre o la mujer de tus sueños a tus familiares y amigos y luego pídeles su opinión.

Por lo general, tu familia y amigos asumen que tú sabes perfectamente lo que estás haciendo y no quieren darte un chasco y arruinar tu entusiasmo y felicidad. Así que, incluso si no les gusta el individuo, no dirán nada; a menos que tú les pidas una opinión honesta. Si desconfían en lo más mínimo, escúchales.

Repito, esto no es infalible; después de todo, un 23 por ciento de los encuestados respondió que a sus familiares y amigos les gustaba o incluso querían al sociópata. Pero puede que la perspectiva de ellos sea valiosa.

Cuando los sociópatas están intentando atraerte, emplean el manejo de las apariencias. Te colman de amor y atención, reflejan tus intereses y parecen compartir tus mismos valores. Son muy calculadores respecto a la imagen que presentan ante ti.

No obstante, a menudo no tienen tanto cuidado con la imagen que presentan ante las personas a tu alrededor. Tu familia y amigos no son, como tú lo eres, objeto de una comunicación y afecto ininterrumpidos, y puede que atisben aspectos de la personalidad del sociópata que éste te esté ocultando. Así que pregunta a la gente que se preocupa por ti qué piensa en realidad. Si están inquietos, tómate sus preocupaciones con seriedad.

Casi todo el mundo recibe advertencias

Si un depredador ha entrado en tu vida, tendrás casi siempre advertencias a tu disposición. Echémosle otro vistazo a las experiencias de las personas que participaron en la Encuesta sobre la pareja sentimental de Lovefraud:

• Un 71 por ciento de los encuestados confirmaron tener un presentimiento o intuir que algo no encajaba en la persona o la relación.

• A un 45 por ciento de aquellos que no experimentaron una advertencia interna se les desaconsejó salir con el sociópata.

• Entre aquellos que no experimentaron una advertencia interna o no fueron advertidos por alguien, fue el propio sociópata quien informó a un 23 por ciento sobre problemas legales y a un 28 por ciento sobre problemas económicos.

• Al final, solo un 10 por ciento de los participantes de la encuesta de Lovefraud no recibió advertencia alguna. Parece que este grupo trató con los sociópatas que habían ya perfeccionado sus actos, ya que la mayoría de estos encuestados respondió que a sus familiares y amigos les gustó el sociópata, por lo menos al principio de la relación.

Así que este es mi consejo: En primer lugar, escúchate a ti mismo. Si tienes dudas, titubeos, reticencias o preocupaciones sobre tu nuevo interés amoroso, presta atención. Tu intuición es la defensa más potente y fiable que posees contra los depredadores.

Como medida secundaria, si alguien — incluyendo las exparejas del sociópata — te alerta sobre el individuo, considera la posibilidad de que te estén contando la verdad. Los sociópatas, por supuesto, lo negarán todo y denigrarán a quien sea que haya pronunciado la advertencia. Pero tú investiga. Corrobora las historias del sociópata. Pregúntales a tus familiares y amigos qué piensan. Y lo más importante, si la relación está yendo a toda velocidad, haz que vaya más despacio.

Prestar atención a las primeras señales de advertencia del explotador

El objetivo de este libro es enseñarte las Alertas rojas de estafa amorosa, para que si te topas con la mayoría o todas estas señales de advertencia puedas reconocerlas como síntomas de un comportamiento sociopático. Pero reconocer las señales es inútil, a menos que a su vez hagas algo al respecto. Y puede que esta sea la parte difícil.

Uno de los autores de Lovefraud, Steve Becker, LCSW (trabajador social clínico con licencia), ve esto en su práctica clínica frecuentemente. Explica lo que sucede en su entrada en el blog, *Prestar atención a las primeras señales de advertencia del explotador:*

"En retrospectiva, a menudo mis clientes se sorprenden al admitir que el explotador, al cual decidieron entregarse, realmente "mostró sus cartas", más de lo que quisieran luego admitir. No todos, pero muchos sociópatas no son lo bastante inteligentes para ocultar totalmente, incluso en las primeras etapas de la relación, su egocentrismo e insensibilidad inherentes, y menos aún si nuestro radar se mantiene suficientemente libre de interferencias".

"La clave está, por supuesto, en reconocer estas señales. Pero lo interesante es que este no es el reto más difícil. El reto más difícil es luego hacerlas caso".

"De hecho, muchos de mis clientes eran conscientes del comportamiento/actitud extraña y desconcertante que sus parejas explotadoras pusieron, de forma insensata, al descubierto (o que no fueron capaces de ocultar). En ocasiones esto incluso les preocupó. Pero, dada la intensa necesidad por querer que la relación y la pareja se acoplase a ese molde escurridizo que tanto querían encontrar, hallaron maneras de reprimir su desasosiego, para ignorar y/o minimizar el significado de estas señales, y racionalizar las alarmas detonadas por sus instintos".

Protegerse de los depredadores

"En otras palabras, no es que las antenas estén necesariamente dañadas (porque muy a menudo no lo están); más bien, es la debilidad de las reacciones a lo que las antenas están registrando donde radica el problema".1

Esto, por supuesto, fue lo que todos los participantes de la encuesta de Lovefraud experimentaron, todos los que ignoraron su intuición y siguieron en la relación, para su posterior desgracia. Al principio de una relación, queremos que ésta funcione. Especialmente cuando hemos estado por nuestra cuenta o nos hemos sentido solos durante mucho tiempo, queremos sentir que hemos encontrado por fin la pareja perfecta. Queremos idealizar a esta persona y creer que nuestros sueños se han hecho realidad. Así que cuando vemos las señales de que la persona podría no ser el hombre o la mujer de tus sueños después de todo... pues bueno, no queremos creerlo, por no hablar de hacer algo al respecto. Pero debemos hacerlo.

Seleccionar una pareja sentimental es una de las cosas más importantes que hacemos en la vida. Nuestras parejas sentimentales tienen el poder de enriquecer nuestras vidas, o hacer que seamos eternamente miserables. Por lo tanto, incluso cuando estamos enamorados o sentimos deseos, este no es el momento de suspender nuestro pensamiento crítico.

Si tu nuevo interés amoroso miente en alguna ocasión sobre quién es, rompe con el individuo inmediatamente.

Si identificas la mayoría de las *Alertas rojas de estafa amorosa,* no ignores tu observación porque no estén presentes todos los síntomas. Una mujer dijo que aunque su novio mostraba todas las otras características, él nunca llegó a intentar conseguir dinero de ella, así que quizás no fuese realmente un sociópata. Otra escribió que su novio la besaba con lo que parecía ser una emoción tan profunda que, ¿cómo podía carecer de empatía? Ambas continuaron teniendo esperanzas de que sus intereses amorosos no fuesen realmente sociópatas.

A lo mejor estos dos hombres no cumplían los criterios para diagnosticarles el trastorno de personalidad manifiesto. Pero si los lectores de Lovefraud distinguieron la mayoría de los síntomas, podemos estar seguros de que estos hombres eran parejas terribles.

Recuerda, los trastornos de personalidad son síndromes: un conjunto de características y comportamientos. Cada sociópata muestra las distintas características en diferentes grados. Si conoces a alguien que presenta la mayoría de los síntomas de un sociópata, no entres en debates sobre uno o dos puntos que no sean muy pronunciados. Si muestra la mayoría de las características, no camines, corre, hacia la salida más cercana.

Sí, existen los milagros, y en nuestras vidas pueden aparecer repentinamente personas maravillosas. Pero los milagros no deberían darnos miedo. Los milagros no nos mienten ni nos hacen daño. Los milagros no activan nuestra sensación interna de peligro.

Conocer las *Alertas rojas de estafa amorosa* y, lo que es más importante, prestarles atención, nos protege de caer en las garras de un sociópata. Evitar a los depredadores significa también que estaremos disponibles cuando llegue el verdadero amor para recibirlo en nuestras vidas.

Resumen

Protegerse de los sociópatas
1. Saber que el mal existe
2. Reconocer las señales de un comportamiento sociopático
3. Confiar en la intuición

Investigar a la nueva pareja sentimental
1. Pregunta y verifica
2. Lleva a cabo una búsqueda por internet
3. Conoce a la familia y amigos de tu potencial nueva pareja
4. Pide la opinión de tu propia familia y amigos

Epílogo

Carta a Lovefraud

Cuando se creó Lovefraud.com en julio de 2005, invité a los lectores a escribirme sobre sus relaciones con sociópatas. En 10 años, más de 5,000 personas, de todas partes del mundo, me contaron sus historias.

Algunos se publican en el Blog de Lovefraud como "Cartas a Lovefraud". La siguiente es una de esas historias, que fue publicada el 23 de marzo de 2011. Cuando la leas, observa las *Alertas rojas de estafa amorosa* y otros síntomas de comportamiento sociópata que yo he descrito en este libro. Aprendiendo las señales de alerta, podrás protegerte de experiencias como la que sigue.

Prefiero estar sin hogar que pasar otro día sintiéndome sin alma

Mi historia comenzó en agosto de 2005 cuando entré en un restaurante y conocí al que creía que era el hombre más encantador y compasivo de todos. Estaba con una de mis mejores amigas y empezamos a charlar cuando se nos acercaron dos tipos y nos preguntaron si queríamos tomar algo. Fue algo que nos pareció inofensivo en ese momento, así que aceptamos su oferta y comenzamos a charlar con ellos. El primer hombre parecía estar borracho, hablaba muy alto y actuaba de manera inmadura. Coqueteaba conmigo y a mí me irritaba cada vez más su comportamiento detestable. Pero su amigo parecía agradable y bastante tranquilo, así que empezamos a charlar.

Parecía muy amable y se mostró muy interesado en conocerme. En ese momento, yo estaba pasando por un divorcio y acababa de obtener la custodia de mi hijo. Le hablé un poco sobre mi ex marido, y le expliqué que él había sufrido una adicción a los medicamentos con receta, y que por desgracia, eso fue lo que puso fin a nuestro matrimonio. Comenzó a hablarme de su pasado, y de cómo había pasado por un divorcio, y era también padre soltero con un hijo. Compartimos un poco más sobre nuestros ex novios y parecía como si realmente tuviera mucha compasión por lo que yo estaba pasando, y como si sintiera que compartíamos muchas cosas en común.

Sabía realmente qué decir para hacerme sentir que me merecía un gran hombre en mi vida. Me felicitó mucho durante nuestra conversación, diciéndome que era muy guapa, y que tenía una gran personalidad. Finalmente me pidió mi número, que normalmente yo nunca daría a un total desconocido, pero había algo en él que me hizo sentir lo suficientemente cómoda para confiar en él.

Primera cita

Un par de días más tarde me llamó para decirme que quería invitarme a salir esa noche, pero yo no podía salir, así que nos pusimos de acuerdo para encontrarnos la noche siguiente. Decidimos quedar en un restaurante de mi barrio. Al llegar, me recibió con una rosa de tallo largo y una sonrisa encantadora. Era todo un caballero y se cercioró de abrirme la puerta, así como de halagarme por lo hermosa que me encontraba. Se mostró encantador durante toda la cena. Parecía que lo entendía todo, y que compartíamos muchas cosas en común.

Al final de la noche me acompañó gallardamente hasta mi coche y me pidió educadamente que le diera un beso de buenas noches. Nos dimos un beso romántico y me dijo que quería volver a verme. Por supuesto, acepté. ¿Cómo no iba a hacerlo? Me estuvo hechizando toda la noche durante la cena.

A la mañana siguiente, recibí una llamada de él, y me dijo que lo había pasado de maravilla conmigo y quería invitarme a salir la noche siguiente. Vino a mi casa a recogerme, con un plan magnífico para salir a cenar. Otra vez se presentó con una rosa de tallo largo en la mano y estuvo parado en frente de mi casa como un príncipe azul. Al abrir la puerta volvió a alabarme por lo bella que me encontraba. Me llevó a un restaurante muy caro frente al mar, y compartimos una noche increíble. A partir de esa noche, me esperaba el viaje en montaña rusa más largo de mi vida.

Inicio del noviazgo

Me llamaba todos los días, y quería que estuviese con él todo el tiempo. Nos tomamos vacaciones y excursiones caras. Me habló sobre la importancia de la familia y los niños, que es lo que yo le dije la primera noche en que le conocí. ¡Ah sí!, y yo también le dije que estaba en contra de las drogas y me dijo que él también estaba muy en contra. Se aseguró de decirme que todo lo que yo quería en la vida era justo lo que él quería.

Quería presumir de mí con sus amigos casi inmediatamente, lo que me hizo sentir la mujer más feliz del mundo. Me llamaba constantemente, todo el día, sólo para decirme que me echaba de menos cuando no estábamos juntos. En menos de un mes me dijo que estaba enamorado de mí y me pidió que fuera su novia. Por supuesto, acepté; ¿cómo no iba a hacerlo? Era un hombre tan encantador y romántico, que parecía ser todo lo que podía pedir en un hombre.

Cuando comenzamos nuestro noviazgo formal, quiso presentarme a sus amigos y familiares. Yo estaba un poco indecisa de presentarnos a nuestros respectivos hijos, ya que llevábamos poco tiempo saliendo juntos, pero él insistió en que teníamos que reunirnos con nuestros respectivos hijos. Mi hijo tenía 13 años, y su hija acababa de cumplir 7 años. Llegó el día y me sorprendió trayendo a su hija para me conociera. Era un poco tímido al principio, pero pronto forjamos un increíble vínculo afectivo. Finalmente, mi ex sociópata conoció a mi hijo y se comportó con él como el chico más guay. Yo pensé: ¡guau, esto va a funcionar muy bien!

Durante los primeros meses que estuvimos juntos, no había nada que no hiciera por mí. Él era siempre era muy asertivo, amable, romántico y cariñoso. Después empecé a conocer a sus otros amigos y todo parecía que iba a salir bien, pero me di cuenta de todo lo que hacíamos giraba solo en torno a sus planes.

Las ex parejas

Empecé a preguntarle más acerca de sus relaciones anteriores, y me dijo que tenía una ex esposa tóxica, y que su última novia estaba loca, y que tuvo que huir de ellas, porque las dos estaban locas. Yo pensé para mis adentros, ¡Dios mío!, ¿cómo podría caerle mal a alguien un hombre tan genial? También me dijo lo celosas que eran sus ex, y que si no hubiera sido por él, no habrían tenido nada, que dio su casa a su ex mujer para que su hija no tuviera que mudarse, y que dio todo a su ex mujer cuando se divorciaron, porque eso es lo que un hombre de verdad haría por su familia.

A su ex novia anterior a mí le dio dinero y le pagó todo y le seguía maltratando. Me dijo que tuvo que cambiar la cerradura de la puerta varias veces porque ella entraba en la casa y destruía objetos, y que su ex novia estaba celosa de su hija. Yo no podía entender cómo estas mujeres podían tratarle así. También me confesó que su verdadera madre era drogadicta y que lo abandonó cuando tenía 5 años de edad, que su padre lo crió, y se volvió a casar cuando él tenía 8 años. Dijo que su madrastra era mala con él y que sólo se preocupaba por sus propios hijos. Me dio mucha pena de él. El pobre hombre sólo quería que alguien lo amara. Así que yo estaba dispuesta a darle todo el amor que merecía.

Durante los siguientes cinco años y medio, consagré todo mi ser a este hombre. Ahora me doy cuenta de que vendí mi alma al diablo.

Puras mentiras

Todo lo que me dijo fueron puras mentiras. No sólo mentía sobre sus relaciones anteriores, sino que también mentía cuando decía que estaba en contra de las drogas. Dijo que era un católico devoto, sin embargo mintió, engañó, utilizó y a muchas personas les robó buena parte de sus vidas. También tuvo una relación secreta con su primo durante muchos años antes de conocerlo.

Amenazó a su ex esposa durante su divorcio con que si no le daba dinero, coches y la mitad de todo, iba a destruir su vida. No tenía la menor compasión por lo que su hija tuvo que pasar, que en ese momento sólo tenía 5 años de edad. Siempre me decía que su hija era su vida, pero más tarde me enteré de que antes de que yo fuera parte de su vida, siempre dejaba a su hija con su madrastra el fin de semana en que le tocaba tenerla. Y pensar que esta era la madrastra de quien dijo que lo trató muy mal cuando era niño, pero que estaba bien para cuidar de su hija. Nunca pagó la manutención a tiempo y le debía a sus ex enormes sumas de manutención infantil atrasada, que él negó.

Por otra parte, se trataba de un hombre que llegó a ser extremadamente celoso, controlador, obsesivo, y además maltratador verbal, emocional, mental, y sí, físico. Todas las características que NUNCA mostró cuando éramos novios. Lo peor de todo es que no mostraba absolutamente ningún arrepentimiento por el sufrimiento que causaba. En realidad lo daba a todo la vuelta para hacerte creer que eras tú quien lo había causado.

En casa

Antes de conocerle, tenía una casa, una buena cantidad de dinero en el banco (seguridad financiera), un buen crédito, un buen coche, un montón de amigos, confianza en mí misma, autoestima, y una actitud sana y positiva ante la vida. Ahora, cinco años y medio más tarde, estoy prácticamente sin hogar, sin trabajo (porque me convenció de que tenía que quedarme en casa y ser una madrastra para su hija), porque su trabajo le obligaba a trabajar el turno de noche y después fuera de la ciudad, así que me necesitaba para que cuidara de ella. También mi hermano sufrió una lesión cerebral y mi ex me dijo que debíamos cuidar de la familia y que yo debía cuidar también de mi hermano, pero que él se haría cargo de las finanzas y se aseguraría de pagar todas las facturas cada mes.

Yo nunca había estado sin trabajo, pero el último año de nuestra relación, su ex lo llevó de nuevo a los tribunales por el dinero adeudado y la custodia y él necesitaba que los tribunales vieran que podía cuidar de su hija. Así que me convenció para que dejara de trabajar y cuidara de ella y de mi hermano, diciéndome que yo era una bendición para él, su hija y mi hermano y que cuidar de la familia, el hogar, los animales, y todas las demás cosas necesarias era de por sí más que un trabajo.

Llamadas todos los días

Me llamaba todos los días cuando estaba fuera de la ciudad para saber lo que hacía, con quién estaba, y qué hacía cada minuto del día, sabiendo que estaba en casa cuidando de su hija, mi hermano discapacitado, y la casa. Nunca me dejó salir con los amigos, porque decía que mi responsabilidad estaba en la casa. Pero él se iba fuera de la ciudad a pasar el rato en los bares, y luego me llamaba horas más tarde, borracho. Me decía que no tenía derecho a enfadarme, porque trabajaba día y noche para mantenerme y que debía besar el suelo que pisaba, por tan siquiera hacerse cargo de la casa.

Cuando le pedía dinero para pagar las facturas, me decía que tenía que esperar, y luego las facturas se retrasaban y llegaban notificaciones de interrupción de servicio. Me maltrataba psicológicamente, y me decía que si me quejaba dejaría de pagar por todo y me quedaría sin hogar con mi hermano retrasado mental (como le llamaba), y mi hijo de mierda, y las mascotas, que no estaba obligado a pagar por nada, que podía ahorrar su dinero viviendo gratuitamente fuera de la ciudad porque la empresa le pagaba todos los gastos, y que no necesitaba venir a la ciudad para nada.

Después empezó a desaparecer por la noche cuando se iba fuera de la ciudad, y si le preguntaba dónde estaba, me atacaba. Pero él tenía que saber de todo de mí y dónde estaba. Si no contestaba el teléfono cuando me llamaba, me maltrataba verbalmente y me acusaba de engañarle. Tenía que llevarme el teléfono a la ducha por si acaso me llamaba. Gritaba a su hija y la decía que ella no tenía ni voz ni voto. Cuando intentaba protegerla, me decía en voz alta: «Más vale que cierres el pico, niñita», y eso que yo tengo 41 años.

Estaba con el alma en vilo. Su maltrato me afectó mucho a la salud. Me siento aturdida, vacía y perdida por dentro. Finalmente no podía soportar más sus amenazas y maltrato, así que le planté cara y entonces empezó a pegarme. Ya me había pegado en el pasado pero dijo que nunca lo volvería a hacer. Pero en cuanto empecé a enfrentarme con él, se volvió peor.

Navidad

En la Nochebuena de 2010, vino a casa y me trató mal y cuando finalmente me eché a llorar, se rió de mí y dijo, «Deja de llorar de una maldita vez». Aunque hacía grandes esfuerzos para complacerle, y decoré toda la casa yo sola por Navidad, e iba de compras para poder cocinar una cena deliciosa, a él ni siquiera le importaba. Mi hijo no quería estar con él, así que se marchó. Entonces mi ex me dijo que lamentaría todo lo que estaba haciendo y que NADIE me quería; que en realidad, estaría mejor muerta porque nadie me echaría de menos. Me quedé completamente destrozada.

Mi hijo estaba resentido contra mí por estar con mi ex; mi hermano fue a la casa de mi madre en Navidad. Me daba mucha vergüenza decirles a mis amigos y a mi familia lo mala que era la situación que vivía, porque lo habían augurado hace mucho tiempo. Así que mi ex continuó maltratándome mental y emocionalmente en Nochebuena hasta el punto de hacerme llorar a lágrima viva e implorarle para que parara. Pero seguía diciéndome que me suicidara, que eso sería un gran regalo de Navidad para todos. Después se fue con sus amigos a beber toda la noche.

A decir verdad, cogí el coche de mi hijo en la entrada de la casa y pensé en lanzarme por el barranco más cercano. Pensé, he vendido mi vida al diablo, y quizás él tenga razón —ahora ya no sería buena para nadie. Ahora ya no tengo dinero, ni trabajo, mal crédito, y tampoco seguro médico (tuve que cancelarlo también porque no lo pagaba como dijo) mi salud era y es mala debido al estrés, y me ha dejado en la bancarrota emocional, mental, física, econímica y espiritual.

Se acabó

Acabé por decirle que preferiría estar sin hogar que pasar otro día sintiéndome sin alma por su culpa. Me dijo que iba a llevarse todo que había en la casa y que no me iba a pagar ni un centavo por el alquiler. Cuando volvió a marcharse fuera de la ciudad para trabajar — de todos modos, solo venía a casa los fines de semana — recogí todas sus pertenencias y las puse en el garaje. Puse un candado en la puerta de mi habitación y le dije que viniera a recoger sus cosas, que ya no le iba a permitir maltratarme nunca más.

Me amenazó con que no se iba a mudar, que era yo la que debía mudarme si no estaba contenta. Le dije que no — que ya había perdido demasiado y que no iba a perder nada más. Me amenazó con llamar a la administración de la propiedad y decirles que no tenía empleo y que no tenía medios para pagar el alquiler. Ah, sí, por cierto, fue mi solvencia lo que nos permitió cumplir los requisitos para alquilar la casa. Le dije que fuera y les dijera todo lo que quisiera, y que si no me dejaban quedarme tendría que mudarme, pero que no le permitiría hacerme más daño.

Cuando llegó el fin de semana siguiente, vino a la casa y vio que iba en serio y que había llevado sus cosas al garaje y luego me tiró contra la pared y me amenazó. Salí corriendo y llamé a la policía y vinieron, pero se fue antes de que llegaran. Por desgracia, me dijeron que como no estaba sangrando ni tenía ningún hueso roto, no podían hacer nada. Más tarde, esa misma noche, me llamó y dejó un mensaje diciéndome que volvería mañana para llevarse todo lo que había en nuestra casa.

Con las maletas hechas

Nunca vino y tuve que llamar a sus padres para decírselo. Su madrastra se lo dijo a su padre y su padre le dijo que dejara de pelear y sacara sus cosas. Le dijo a su padre que yo era alcohólica y que le maltrataba. Su padre solía actuar como que su hijo no hacía nada malo y siempre apoyaba su comportamiento... ¡se negaba a ver lo evidente! Finalmente se presentó y empezó a hacer las maletas, pero continuó maltratándome verbalmente. Fue duro, pero no le hice ni caso y traté de no reaccionar a sus malos tratos. También me dijo que estaba contento de perderme de vista, que era mala y que ahora tenía una nueva chica más joven que le apreciaba. Por doloroso que fuera, solo le respondí con un «Dios la bendiga».

Luego dejó de hacer las maletas y dijo que volvería otro día para mudarse. Volvió a marcharse fuera de la ciudad y durante su ausencia abrí la caja de mudanza, y coloqué el resto de sus cosas en ella. Luego mandé remolcar su coche antiguo, que estaba aparcado en el patio trasero, hasta la casa de sus padres. Cuando se enteró, me llamó y dejó un mensaje diciendo que iba a dar parte a la policía por haber tocado sus cosas. Nunca le respondí, pero se lo dije a su madrastra, y ella me dijo: «Bien hecho». Ella sabía quién era él, y se alegró de que desapareciera de mi vida.

Lamentablemente, a él no le gustaba su madrastra, ni tenía mucha relación con ninguna de sus hermanas. Su ex esposa dijo que había ido a terapia durante casi cuatro años después de su divorcio, y que estuvo tratando de averiguar cuál era su problema para que él la tratara tan mal. Han pasado siete años desde su divorcio y ella sigue debatiéndose emocionalmente por lo que él le hizo.

Han pasado dos meses desde que desapareció de mi vida y sigo luchando cada día, tratando de mantenerme a flote con todas mis responsabilidades. No sé si voy a tener dinero para mantener día tras día a mi hermano, mi hijo y nuestros perros, pero hasta ahora me he arreglado, gracias a Dios.

Nueva novia

En cuanto a mi ex, por fin dijo la verdad por una vez en su vida — que tenía una nueva novia donde trabajaba. Ella tenía 27 años y él 47. Da la casualidad de que ella era camarera en el bar donde él iba a beber desde hacía un año y medio. Ella estaba pasando por un divorcio y tenía dos niños pequeños. Me dijeron que estaba gastando mucho dinero con ella. Al parecer, era un hombre muy encantador y haría cualquier cosa por ella y por sus hijos. ¿Te resulta esto familiar?

La única diferencia es que ella tenía dos hijos, le gustaba divertirse, y él vivía en una ciudad donde nadie conocía su pasado. Lamentablemente, ella tenía antecedentes de conducción temeraria y en estado de embriaguez, y era una madre joven. ¡Seguramente podría engañarla más que a mí, o tal vez no! Lo espantoso es que él era muy celoso y ella trabajaba en un bar... ¿podía haber algo más peligroso para ella?

Sentí la necesidad de advertirla de quién era él, así que hice una llamada al bar para hablar con ella y me respondió. Fui muy educada con ella y le dije que el hombre con el que estaba no era quien decía ser, que tenía que tener mucho cuidado, que había dañado muchas vidas, que este había sido el patrón de su conducta en sus relaciones, y que estaba preocupaba por ella y por sus hijos. Obviamente, ella estaba perdida en la fase de luna de miel porque su respuesta fue: «Lo siento querida, estoy en el trabajo y no puedo hablar, pero gracias por llamar, cielo». ¡Así que, me di por vencida!

Los sociópatas averiguan cualquier dificultad que tengas, y cuáles son tus gustos y deseos, y se aprovechan de lo que saben al respecto. Al igual que cuando lo conocí, yo era la única madre soltera recién divorciada. El hombre que pensé que era encantador, resultó ser claramente un hombre que buscaba una nueva presa y yo mordí el anzuelo.

Notas

Notas para la Introducción

1. "Silence of the Lambs script – dialog transcript." *Drew's Script-O-Rama*. n.d. Web. Accessed October 18, 2011. <http://www.script-o-rama.com/movie_scripts/s/silence-of-the-lambs-script-transcript.html>

2. Hare, Robert D. *Without Conscience*. New York: The Guilford Press, 1999. Print.

3. Maslow, A. H. "A theory of human motivation." *Psychological Review*, 50(4) (1943): 370-396. Print.

4. Saslow, Rachel. "Health benefits of falling and staying in love." *WashingtonPost.com*. February 7, 2011. Web. Accessed October 18, 2011. <http://www.washingtonpost.com/wp-dyn/content/article/2011/02/07/AR2011020703564.html>

5. Neimark, Jill. "All you need is love: here's why it's crucial to your health and how to get more in your life – Connections." *CBS Interactive Business Network Resource Library*. October, 2003. Web. Accessed October 18, 2011. <http://findarticles.com/p/articles/mi_m0NAH/is_8_33/ai_108786011/>

6. Maslow, A. H. "A theory of human motivation." *Psychological Review*, 50(4) (1943): 370-396. Print.

7. Leedom, Liane J. "Can victims become like the psychopath?" *Lovefraud Blog*. October 3, 2008. Web. Accessed October 20, 2011. <http://www.lovefraud.com/blog/2008/10/03/can-victims-become-like-the-psychopath/>

8. American Psychiatric Association. "Personality and Personality Disorders." *American Psychiatric Association DSM-5 Development*. February 10, 2010. Web. Accessed February 10, 2010. <http://www.dsm5.org/ProposedRevisions/pages/proposedrevision.aspx?rid=470>

Notas para el Capítulo 1

1. Hare, Robert D. *Without Conscience*. New York: The Guilford Press, 1999. Print.

2. Han, Sang Kil, translator. "Reverend Sun Myung Moon speaks on 'We who have been called to do God's work,' July 23, 1978, London, England." *Unificaton.net*. n.d. Web. Accessed October 18, 2011. <http://www.unification.net/1978/780723.html>

3. O'Connor, Anahad. "Margaret Singer, a leading brainwashing expert, dies at 82." *NYTimes.com*. December 7, 2003. Web. Accessed October 18, 2011. <http://www.nytimes.com/2003/12/07/us/margaret-singer-a-leading-brainwashing-expert-dies-at-82.html?scp=1&sq=margaret+singer+dies&st=nyt>

4. Singer, Margaret. *Cults in Our Midst*. New Jersey: Wiley, 1996. Revised edition, 2003. Print.

5. El Paso Times. "Expert: 300 Impostors for each real SEAL." *Military.com*. February 1, 2010. Web. Accessed October 19, 2011. <http://www.military.com/news/article/expert-300-impostors-for-each-real-seal.html?ESRC=eb.nl>

6. James, Chris. "After Bin Laden raid, fake Navy SEALS are 'coming out of the woodwork,' says watchdog." *ABCNews.go.com.* May 9, 2011. Web. Accessed October 19, 2011. <http://abcnews.go.com/ Blotter/navy-seals-imposters-coming-woodwork-seal/story? id=13564587>

7. Eckman, Paul. "Mistakes when deceiving." *Annals of the New York Academy of Sciences,* 364 (1981): 269-278. *PaulEckman.com.* Web. Accessed October 19, 2011. http://www.paulekman.com/wp-content/uploads/2009/02/Mistakes-When-Deceiving.pdf

8. Stout, Martha. *The Sociopath Next Door.* New York: Broadway Books, 2005. Print.

Notas para el Capítulo 2

1. Bell, Rachel. "The Ted Bundy story — attack!" *TruTV.com.* n.d. Web. Accessed October 19, 2011. <http://www.trutv.com/library/ crime/serial_killers/notorious/bundy/index_1.html>

2. Montaldo, Charles. "John Wayne Gacy the 'Killer Clown.'" *About.com.* n.d. Web. Accessed January 27, 2012. http://crime.about.com/od/serial/p/gacy.htm

3. Leedom, Liane J. "How can you know when you've encountered a sociopath?" *Lovefraud Blog.* September 4, 2010. Web. Accessed October 19, 2011. <http://www.lovefraud.com/blog/2010/09/04/how-can-you-know-when-youve-encountered-a-sociopath/>

4. Leedom, Liane J. "The cardinal sign of sociopathy: Every sociopath ____!" *Lovefraud Blog.* July 20, 2007. Web. Accessed October 19, 2011. <http://www.lovefraud.com/blog/2007/07/20/the-cardinal-sign-of-sociopathy-every-sociopath/>

5. Adelson, Rachel. "Detecting Deception." *Monitor on Psychology.* 35 (7) (July 2004): 70. Web. Accessed October 19, 2011. <http://www.apa.org/monitor/julaug04/detecting.aspx>

6. Becker, Steve. "Getting inside the head of the abusive mentality." *Lovefraud Blog*. July 17, 2008. Web. Accessed October 19, 2011. <http://www.lovefraud.com/blog/2008/07/17/getting-inside-the-head-of-the-abusive-mentality/>

7. Hare, Robert D. "Assessing Psychopathy: clinical and forensic applications of the Hare Psychopathy Checklist measures." Montana Sex Offender Treatment Association. Hampton Inn, Great Falls, MT. October 14-15, 2004.

8. Leedom, Liane J. *Driven to Do Evil.* In press.

9. Leedom, Liane J. *Driven to Do Evil.* In press.

10. American Psychiatric Association. *Diagnostic and statistical manual of mental disorders.* (4th ed., text revision). Washington, DC: 2000. Print.

11. Straus, Murray A. "Dominance and symmetry in partner violence by male and female university students in 32 nations." *Children and Youth Services Review* 30 (2008): 252-275. Web. Accessed October 21, 2011. <http://pubpages.unh.edu/~mas2/ID41-PR41-Dominance-symmetry-In-Press-07.pdf>

12. Leedom, Liane J. "Female sociopath first described 4,000 years ago!" *Lovefraud Blog*. February 2, 2007. Web. Accessed October 21, 2011. <http://www.lovefraud.com/blog/2007/02/02/female-sociopath-first-described-4000-years-ago/>

13. Ferguson, Christopher J. "Genetic contributions to antisocial personality and behavior: A meta-analytic review from an evolutionary perspective." *The Journal of Social Psychology* 150(2) (2010): 160-180. Web. Accessed October 21, 2011. <http://www.tamiu.edu/~CFERGUSON/evmeta.pdf>

14. Leedom, Liane J. "Child victims of sociopathic parents." *Lovefraud Blog*. December 1, 2006. Web. Accessed October 21, 2011. <http://www.lovefraud.com/blog/2006/12/01/child-victims-of-sociopathic-parents/>

15. Leedom, Liane J. *Just Like His Father?* Fairfield, CT: Healing Arts Press, 2006. Print.

16. Hare, Robert D. *Without Conscience.* New York: The Guilford Press, 1999. Print.

17. Cleckley Hervey M. *The mask of sanity: an attempt to clarify some issues about the so-called psychopathic personality.* St. Louis, MO: C. V. Mosby Co., 1964. Print.

18. Hare, Robert D. "Assessing Psychopathy: clinical and forensic applications of the Hare Psychopathy Checklist measures." Montana Sex Offender Treatment Association. Hampton Inn, Great Falls, MT. October 14-15, 2004.

19. American Psychiatric Association. "Personality and Personality Disorders." *American Psychiatric Association DSM-5 Development.* February 10, 2010. Web. Accessed February 10, 2010. <http://www.dsm5.org/ProposedRevisions/pages/proposedrevision.aspx?rid=470>

20. Oldham, John M. "Borderline Personality Disorder: An Overview." *Psychiatric Times.* July 1, 2004. Web. Accessed October 21, 2011. <http://www.psychiatrictimes.com/borderline-personality/content/article/10168/53976?pageNumber=1>

21. American Psychiatric Association. *Diagnostic and statistical manual of mental disorders* (4th ed., text revision). Washington, DC: 2000. Print.

22. Leedom, Liane J. "Sociopaths, cluster B personality disorders and psychopathy." *Lovefraud Blog.* February 6, 2009. Web. Accessed October 21, 2011. <http://www.lovefraud.com/blog/2009/02/06/sociopaths-cluster-b-personality-disorders-and-psychopathy/>

23. Huchzermeier C, Geiger F, Bruss E, Godt N, Kohler D, Hinrichs G, Aldenhoff JB. "The relationship between DSM-IV cluster B personality disorders and psychopathy according to Hare's criteria: clarification and resolution of previous contradictions." *Behavioral Science and the Law* 25(6) (2007): 901-11. Web. Accessed October 21, 2011. <http://www.ncbi.nlm.nih.gov/pubmed/17323344>

Notas para el Capítulo 3

1. Neumann, Craig S. and Hare, Robert D. "Psychopathic traits in a large community sample: links to violence, alcohol use, and intelligence." *Journal of Consulting and Clinical Psychology.* 2008. Web. Hare.org. Accessed August 2, 2011. <http://www.hare.org/references/NeumannandHareJCCP2008.pdf>

2. American Psychiatric Association. *Diagnostic and statistical manual of mental disorders* (4th ed., text revision). Washington, DC: 2000. Print.

3. Stout, Martha. *The Sociopath Next Door.* New York: Broadway Books, 2005. Print.

4. Yoffe, Emily. "What is narcissistic personality disorder, and why does everyone seem to have it?" *Slate.* March 18, 2009. Web. Accessed October 21, 2011. <http://www.slate.com/articles/health_and_science/science/2009/03/but_enough_about_you_.html>

5. Stinson F, Dawson D, Goldstein R, Chou S, Huang B, Smith S, Ruan W, Pulay A, Saha T, Pickering R, Grant B. "Prevalence, correlates, disability, and comorbidity of DSM-IV narcissistic personality disorder: results from the wave 2 national epidemiologic survey on alcohol and related conditions." *The Journal of Clinical Psychiatry* 69 (2008): 1033-1045. Web. Accessed October 21, 2011. <http://www.psychiatrist.com/abstracts/abstracts.asp?abstract=200807/070801.htm>

6. West, Heather C. "Prison inmates at midyear 2009 — statistical tables." *Bureau of Justice Statistics.* June 2010. PDF file. Accessed October 22, 2010. <http://bjs.ojp.usdoj.gov/content/pub/pdf/pim09st.pdf>

7. Fazel, Seena and Danesh, John. "Serious mental disorder in 23,000 prisoners: a systematic review of 62 surveys." *The Lancet* 359. February 16, 2002. PDF file. Accessed July 21, 2011. <http://download.thelancet.com/pdfs/journals/lancet/PIIS0140673 602077401.pdf?id=e16241398b8eb460:-78060669:1314ea205c4:-79a1311286460951>

8. "North America > United States > People." *NationMaster.com.* NationMaster, n.d. Web. Accessed October 22, 2011. <http://www.nationmaster.com/country/us-united-states/peo-people>

9. Babiak, Paul and Hare, Robert D. *Snakes in Suits.* New York: HarperCollins, 2006. Print.

10. "The evolution of dating: Match.com and Chadwick Martin Bailey Behavioral Studies uncover a fundamental shift." *Blog.cmbinfo.com.* Chadwick Martin Bailey. April 20, 2010. Web. Accessed October 22, 2011. <http://blog.cmbinfo.com/press-center-content/?month=4&year=2010>

11. Albo, Bonny. "Projected U.S. online dating growth 2007-2012." *About.com.* n.d. Web. Accessed October 22, 2011. <http://dating.about.com/od/datingresearch/qt/datinggrowth.htm>

12. Madden, Mary and Lenhart, Amanda. "Online Dating." *Pew Internet and American Life Project.* March 5, 2006. Web. Accessed August 6, 2011. <http://www.pewinternet.org/Reports/2006/Online-Dating/01-Summary-of-Findings/Summary-of-Findings.aspx>

13. U.S Army Criminal Investigation Command. "CID warns of Internet romance scams." *Army.mil.* March 23, 2010. Web. Accessed July 16, 2011. <http://www.army.mil/article/36242/cid-warns-of-internet-romance-scams/>

14. Esposito A, Bratanic M, Keller E, Marinaor M. *Fundamentals of verbal and nonverbal communication and the biometric issue.* Amsterdam: IOS Press, 2007. Print.

15. Gwinnell, Esther. *Online Seductions.* New York: Kodansha America Inc., 1998. Print.

16. "World Internet usage and population statistics." *Internet World Stats.* March 31, 2011. Web. Accessed October 22, 2011. <http://www.internetworldstats.com/stats.htm>

Notas para el Capítulo 4

1. Wilson K, Demetrioff S, Porter S. "A pawn by any other name? Social information processing as a function of psychopathic traits." *Journal of Research in Personality* 42 (2008): 1651-1656. Web. Accessed October 24, 2011. <http://www.citeulike.org/user/Imojin/article/3749129>

2. Carnes, Patrick J. *The Betrayal Bond.* Deerfield Beach FL: Health Communications Inc., 1997. Print.

3. Hare, Robert D. *Without Conscience.* New York: The Guilford Press, 1999. Print.

Notas para el Capítulo 5

1. Cundiff, Gary. "Resource Perspectives: Everything about the sociopath invites us in." *Lovefraud Blog.* June 16, 2011. Web. Accessed October 24, 2011. <http://www.lovefraud.com/blog/2011/06/16/resource-perspectives-everything-about-the-sociopath-invites-us-in/>

2. American Psychiatric Association. "Personality and Personality Disorders." *American Psychiatric Association DSM-5 Development.* February 10, 2010. Web. Accessed February 10, 2010. <http://www.dsm5.org/ProposedRevisions/pages/proposedrevision.aspx?rid=470>

3. Leedom, Liane J. "'How did he really feel?' and 'What did he want from me?'" *Lovefraud Blog.* January 26, 2007. Web. Accessed October 24, 2011. http://www.lovefraud.com/blog/2007/01/26/how-did-he-really-feel-and-what-did-he-want-from-me/

Notas para el Capítulo 6

1. Leedom, Liane J. "A deeper understanding of love, ourselves and the sociopath." *Lovefraud Blog*. April 20, 2007. Web. Accessed October 24, 2011. <http://www.lovefraud.com/blog/2007/04/20/a-deeper-understanding-of-love-ourselves-and-the-sociopath/>

2. Leedom, Liane J. "Sheep can teach us about love and it's pretty scary." *Lovefraud Blog*. April 4, 2008. Web. Accessed October 24, 2011. <http://www.lovefraud.com/blog/2008/04/04/sheep-can-teach-us-about-love-and-its-pretty-scary/>

3. Carroll, Linda. "Placebo's power goes beyond the mind." *MSNBC.com*. August 21, 2006. Web. Accessed October 24, 2011. <http://www.msnbc.msn.com/id/14309026/ns/health-mental_health/t/placebos-power-goes-beyond-mind/#.TlEfWs0mySg>

4. Leedom, Liane J. "Ask Dr. Leedom: 'I am really sick, aren't I?'" *Lovefraud Blog*. September 21, 2007. Web. Accessed October 24, 2011. <http://www.lovefraud.com/blog/2007/09/21/ask-dr-leedom-i-am-really-sick-arent-i/>

5. Leedom, Liane J. "Why you can be addicted to a sociopath." *Lovefraud Blog*. April 13, 2007. Web. Accessed October 24, 2011. <http://www.lovefraud.com/blog/2007/04/13/motivation-needing-wanting-and-liking/>

6. Fisher, Helen. "The Drive to Love: The neural mechanism for mate selection." *The New Psychology of Love*. Ed. Robert J. Sternberg and Karin Weis. *HelenFisher.com*. Web. Accessed October 24, 2011. <http://www.helenfisher.com/downloads/articles/15npolve.pdf>

7. Simpson, Jeffry A. and Gangestad, Steven W. "Sociosexuality and romantic partner choice." September 8, 2003. Web. Accessed October 24, 2011. <http://www.ablongman.com/partners_in_psych/PDFs/Kenrick/kenrick_CH10.pdf>

8. Leedom, Liane J. "Eliot Spitzer and unrestricted sociosexual orientation." *Lovefraud Blog.* March 14, 2008. Web. Accessed October 24, 2011. <http://www.lovefraud.com/blog/2008/03/14/eliot-spitzer-and-unrestricted-sociosexual-orientation/>

9. Leedom, Liane J. "Guys, watch out for women con artists." *Lovefraud Blog.* September 28, 2007. Web. Accessed October 24, 2011. <http://www.lovefraud.com/blog/2007/09/28/guys-watch-out-for-women-con-artists/>

10. Hare, Robert D. *Without Conscience.* New York: The Guilford Press, 1999. Print.

11. Hare, Robert D. "Psychopathy and Risk for Recidivism and Violence." Without Conscience: Understanding and treating psychopaths. J&K Seminars. Lancaster, PA. July 7-8, 2005. Conference handout.

Notas para el Capítulo 7

1. Raymond, Vanessa. "How to recognize signs of a cheating spouse: relationship advice." *HowTodoThings.com.* n.d. Web. Accessed October 24, 2011. <http://www.howtodothings.com/family-relationships/how-to-recognize-the-signs-of-cheating-men>

2. "Gaslight." *Dictionary.com's 21st Century Lexicon.* Dictionary.com, LLC. n.d. Web. Accessed January 17, 2012. <http://dictionary.reference.com/browse/gaslight>

Notas para el Capítulo 8

1. Shaver, Phillip R. and Mikulincer, Mario. "A Behavioral Systems Approach to Romantic Love Relationships: Attachment, Caregiving, and Sex." *The New Psychology of Love.* Ed. Robert J. Sternberg and Karin Weis. New Haven, CT: Yale University Press, 2006. Print.

2. Bertolote JM, Fleischmann A, De Leo D, Wasserman D. "Psychiatric diagnoses and suicide: revisiting the evidence." *Crisis* 25 (4). (2004): 147-55. Web. Accessed October 25, 2011. <http://www.ncbi.nlm.nih.gov/pubmed/15580849>

3. Becker, Steve. "Sociopaths and suicide." *Lovefraud Blog.* May 27, 2010. Web. Accessed October 25, 2011. <http://www.lovefraud.com /blog/2010/05/27/sociopaths-and-suicide/>

4. Whitaker DJ, Haileyesus T, Swahn M, Saltzman, LS. "Differences in frequency of violence and reported injury between relationships with reciprocal and non reciprocal intimate partner violence." *American Journal of Public Health* 97(5) (May 2007): 941-7. Web. Accessed October 25, 2011. <http://www.ncbi.nlm.nih.gov/ pubmed/17395835>

5. Leedom, Liane J. "New hope for the children of sociopaths." *Lovefraud Blog.* May 18, 2007. Web. Accessed October 25, 2011. <http://www.lovefraud.com/blog/2007/05/18/new-hope-for-the-children-of-sociopaths/>

6. Walker, Lenore E. *The Battered Woman.* New York: Harper and Row, 1979. Print.

7. De Becker, Gavin. *The Gift of Fear.* New York: Dell Publishing, 1997. Print.

8. De Becker, Gavin. *The Gift of Fear.* New York: Dell Publishing, 1997. Print.

9. Alexander, Joyce. "Risk assessment for violence, playing the odds." *Lovefraud Blog.* December 6, 2008. Web. Accessed October 25, 2011. <http://www.lovefraud.com/blog/2008/12/06/risk-assessment-for-violence-playing-the-odds/>

Notas para el Capítulo 9

1. Becker, Steve. "Heeding the exploiter's earliest warnings." *Lovefraud Blog.* May 1, 2008. Web. Accessed October 25, 2011. <http://www.lovefraud.com/blog/2008/05/01/heeding-the-exploiters-earliest-warnings/>